I0790582

La historia está salpicada de teorías conceptualizando la Inteligencia Humana, IH, como realidad dual, múltiple o singular. Aparecen nuevas herramientas como chatGPTs, denominadas genéricamente como Inteligencias Artificiales, IAs, comparándolas inadecuadamente con IH.

Se aprovecha el indudable atractivo de IH como concepto singular, para vender las nuevas herramientas, sobrevalorando "mágicamente" la posibilidad de alcanzar y hasta superar las habilidades de IH, hasta poder rebelarse contra ella.

Definamos primero IH para entender el alcance de la ostentosa calificación de "inteligentes" aplicadas a chatGPTs. Jamás podrá ningún chatbot acercarse a la naturaleza activa de su creadora, IH. Son herramientas útiles, fieles esclavas. Ayudan a IH a entender y acomodar sus entornos. Así viene haciendo IH con la innumerable cantidad de herramientas que ha fabricado desde su prehistoria.

Se fabula con la inminente posible aparición de IAG, inteligencia Artificial General, augurando negros presagios apocalípticos o suponiéndola como excelsa singularidad que podría solucionar definitivamente las limitaciones de IH en sus deseos de conocimiento y dominio de los entornos que habita.

IH
singularidad
y
unicidad

IH
inventa herramientas
para mejor conocer
y
dominar sus entornos

después de
chatbots y chatGPTs,
¿engendrará
una IAG?

prólogo

La palabra "inteligencia" encierra especial atractivo. Es un concepto muy cotizado en todos los ámbitos del conocer. En su universal y frecuente uso, "todos parecen entender su significado. "Todos la otorgan importancia máxima", aceptando que es la expresión de nuestra excelsa singularidad humana, en comparación con cualquier otra especie animal. Los expertos mantienen definiciones difusas, poco unánimemente aceptadas.

La psicología, que alardea de ser su principal objeto de conocimiento, parece desentenderse en gran medida de su definición, lo que puede ser debido a atavismos desde, a) explicaciones filosóficas que parecen dotarla de una singularidad tal que se ve a menudo arrinconada a oscuros niveles metafísicos, metacognitivos, b) concepciones de diversas religiones que la caracterizan como de naturaleza espiritual inefable, inasequible a la experiencia sensorial, c) su histórica teoría que la sitúa en dependencia de la evolución bioquímica neuronal, al entenderla a menudo como herencia biogenética, d) su propia naturaleza activa. Es imposible observar esa actividad en tiempo y a escala reales al interaccionar con la bioquímica neuronal y con la estimulación social desde los entornos.

Necesitamos formular una hipótesis congruente integradora, que tenga en cuenta la funcionalidad de las cuatro variables, realidades o sistemas que necesariamente se activan en los procesos cognitivos inteligentes: 1) Actividad estimuladora desde los entornos, en especial los sociales. 2) Actividad relacionante,

abstractiva, consciente, semánticamente significada. 3) **Emocionalidad asociada a experiencias cognitivas.** 4) **Actividad bioquímica neuronal memorizadora** estructurando el conectoma neural. Las interacciones entre las cuatro variables las consideramos sistemas latentes necesarios. Debemos acudir, de momento, a explicar sus funcionalidades hipotetizando desde los fenotipos observables: expresión de conductas cognitivas y actividad de neuroimágenes.

Las dudas sobre su naturaleza, a menudo han llevado a formular la existencia no de una sino de muchas "inteligencias diferentes", independientes entre sí, autónomas. Su última expresión aparece al denominar como "Inteligencias Artificiales", "IAs", una inmensa multitud de robots o herramientas preprogramadas en lenguaje informático y con complejos algoritmos matemáticos. La confusión llega hasta sospechar que "IA" podría llegar a ser más inteligente que la propia IH, obteniendo su propia singularidad y compitiendo contra ella. Ya empieza a denominarse como "IAG", Inteligencia Artificial General. Asistiríamos al audaz imaginario de una nueva singularidad que parece podría hasta superar y rebelarse contra su creadora, IH.

No queremos ni debemos condenar, pero sí degradar a su verdadera naturaleza los chatbots y chatGPTs, que vienen multiplicándose a buen ritmo. Admitimos su utilidad, desde una creación y uso éticos. De manera semejante se han ido aceptando innumerables herramientas que IH ha ido fabricando desde su inicial existencia. Queremos animar expectativas razonables sin caer en optimismos exagerados.

Debemos definir la verdadera singularidad de la inteligencia humana, creadora de las innumerables herramientas que ayudan en la tarea de resolver los problemas a los que se enfrenta, en los numerosos entornos que aspira a conocer y dominar. El calificativo de inteligentes aplicado a las herramientas no deja de ser una gratuita concesión que eleva imaginativamente su excelencia hasta entronizarla como nueva singularidad superior a IH, su creadora, sustentadora, actualizadora y única que entiende y sostiene conscientemente su utilidad.

Carlos Yuste Hernanz

índice de contenidos

inteligencia humana
inventando herramientas

**desde el primer hacha de "homo habilis"
a los ordenadores, robots humanoides,
chatbots y chatGPTs del actual "homo sapiens"**

Es difícil conocer cuándo, dónde y por qué apareció el primer hombre con su inteligencia abstractiva. Sus posibles antepasados biogenéticos parece que fueron los primates chimpancés y bonobos, que hace unos siete millones de años vivían como posibles antecesores de los humanos.

Cómo apareció el primer hombre con una inteligencia abstractiva, se presta, de momento, a pura especulación. ¿Fue una gran mutación neuronal o un conjunto de micromutaciones? ¿Fue fruto de evolución biogenética o bien también de intercambios de comunicación entre humanos, con códigos lingüísticos cargados de sentido, que, a su vez, irían construyendo su complejísimo conectoma neural?.

¿Contribuirían violentos fenómenos geológicos, como cambios atmosféricos de temperatura, movimientos tectónicos o volcánicos para impulsar un cambio cerebral de adaptación a situaciones de extrema necesidad vital de supervivencia? No lo sabemos, pero podemos inducir razonablemente que en la/s mutación/es sí podrían haber contribuido también fuertes cambios del entorno físico. Lo podemos intuir por anteriores "grandes desastres climáticos u orográficos". Por ejemplo hace aproximadamente 252 millones de años con la combustión masiva de carbón volcánico en Siberia y hace unos 66 millones con la colisión de un meteorito en el Yucatán, se extinguieron numerosas especies de seres vivos. Fenómenos seguidos por la aparición de gran número de nuevas especies mejor adaptadas a nuevas situaciones climáticas.

Seguimos buscando también ahora el "Big Bang cognitivo", el nacimiento y desarrollo posterior de la inteligencia humana. Apuntamos a conocer no solo su aparente desarrollo acelerado, en similitud a la velocidad progresivamente acelerada de la expansión del universo, sino su punto original y el momento de su nacimiento como realidad diferenciada de otras especies animales.

El lenguaje, el posible uso de códigos lingüísticos conceptuales no se puede encontrar fosilizado para conocer su posible evolución. Tenemos que inducir su existencia atendiendo a la fabricación de productos fosilizados que tendrían que conllevar una comunicación social semánticamente consciente. Relacionar inventos fósiles de los humanos que sí podemos observar, nos permite hacer inferencias racionales.

Las teorías sobre la aparición del lenguaje humano que se manejan, unas estarán basadas en la herencia biogenética, pudiendo admitir una única gran mutación en relación a progenitores primates *(Chomsky)* o una serie de pequeñas mutaciones a lo largo de amplios períodos de tiempo *(Eldredge y Gould)*. Otras teorías estarán basadas en el aprendizaje social con primates, imitando sonidos fonémicos, gestos o lenguaje no-verbal.

Nos parecen más sugerentes las teorías que puedan partir de la estimulación social con entornos. Sabemos que el aprendizaje de lenguajes humanos requiere procesos de enseñanza/aprendizaje que, a su vez, se instalan como memoria en las redes neuronales. Ningún humano puede aprender a hablar ni a leer con códigos lingüísticos humanos, sin previa comunicación con su entorno social. En cuanto "homo" fue capaz de comunicar un conocimiento, mantenerlo como memoria y trasmitirlo (lo más normal sería a través de algún código lingüístico) a la siguiente generación, ya podemos racionalmente inducir que poseería una inteligencia abstractiva y semánticamente

10

consciente.

Ambas variables, cerebro neuronal y estimulación desde entornos influirían estrechamente, porque los códigos lingüísticos abstractos conscientes se formarían en experiencias sociales, pero se instalarían en el cerebro como memoria, construyendo lo que ahora denominamos conectoma neural. No podremos hablar de herencia biogenética lingüística desde solo la bioquímica neuronal. La consciencia significada no parece probable que se reciba desde la pura herencia biogenética. Más probable nos parece el aprendizaje vía imitación a base de códigos fonémicos, grafémicos y kinésicos, en la intercomunicación social humana. Códigos que se instalan como memoria temporal de los conocimientos y procedimientos de acción aprendidos. Desde la memoria se posibilita su rememoración y volver a interaccionar con los entornos, en procesos cíclicos a lo largo de cada vida individual.

Podemos elucubrar con que ya desde el considerado como primer homínido, **homo habilis** (en el Pleistoceno Inferior), apareció un lenguaje que inicialmente pudo parecerse al fonético gutural monosilábico de algunos primates. Hay evidencias sobre existencia de herramientas manuales de sílex, hueso o madera, toscamente talladas, posiblemente para cazar y/o como utensilios para desgarrar la comida. Evidencias que requieren de una actividad cerebral con conexiones intersinápticas mucho más complejas que las de otros primates. También lo muestran evidencias de aumento de capacidad del cráneo que alcanzaría los 510-600 cm^3 frente a los 450 cm^3 del chimpancé.

El hallazgo de herramientas con trozos de sílex o cuarcita, cornamenta de animales o huesos tallados, lascas, hachas, puntas de flechas, cuencos de barro cocido, restos de hogueras, constituyen claro indicio de la presencia de la especie "homo", con inteligencia abstractiva, con lenguaje y comunicación conscientemente significada. Fabricar herramientas sigue constituyendo, hoy en día, una actividad humana cada vez más compleja. Pero está siempre presente, acompañando y ayudando a la inteligencia abstractiva a cubrir necesidades y a alcanzar objetivos deseados.

La habilidad manual para confeccionar las primeras herramientas podría ser una prolongación del desarrollo del lenguaje significado en sus afanes para proveerse de alimento y defenderse de otros depredadores. **El lenguaje fonético sería la primera verdadera herramienta vehicular de conocimientos significados**. El lenguaje sería necesario en las interacciones sociales y posiblemente aparecería por primera vez en situaciones de extrema necesidad por encontrar un alimento escaso y que se conseguiría mejor coordinando esfuerzos comunes. Lenguaje que se iría haciendo cada vez más complejo denominando nuevas experiencias en entornos progresivamente más amplios.

Si viéramos al hombre primitivo lanzar una piedra, un palo, usar utensilios de arcilla, madera, hueso o sílex para defenderse, atacar a otros animales, cocinar, podríamos hablar ya de inteligencia humana superior a la de primates que pudieran ser sus antecesores. Son herramientas que han requerido una actividad mental consciente con finalidad reconocida significadamente y memorizada como tal. Si sabemos que a un palo se sujeta un trozo de piedra o de hueso puntiagudos para conseguir mejor su finalidad, no hay ya ninguna duda de "inteligencia" similar a la humana del homo actual, aunque con conocimientos y procedimientos de acción mucho más simples y lenguaje fonético más rudimentario.

El hecho de inventar herramientas, desde las más "sencillas", como un palo "trabajado" para defenderse o una lanza para atacar, implica una actividad inteligente singular de la especie humana. Implica relacionar características de varias realidades (palo, punta de sílex, acción de arrojar, finalidad expresa de búsqueda de alimento). Implica abstraer con un nombre objetos creados o existentes en el entorno. Podemos inducir su consciencia de uso, así como de constantes "actualizaciones o puestas a punto" para mejor alcanzar la finalidad deseada. Más adelante *(apartado 4)* definimos el concepto de inteligencia como actividad relacionante, abstractiva y consciente. Definición que ampliamos con mucho mayor detenimiento en otro volumen *(Yuste C. y Yuste D., 2023a)*.

La biología humana, como la de todos los seres vivos, busca instintivamente sobrevivir adaptándose al medio. La especie homo, además procede a cambiar los entornos para acomodarles a sus necesidades

12

y también sobrevivir en ellos, dominándolos. Es la cognición abstractiva la que se lo posibilita. Y son las herramientas que crea las que le ayudan a ejecutar, adaptarse y dominar esos entornos, en progresión siempre creciente hasta nuestros días. Ya sin ninguna duda calificamos como inteligencia homínida la del **homo erectus** (Pleistoceno Inferior y Medio. O calabriense y chivaniense). Además de la talla de la madera, sílex, huesos o cornamentas, también parece que usaron pieles para cubrirse. Su capacidad craneal o masa neural cerebral ya alcanzaría los 900-1200 cm³.

El hecho de fabricar herramientas mejores, más finamente talladas que las inicialmente fabricadas por "habilis", es indicio claro de que "erectus" pertenecía también a la especie inteligente homo. Al descubrimiento de herramientas que se consideran útiles para conocer y dominar el entorno, siempre siguen "actualizaciones" para conseguir utilizarlas más eficazmente. El lenguaje sigue la misma tónica. Se iría perfeccionando, ampliando, haciéndose cada vez más complejo con nuevos códigos semánticamente "cargados" de sentido enriquecido. Códigos con los que se sostienen en la memoria conocimientos y procedimientos de acción inventados o aprendidos, imitando a otros congéneres. Códigos cuyo conocimiento se va transmitiendo de generación en generación.

Sabemos de animales que tienen alguna habilidad similar a la de los primeros homínidos utilizando alguna herramienta. Por ejemplo: el ave quebrantahuesos, dejando caer intencionadamente huesos desde gran altura sobre zonas pedregosas para desmenuzarlos y poder tragarlos; primates que golpean moluscos con piedras para obtener su interior o que usan un palo para introducir en un termitero y obtener comida; los chimpancés de Wolfgang Köhler (1969), que combinan cajas y palos para alcanzar comida; las ardillas escondiendo nueces con la intencionalidad de ocultarlas y tenerlas disponibles en un futuro; ratas aprendiendo a accionar palancas o botones para obtener su comida. Los animales nombrados utilizan, a modo de herramientas, objetos que encuentran en sus entornos, aunque no modifiquen o actualicen su uso refinándole. Son conductas que se mantienen sin apenas cambio perceptible en muchas generaciones.

Pero no conocemos ningún animal, aparte de humanos, que modifique sistemáticamente una herramienta para mejor conseguir su objetivo de dominar sus entornos. Lo mismo que no conocemos ningún animal que amplíe su lenguaje sistemáticamente, haciéndolo cada vez más conscientemente abstractivo, como hacen los humanos. Algunas conductas animales parecen similares a las humanas, pero siempre con lenguaje rígido, gutural sin apenas evolucionar, aplicado a una habilidad muy concreta. sin cambios evolutivos perceptibles en largos períodos de tiempo.

El hombre primitivo fue compartiendo muchos inventos como herramientas y descubrimientos que hombres *"siempre geniales"*, cuyos nombres no han llegado a nosotros, fabricaron. Herramientas como armas e instrumentos de trabajo, vestimentas, refugios. Herramientas de piedra, con cuerdas vegetales, de madera, de huesos, de pieles de otros animales, de arcilla.

El descubrimiento de poder domesticar un fuego que asola a menudo su entorno, supuso un gran paso adelante para defenderse de depredadores, para luego poder moldear metales de cobre, bronce, hierro, para hacer más agradable su alimento cocinándolo. Descubre la manera de sembrar y recolectar sus propios alimentos e inventa innumerables herramientas que le van ayudando a ello. Se hace sedentario, ganadero. Construye viviendas que adorna con objetos cada vez más artísticos, más sofisticados. Inventa la moneda como medio útil de trueque... etc..., etc.

En todas partes del mundo se han encontrado restos fósiles de herramientas inventadas por humanos, en civilizaciones distantes y prácticamente incomunicadas entre sí. Se cree que sus primeros habitantes fueron descendientes de los primeros homínidos africanos y del homo sapiens. Se trasladarían en épocas prehistóricas a regiones remotas de la Tierra y en algunos casos quedarían aislados de otras culturas hasta épocas más actuales. Cuando ha existido un diálogo, un encuentro entre sociedades alejadas, se han acelerado los inventos entre comunidades. Tales avances muestran una inteligencia superior a la de otras especies animales.

Esa "inteligencia", como hoy la denominamos, es superior a la de otros animales por sus claras ventajas para originar productos, como herramientas, útiles. Se debería a algún "don o habilidad muy especial, a semejanza de sus dioses" a los que inicialmente se atribuía una excelencia superior a la propia. Este don especial debía tener estrecha relación con un lenguaje que ponía nombres a los objetos y acciones sobre ellos y que otros seres animados no tenían o solo de manera muy limitada.

Homo neandertal. Desde el paleolítico medio, hace unos 350.000 años, el neandertal convive con el homo sapiens hasta su extinción poco después de la última glaciación. Sigue siendo nómada. Talla el sílex, el hueso, la madera, como herramientas para cazar, alimentarse, vestir. Además domina el fuego. Su cerebro alcanza los 1.500 cm³ de capacidad craneal. Incluso los animales de otras especies que sí poseían movilidad, visión, oído, como habilidades motrices incluso superiores a las de la especie humana, no inventaban ni descubrían nada especial al no poseer la primera herramienta, también inventada de un lenguaje complejo, que socialmente se transmite a descendientes como "don extraordinario con poderes mágicos". Los cambios, creaciones del hombre, no se limitan a entornos físicos sino a las mismas relaciones sociales con seres de su especie.

Entendemos racionalmente que homo neandertal tenía ya necesariamente una inteligencia abstractiva, con un sofisticado lenguaje, porque inventa herramientas y reglas sociales para dominar su entorno y convivir. Inventa ritos funerarios para honrar a sus muertos. Dibuja las primeras obras de arte conocidas como pinturas rupestres en el interior de cuevas. Cada nuevo invento suele propiciar nuevos descubrimientos. No solo se adaptan al entorno para lograr su supervivencia, sino que van cambiando sus entornos, asegurando su supremacía sobre las demás especies animales. Aunque neandertal no sobrevivió a la especie sapiens, parece que tenía costumbres similares, inteligencia similar. Las razones de su desaparición no están claras. Pudo influir el último período de glaciación, especialmente frío, al que no encontraron manera de adaptarse. Puede que fuera por constituir menos y más pequeñas comunidades. Al integrarse algunos de sus miembros con los sapiens, provocarían la extinción de su especie por falta de adultos fértiles.

Homo sapiens. Desde el paleolítico medio, aparece y convive con los neandertales unos 20.000 años, en el período de la última glaciación. Sus inventos más importantes, con sus correspondientes múltiples herramientas han sido la agricultura y la ganadería. El hombre nómada decide mantenerse en un sitio determinado, organizando su vida en comunidades estables. Surge así el la invención de normas de convivencia, leyes, organizaciones sociales que se mantienen muchas veces a lo largo de muchas generaciones. Aparece el homo ciudadano de asentamientos, poblados, aldeas, en zonas aptas en especial para arar la tierra.

Aparece el hombre ganadero y sedentario. No necesita ya de la caza para vivir. Aparece el hombre artesano, que convive con otros, construye edificios, murallas defensivas, cementerios. Inventa la rueda, parece ser que primero como útil de alfarero y posteriormente acoplada a carros de transporte. Aparece el comercio, como intercambio de bienes entre comunidades. Aparecen las clases sociales con funciones diferenciadas para cubrir necesidades de los colectivos humanos. Nacen las "polis", con sus organización social en dirigentes, sacerdotes, soldados, artesanos, incluso esclavos. La inteligencia humana sigue progresando e inventando herramientas y procedimientos de acción, de gobierno, intercambiando comunicación lingüística con códigos fonéticos, kinésicos, no-verbales.

El entorno social de los sapiens es más amplio que el de los neandertales. Se comunican significados más estrechamente con sus lenguajes fonético, icónico y kinésico. El entorno social ayuda a conocer muchos inventos, usar multiplicidad de herramientas en constante perfeccionamiento. Con cada invento, cada nueva herramienta, cambia la relación con su entorno, a veces lo revoluciona. Así entendemos la invención o descubrimiento de objetos de cobre, bronce, hierro y sus aleaciones, a partir aproximadamente de 5.000 años *A. c.* y la aparición de importantes asentamientos con sus respectivas construcciones-vivienda, cementerios, murallas defensivas.

16

El lenguaje fonémico significado, solo se transmite y aparece socialmente. Ahora sabemos que el cerebro retiene los conocimientos con mayor complejidad de conexiones interneuronas. No parecen existir vías neuronales, redes previas diferenciadas para cada habilidad. Las redes irán apareciendo después de los correspondientes aprendizajes. El cerebro, como realidad potencial moldeable iría memorizando y transmitiendo sus conocimientos a medida que los aprende, a medida que inventa herramientas nuevas y las actualiza mejorándolas para cambiar los entornos que habita.

Ahora sabemos que ya hubo, desde unos 10.000 años *a.C.* grandes civilizaciones como la china, la sumeria, la egipcia, con niveles de progreso extraordinario, que inventaron herramientas con finalidades cada vez más exigentes. Por ejemplo para momificar a personas buscando que perduren en el tiempo, consiguiendo la inmortalidad atribuida a sus dioses.

Y..., **"algunos" humanos inventaron la escritura**. Hubo que esperar ¿millones de años? hasta que unos 7.000 *a.C.*, algún homo sapiens "genial" dibujó unos signos inicialmente pictográficos que pretendían representar de manera simple y esquemática cosas o seres vivos que ya conocían en experiencias con sus entornos. Dibujos que evocan relatos orales con esos seres, sin constituir verdaderos relatos escritos. Hasta que hacia el año 4.000 *a.C.*, ***alguien de entre esos homo sapiens*, parece que un humano persa mesopotámico, inventa signos que, combinándose entre sí, pueden igualar la comprensión del relato oral, transmitiendo todo su significado y conservándolo para todos los humanos posteriores que puedan acceder, previo aprendizaje, a su lectura**. Los dibuja en tablillas de cera, en forma de cuñas, para representar relatos verbalizables y para el conteo, como modo de administrar cosas o bienes.

Se van creando fundamentalmente tres tipos de códigos dibujados: códigos iconográficos, códigos verbales y códigos numéricos. Los **icónicos o pictográficos** se observan desde las pinturas rupestres cuando el hombre habita en cavernas y dibuja de manera esquemática lo que observan en sus cacerías para obtener el alimento necesario. Los **verbales**, conjunto de signos (27 en nuestro alfabeto español

17

actual) que relatan escenas, vivencias, conocimientos, que representan lo que actualmente entendemos más claramente como lenguaje escrito o lector. Los **numéricos** como símbolos que ayudan al conteo de propiedades o cosas y que podemos entender como base de lo que denominamos cálculo numérico o estadístico.

Parecen dibujos muy poco interesantes a simple vista. Pero para ellos tienen la propiedad "mágica" de guardar la memoria individual de conocimientos adquiridos y poder pasársela a otros humanos con su maravilloso contenido semántico. Dibujos que despiertan la imaginación propia para hacerla revivir en otras personas. Trascienden su muerte, manteniendo en el tiempo relatos que, de transmitirse solo oralmente, como fonemas, se olvidarían al paso de pocas generaciones. Para perpetuar su significado llegan a grabarlos en la piedra de muchos monumentos.

En varios lugares de la Tierra aparecen sistemas de escritura, como si fuese un logro común en el desarrollo de la especie humana, cualquiera que fuese su localización geográfica. Al parecer, surgen de manera independiente. Diversos sistemas de escritura se fueron implantando en todo el planeta (Sumeria, Egipto, China, mayas y olmecas de Mesoamérica). Escrituras diferentes en su forma gráfica, en la cantidad de iconos, en su expresión fonética, pero con idéntica finalidad de transmitir significados conscientemente inteligibles.

Con la escritura se inicia lo que ahora llamamos historia de la humanidad, que se transmite en inscripciones en metales, piedra, barro cocido, papiros, corteza de árboles, madera, tablillas de cera, lienzos, pieles, pergaminos, hasta el invento del papel en China, hacia el 105 *a.C.* y su lenta expansión en la edad media por toda Europa y el resto del mundo.

Muchos de los primeros textos escritos se consideran palabras como "sagradas" al querer referirse a causalidades provenientes de seres superiores. Su contenido parece tan importante que no pueden pensar que provengan del mismo hombre que los ha dibujado. Códigos escritos con tanta importancia que son las que, sin duda, explican el pasado del hombre, su presente y hasta profetizan su

18

futuro. Por ello esas "palabras escritas" tendrían que haber sido causadas por seres superiores, "dioses" que se las enseñarían a los humanos. Muchas culturas provienen de sus libros sagrados.

Con la **escritura como nueva y maravillosa herramienta** las posibilidades de la memoria individual humana van aumentando de manera exponencial al poder rememorar ideas, conocimientos, descubrimientos de sociedades alejadas geográfica y temporalmente. **La actividad inteligente se potencia y expande con rapidez**. Los hallazgos e inventos individuales se perpetúan en una memoria colectiva, junto al nombre de sus "geniales inventores".

El alemán Gutenberg, por el año 1.440, vuelve a revolucionar el valor de la escritura con la invención de la primera imprenta. Permite una velocidad mayor de expansión del conocimiento, hasta poder llegar a mayor cantidad de personas, a todos los rincones del planeta. La actividad abstractiva de la mente tiene otro importantísimo entorno cultural escrito con el que interactuar para interpretar mejor la realidad partiendo de lo que otros han descubierto.

La evolución humana ha supuesto una constante lucha para superar sus limitaciones: limitaciones físicas como fuerza, habilidad muscular, rapidez de desplazamiento; limitaciones perceptuales sensoriales para observar la realidad desde las más minúsculas hasta la más enormes del universo, ampliando su percepción y tratando de explicar todo lo que percibe; Sin la creación de las herramientas es muy improbable que "homo" pudiera haber sobrevivido y modificado los entornos para dominarlos.

Podríamos plantear si el invento de la herramienta es la que provoca la evolución de la inteligencia con un lenguaje conceptual abstractivo, o si la inteligencia despertó con algún fonema como expresión de admiración ante un descubrimiento. Son mutuas sus interacciones. Ambos, cerebro y entornos sobre todo sociales, parece que se irían alimentando cíclicamente. Con el primer invento, el lenguaje oral, se posibilitan nuevos descubrimientos que a su vez generan otros en constante e interminable proceso. Permiten al cerebro formar engramas en tupidas redes a su vez en constante cambio en la interacción con los entornos. Nuevos descubrimientos permiten nuevas explicaciones de la realidad. Nuevas herramientas, a su vez llevan a nuevos descubrimientos.

Enumeramos algunas de las más importantes herramientas (o tecnologías) que revolucionan cada vez el conocimiento humano y muchas de sus conductas, todas sometidas a permanentes e inacabables procesos de mejora o actualización, evolucionando a la par que la misma IH.

Podemos clasificar las diversas herramientas *(Núñez I.A. y Núñez Y., 2005)*, como: manuales, mecánicas, electrónicas, informáticas, software para la gestión del conocimiento.

Lenguaje significado fonémico, primera y fundamental herramienta. Invención de códigos lingüísticos, fonemas, que van a permitir a la especie humana diferenciarse de otras especies animales, transmitiendo de generación en generación conocimientos y procedimientos de acción. Se transmiten individualmente códigos fonémicos asociados a significados también transmitidos vía no-verbal, a base de gestos, kinesias, tonos de voz, posturas corporales o expresiones del rostro.

Lenguaje significado grafémico, la segunda herramienta en importancia que potencia exponencialmente el desarrollo de una IH cada vez más compleja y abstracta, posibilitando mejor la inmensa cantidad de herramientas, como inventos, que se van fabricando en progresión acelerada y que se "historian" con iconos y grafemas escritos pudiendo perdurar intergeneraciones como memoria colectiva. La invención del **papel**, luego de **la imprenta** y las **bibliotecas** como museos lingüísticos de textos escritos, van mejorando las posibilidades de difusión de los lenguajes grafémicos e icónicos. Se perpetúan socialmente los conocimientos y procedimientos de acción. A ello contribuyen los primeros libros sagrados y leyendas de numerosas civilizaciones, los progresos historiados en filosofía, teología, medicina, derecho. Por ejemplo durante la edad media en países occidentales, compendiados en el trivium (gramática, retórica, dialéctica) y cuadrivium (aritmética, geometría, música, astronomía).

Telescopios y microscopios como ayuda de la observación sensorial directa. La visión humana es muy limitada para percibir lo muy pequeño y lo muy lejano. **Desde los telescopio**s rudimentarios de Galileo Galilei (inicios del siglo XVII) que confirmaron la teoría heliocéntrica del sistema solar, hasta los actuales Hubble y James Hebb que permiten observaciones cada vez más precisas y macroscópicas de porciones cada vez más alejadas del universo hasta los actuales, revisando las hipótesis del nacimiento del universo desde el Big Bang. **Desde los microscopios** utilizados por Marcello Martillion Malpligs (siglo XVII) y que son algo más potentes que anteriores "lupas" o lentes para gafas y que utilizó para observar tejidos de biología. Es considerado el fundador de la histología hasta los actuales microscopios electrónicos, que han potenciado enormemente los conocimientos en especial de biología y neurología microscópica.

En especial las herramientas nombradas hasta ahora van posibilitando lo que definimos como conocimiento científico o empíricamente evidenciables de realidades antes inasequibles vía sensorial.

Máquinas hidráulicas a vapor, con motor de combustión, vehículos de locomoción y máquinas de producción. Revolucionaron los sistemas de producción de alimentos con nuevas herramientas y los modos de comunicación entre humanos. De la producción agrícola manual se pasa a la de máquinas enormemente más productivas y rentables. La producción de muchas de las herramientas anteriormente fabricadas manualmente se mecaniza y robotizan. Se potencia el intercambio comercial al conseguir una sobreabundancia de cualquier producto deseable.

La rueda permitirá más adelante la invención de vehículos de transporte, **carruajes, bicicletas, motos, trenes, automóviles, incluso aviones. Con transportes rodados, barcos y aviones**, se multiplican medios de comunicación entre personas y el intercambio de bienes. Incluso se multiplican y mejoran nuevas herramientas, multitud de inventos que rápidamente se extienden por toda la Tierra.

Telégrafo, teléfono, la radio, el televisor, móviles y su universal uso como herramientas que permiten acercar distancias y tiempos de comunicación entre humanos.

Ordenadores con su Harware y Sofware. Máquinas programables que realizan operaciones y cálculos con gran velocidad y fiabilidad. Han nacido con el supuesto de analogía con la inteligencia humana, por tener también un input (entrada) y output (salida) que conforman el Software, además de una memoria donde consultar y almacenar la información como hace el cerebro humano. Se ha querido llevar lejos la analogía hasta soñar con que podrían llegar a ser "más inteligentes que la IH". Se puso a prueba por ejemplo para jugar al ajedrez, hasta conseguir una máquina Deep Blue, que gana en su momento al campeón del mundo Garri Kasparov, en 1997. Volvemos a tratar el tema de similitud entre herramientas fabricadas por el hombre y la inteligencia humana *(apartado 5)*, al hablar de chatbots y chatGPTs.

Internet de la globalización, como rápido y más universal acceso a la información en la memoria social colectiva, con los denominados Big Data. Viene a ser una inmensa enciclopedia creada por IH, que se actualiza y crece constantemente. Es fácilmente accesible a IH para rememorar conocimientos y procedimientos. Con la ayuda de otra herramienta, chatGPT, va a suponer un avance cualitativo a los esfuerzos más trabajosos y lentos de anteriores herramientas. Van a suponer el avance de traducción instantánea entre los distintos idiomas usados por amplios grupos humanos. Pero hablaremos más al detalle sobre estas herramientas, que los medios denominan de Inteligencia Artificial, IA, y nosotros creemos más adecuado llamarlas HPG, Herramienta Preprogramada Generativa, para evitar compararlas inadecuadamente con IH.

Como herramientas nuevas, HPGs servirán fielmente a IH para dominar mejor sus entornos, al igual que va sirviendo el acceso a Internet e innumerables programas similares a diccionarios, que facilitan acceso fácil a información cultural almacenada. Como hace el muy conocido programa ALEXIA accediendo a enormes cantidades de información. Comunica contenidos, aunque para ella no tengan ningún sentido semántico.

ChatGPT (**G**enerative **P**retrained **T**ransformer), logra tratar el lenguaje acercándolo formalmente al discurso humano. Internet constituye un reservorio sin límites. Un acceso rápido y "convenientemente guiado por Inteligencia Humana, IH" a base de complejos programas informáticos y algoritmos matemáticos. Permite obtener "resúmenes" interesantes (solo para IH), entre inmensos y enmarañados cúmulos de información. Se imita formalmente la expresión gramatical morfológica, sintáctica, ortográfica correcta del lenguaje humano, tanto fonémico como grafémico. Pero siempre en ausencia de significado y por lo tanto de emocionalidad consciente asociada, que constituyen la naturaleza profunda de IH, verdadera creadora de los programas y algoritmos.

Podríamos enumerar infinidad de otros inventos, herramientas. Cada uno sería, en su momento, importante para alcanzar propósitos de conocimiento y modificación de los entornos, permitiendo así descubrimientos que revolucionan cada época y que ahora aparecen cada vez en número progresivamente acelerado. Podemos recordar hitos en el progreso del conocimiento de nuestros entornos. Los hitos básicos fundamentales fueron el invento del lenguaje oral y luego del escrito "cargando" semánticamente los códigos lingüísticos.

Todas las herramientas que se demuestran útiles para ayudar a la inteligencia a conocer y modificar deseablemente sus entornos. Van sufriendo constantes "puestas a punto", "actualizaciones", "mejoras", "cambios", siempre desde la actividad previa de IH. IH es quien evalúa su sentido y significado, para ir retocando (en sus algoritmos y programas informáticos) lo que no funciona bien en torno a objetivos que solo IH propone.

Todos los inventos y herramientas nombrados anteriormente son creaciones de IH. La evaluación para su posible mejora sólo la realiza IH. Los chats, chatbots, chatGPTs, no podrán inventar ni descubrir nunca nada nuevo porque "no saben" qué es lo que tienen que descubrir, no desean nada, no se pueden proponer objetivos de búsqueda. Su trabajo inconsciente no permite desear algo nuevo, algo mejor. No saben evaluar logros y metas finales, porque no "entienden" nada de lo que van realizando. No entienden siquiera cómo y por qué instalar algún malware, algún virus informático, creación también directa de

IH. Siguen unas órdenes detalladas que obedecen mecánicamente, con absoluta sumisión. Pero ayudan a IH acelerando procesos mecánicos con fiabilidad y rapidez. IH utiliza chatGPT para seguir alcanzando sus propias metas de conocimiento inteligente, relacionante, abstractivo, conscientemente significado, para ir colmando sus insaciables deseos básicos heredados y los más evolucionados adquiridos.

La memoria social colectiva va aumentando sus conocimientos, ayudada con sus inventos. IH va desestimando teorías no comprobadas empíricamente y va aceptando hipótesis significadas que "mejor" explican los hechos que sí se puedan observar. Cada herramienta, cada nueva tecnología, posibilita históricamente una mayor capacidad de conocer, un nuevo interaccionar con los entornos. Ayuda a socializarse, a inventar otras nuevas herramientas y procedimientos de acción en permanente mejora y en creciente progresión. Se van cambiando también los entornos, tanto físicos como sociales y culturales. Cada nueva generación de IH se enfrenta a nuevos entornos, lo que entendemos como cambio generacional.

Actualmente vemos bien clara la progresión acelerada tecnológica que nos invade y que avanza asentándose cada vez en cambios culturales, aumento de la comunicación entre cada vez más mentes pensantes, IHs, que acceden a la utilización de nuevos conocimientos y nuevas herramientas que posibilitan y potencian un mejor y más sosegado tiempo para nuevas creaciones.

Los inventos y descubrimientos no crean por sí mismos "nuevas inteligencias". El uso de nuevas herramientas, sí ayuda a la actividad inteligente, cambia sus conocimientos, cambia sus necesidades y genera nuevos deseos, nuevas necesidades. Consideramos la herramienta como un artificio o conjunto de artificios inventados por IH con la finalidad de servirse de ellos para conocer y/o dominar los entornos adecuándolos a sus necesidades o deseos. Asistimos a un constante progreso humano progresivamente acelerado, que podemos asemejar al aceleramiento expansivo de todo el universo.

Desde los primeros descubrimientos e inventos IH va asimilándolos como interesantes, guardándolos como memoria, retomándolos para integrarlos en nuevas redes conceptuales, aprendiéndolos en interacción social, enseñándolos a la prole. Desde el primer hacha prehistórica rústica hasta actuales programas como los denominados chatbots y chatGPTs, aportan complejidad y progreso útil en el conocimiento de la realidad. La inteligencia humana sigue siendo fundamentalmente de la misma naturaleza esencial que la del homo primitivo. Lo que realmente cambia son las herramientas que cada cual usa para conocer e interaccionar con sus entornos.

Se ha venido considerando, a partir de Darwin, que el cerebro, incluso con sus estructuras cognitivas, se hereda biogenéticamente, parecido a como heredan su biología todos los seres vivos. Ahora se empieza a hablar más de los entornos, porque se conoce mejor su acción estimuladora sobre la estructura biológica cerebral, obligando a la genética a inventar una nueva rama, la epigenética y nuevos conceptos como "conectoma neural" que cambian, se reestructuran ante cada nueva experiencia.

Ya no se duda de que el entorno modifica las estructuras funcionales del cerebro, su conectoma neural. Tampoco se puede dudar de que se necesita un cerebro suficientemente complejo molecularmente para poder mantener como memoria las relaciones y procedimientos que la inteligencia crea en su interacción con esos entornos. El hecho de haber encontrado e ir progresivamente mejorando herramientas de visión microscópica neuronal marca una tendencia a querer explicar desde las neuroimágenes (fenotipo neural) los procesos cognitivos superiores. Tendencia que a menudo vemos que se extralimita extrapolando leyes y procesos bioquímicas a cogniciones mentales.

Actualmente el cerebro está también en el foco de atención de la inteligencia humana. Poderosas herramientas como: tomografía con emisión de positrones, PET, en 1967; imagen por resonancia magnética, MRI, en 1971; estimulación magnética transcraneal, EMT, en 1985; imagen por resonancia magnética funcional, fMRI, en 1991; magnetoelectroencefalografía más reciente o imagen de resonancia magnética de difusión, MEG, en 1997; y, más actualmente, la Optogenética, en 2002; e incluso la Sonogenética, en 2004. Son herramientas que sustituyen ventajosamente, para finalidades de exploración e intervención médico-genética del encéfalo, al ya ancestral electroencefalograma, EEG, de 1924. Herramientas que siguen perfeccionándose en constante progreso.

A mayor conocimiento, mayor capacidad de volver a fabricar una herramienta más perfecta. El invento del ordenador ha posibilitado el ir descubriendo herramientas (programación informática, algoritmos) para avanzar mucho más rápidamente en la observación de la realidad, en su más hondo conocimiento. El proyecto ITER de la UE, en Cadarache (Francia), por ejemplo, buscando dominar una nueva fuente de energía en la fusión atómica e invirtiendo ingentes cantidades de dinero es fruto de una hipótesis formulada por la actividad mental inteligente humana, IH. El resultado podrá ser o no un éxito científico, pero es seguro que parte de la actividad mental como fuente de hipótesis y fruto de la curiosidad inherente al ser humano.

IH sigue haciendo de primer motor, como filósofa, cuando hipotetiza acerca de nuevos problemas que surgen después de cualquier hallazgo. Intuye adecuadamente, con previa reflexión "filosófica" cómo y por qué ocurren, con qué "matices" deberíamos entender la realidad observada. Al mismo tiempo va fabricando herramientas que le ayuden a mejor conocer experimental y empíricamente. Formular nuevas hipótesis para tratar de explicar mejor la realidad, es tarea de filósofos verdaderamente científicos.

Por ello en ambientes curiosos e inquietos por conocer se realizan al mismo tiempo los mejores hallazgos, se formulan las hipótesis más prometedoras y más audaces. En cada tiempo histórico se activa la mente humana basándose en anteriores hallazgos e inventos, usados como herramientas, para observar y dominar mejor la realidad. Así la especie humana, filósofos-científicos y científicos-filósofos van profundizando en el conocimiento y dominio de sus entornos, sin prever ningún punto final a su trabajo. Muy al contrario, va comprobando que la realidad es más profunda y extensa a medida que la vamos desentrañando. Cada hallazgo nos enfrenta a nuevos retos más insondables, sin, al parecer, poder establecer nunca la verdad total deseada.

Podríamos encontrar similitud entre todas las herramientas, incluidos los chatbots actuales para entender que son creación directa de IH y nunca con características fundamentales de IH *(apartado 4)*. Por ello, denominar los chatGPTs como IAs será totalmente inadecuado.

A menudo no solo estamos rodeados de herramientas, sino que éstas están incorporadas físicamente a nuestra corporeidad para ampliar el alcance de nuestros sentidos, para mejorar los ritmos cardíacos, para sostener nuestra arquitectura ósea, además de como elementos correctores que acoplamos a los sentidos para mantenerlos activos dentro de su posibilidad natural. Hasta el punto de que podemos hablar cada vez con mayor razón del "homo cyborg".

Los avances técnicos, nuevas herramientas, además de permitir una acción más rápida para modificar los entornos, mejoran también la percepción sensorial. La percepción sensorial se concibe como necesaria para encontrar evidencias científicas "empíricas" que nos permitan avanzar en conocimientos ciertos. Buena parte de las herramientas inventadas por la inteligencia ayudan a mejor percibir la realidad en sus dimensiones micro y macroscópica.

Consideramos IH como una singularidad, una actividad abstractiva única, que la caracteriza como única entre todas las especies animales. Las multiplicidades de IH que algunos autores defienden se pueden y deben integrar en una misma naturaleza esencial aunque muy compleja y profunda. No podremos hablar de "otras inteligencias" diferentes. Las inadecuadamente denominadas IAs, son de naturaleza esencialmente diferente a IH, sin posible parangón con ella. Su uso analógico es también puro artificio lingüístico que, como buena publicidad, busca comercias con buen marketing. Pero al mismo tiempo vician conceptualmente su verdadera utilidad con utópicas aseveraciones acerca de sus verdaderas posibilidades.

A continuación expondremos consideraciones sobre la inteligencia, que, justamente por su complejidad y profundidad, ha permitido históricamente que se entienda la inteligencia como dualidad, multiplicidad. Ahora va entendiéndose cada vez con más claridad como única y singular. Aparecen otras acepciones, chatbots y chatGPTs, como IAs,

"Inteligencias Artificiales. Conscientes sus creadores de la dispersión conceptual que supone la aparición de tantas IAs, hipotetizan la llegada de una futura IAG, Inteligencia Artificial General, como remate o cúspide pendiente de aparecer pero de seguro advenimiento al tener en cuenta las supuestas potencialidades de los muchos imitadores de chatGPTs que van apareciendo.

Es imposible enumerar todas las herramientas que a su vez han ido siempre mejorando en su funcionalidad. Pero generalizando, podemos decir que solo la inteligencia humana es capaz de tales descubrimientos. Actualmente se pretende que IA, pueda ser comparada y entendida como análoga a IH. Está en auge el concepto de "inteligencia artificial generativa". Hay ya programas que consiguen realizar resúmenes aparentemente con códigos lingüísticos conceptuales, con fonemas y grafemas, bastante aceptables sobre casi cualquier tema que se les proponga. Pero no dejan de ser nuevas herramientas, seres inertes manejadas por algoritmos que prepara IH y que funcionan mecánicamente, sin "entender significadamente nada", sin "desear absolutamente nada". Solo IH entiende, desea y quien por ello decide o rechaza hacer algo.

La denominación de chats como "generativos", parece hacer dado alas a la imaginación, considerándolos con un significado similar a "creativos". Dicen utilizar un lenguaje "natural" similar al humano. Pero en lo único que se parecen al humano es en su formalidad expresiva, teniendo en cuenta reglas de expresión gramaticalmente correctas, tanto en su morfología como en su sintaxis. Siguen sin entender nada de lo que producen, como cualquier otra herramienta fabricada por iH. Como los loros, dicen y/o escriben lo que saben, pero "ni saben" lo que dicen, "ni saben" lo que escriben o dibujan.

Muchos algoritmos logran relacionar inmensas cantidades de información que nos ayudan a comprender mejor el mundo de la física, química. No hay ciencia ya sin herramientas avanzadas que ayuden en sus investigaciones. Ahora con los chatGPTs, de repente nos parece que hasta las máquinas reproducen sonidos, palabras, iconos, que parecen inteligibles para IH. Algoritmos denominados como "deep learning" o "aprendizaje profundo" logran combinaciones de datos

28

que se presentan como originales, "creativos" por ser distintos a otros similares que sí realiza el hombre. Pero no dejan de ser combinaciones de datos que encuentran determinados patrones, dirigidos por algoritmos creados por IH.

A ese supuesto aprendizaje profundo, no le corresponde un profundo significado consciente como ocurre con el aprendizaje humano. Sigue siendo aprendizaje de meros automatismos sin sentido racional, o solo con sentido para IH, que los inventa y valora sus resultados. En ese aprendizaje los chats organizan enormes cantidades de información al alcance en internet y otras fuentes a menudo de entidades privadas. Toda la información, con su significado es fruto previo de IH que herramientas como chatbots y chatGPTs procesan con extraordinaria rapidez, atendiendo a su estricta y fría y material formalidad inerte.

Ninguna herramienta, ningún robot, busca autónomamente un cambio que le signifique una mejora propia, porque no entiende qué puede ser una mejora, no siente ninguna necesidad de mejorar. No desea nada. Hace lo mandado y hay cosas que hace mejor y a menudo con mayor rapidez que IH cuando trabaja manualmente. Los problemas reales que surgen en la experiencia con los entornos solo los entiende IH, que trata de resolverlos, inventando nuevos procesos de conducta, incluso fabricando nuevas herramientas que le ayuden a ello. IH es capaz de "buenas preguntas", no solo de buenas respuestas. ¿Quién inventa las reglas para responder "aparentemente" como lo hace un humano? ChatGPTs solo ofrecen respuestas que parecen con sentido. No tienen la inquietud de hacer preguntas para cuestionar nada, porque no entienden significadamente nada de los códigos que manejan formalmente, aparte de la pura materialidad de los sonidos y/o iconos que combinan.

Podemos comparar unas herramientas con otras y llegar a la conclusión de que tienen finalidades y objetivos diferentes. Pero con todas tendremos que llegar a la conclusión de que son fabricadas por IH, que IH es quien busca y desea con consciencia conseguir unos fines y que es quien organiza los programas y algoritmos que la activan. En definitiva, chatbots y chatGPTs no son más que nuevas herramientas en manos de IH para resolver problemas que la propia IH quiere afrontar. El que sean herramientas nuevas con programas y algoritmos más complejos, no les convierte en IH. IH, como actividad relacionante, abstractiva y consciente es de naturaleza "infinitamente" más versátil, curiosa, creativa. Se adapta al medio e incluso acomoda el medio según intereses y deseos propios.

Vamos a exponer críticamente teorías que han surgido en la psicología, especialmente a partir del siglo XIX buscando explicaciones con metodologías supuestamente científicas. Vemos un intento actual parecido, pretendiendo encontrar dos inteligencias, una natural la IH y otra artificial representada por chatbots y chatGPTs con las constantes actualizaciones que va necesitando apenas recién nacida.

La denominación como IAs de los nuevos chatGPTs, pretende haber encontrado "analogías fuertes inexistentes" entre ellos. Lo creemos en especial una consecuencia de una publicidad "engañosa" que ha tenido un eco fulminante en los medios y se va instalando como inadecuada denominación pero interesada como marketing promocional.

Tenemos que analizar teorías de inteligencias duales o múltiples para llegar a definir la inteligencia humana, IH, en su singularidad y unicidad como inteligencia general. Así podremos compararla con la naturaleza de la multitud de chats que van naciendo. Podremos entender la posibilidad o no del nacimiento de una inteligencia artificial general, IAG, como singularidad igual o más poderosa que la IH.

¿dualidad o unicidad de inteligencia?

Cuando el hombre moderno trata de entender qué es la inteligencia, la compara con la de otros animales y entre diferentes grupos humanos. Como aparece en variedad de conductas y ante estímulos también diferentes, pueden surgir multiplicidad de interpretaciones. La inteligencia, por su complejidad, presenta multitud de facetas. No conocemos una definición aceptable para la mayoría de expertos. Parece estar comprometida con todas las conductas observables humanas en fenotipos conductuales y neuronales. Es una realidad, una variable latente, inaccesible a la observación directa de su actividad en tiempo real y a escalas atomísticas y moleculares.

El modo de expresión de la actividad inteligente se confunde conceptualizando a menudo como diferentes sus variadas formas de expresión a través de códigos lingüísticos (fundamentalmente los visuales como grafemas, los auditivos como fonemas y los visoauditivos no-verbales, modulando sonidos y kinesias).

A pesar de su complejidad, la "inteligencia conceptualmente abstractiva", es percibida y reconocida como identitaria, singular, de la especie humana, incluso para los no expertos. Puede que sea el concepto que más publicaciones ha tenido a lo largo de la historia de la humanidad. Entre profanos se utiliza incluso más que entre expertos o científicos. Se usa sin preocuparse por definirla cuidadosamente. Pero la utilizamos como si supiéramos perfectamente qué significa, cuando ni los expertos se ponen de acuerdo. Las expresiones: *¡No seas tonto! ¡Qué tonterías dices, haces! ¡Estupideces! ¡Insensateces!. Tonto es quizás la palabra que más acepciones y modos de expresión populares tiene en la lengua española. Expresiones como: atontado, tarado mental, tontaina, bobo, bobalicón, sandio, fatuo, babieca, simple, simplón, cipote, primo, lila, gilí, lelo, panoli, memo, alelado, pasmarote, pánfilo, estafermo, pazguato, gaznápiro, zoquete, zamacuco, bodoque, ceporro, sinsonte, mameluco, papanatas, papamoscas, pingüino, romo, lerdo, torpe, topo, corto, obtuso, necio, estólido, supino, estúpido, beocio, cretino, imbécil, idiota, oligofrénico, esquizofrénico, ganso, burro*, son un ejemplo de las más conocidas en idioma español.

Inteligencia es una palabra que está constantemente en labios de muchas personas buscando provocar una reacción supuestamente "inteligente" en los demás para acercarlo a las propias posiciones que siempre suelen ser, cómo no, las más inteligentes. La persona que usa en algún momento de su discurso alguna de estas palabras del párrafo anterior, si es interpelada acerca del significado del concepto inteligencia, nos contestará con alguna vaga generalidad, pero casi nunca dirá que no sabe qué significa.

Sternberg y otros (1982), por medio de encuestas, comprueban que los expertos y los no-expertos coinciden en señalar que las personas inteligentes se caracterizan por su capacidad de resolver problemas nuevos o familiares, su manejo del lenguaje y su actitud tolerante y abierta a la innovación. Son muchas, si no todas, las facetas de las conductas humanas que parecen relacionarse con la inteligencia y existe la duda de si serán inteligencias diferenciadas, independientes las unas de las otras o bien serán sustancialmente una sola que relaciona todas, que dirige múltiples recursos mentales desde actividades básicamente iguales, pero expresándose con diversidad de códigos o herramientas inventadas por ella misma.

Al ser muy complejo el concepto de inteligencia *(apartado 4)*, existe la tentación de identificar separadamente aspectos en variedad de conductas observables. Habrá quien separe un aspecto importante de su realidad y distinga dos polos separados, que serán parte de la misma realidad pero que los atribuirá a inteligencias distintas. O detectará un mosaico de diferencias que querrá distinguir como realidades separables, de naturaleza y conceptualización distinta.

La singularidad de la actividad inteligente humana es muy compleja, su comprensión es difícil. Habrá que entenderla integrando las diversas variables que intervienen en su actividad. Se trata de una única realidad, artificiosamente conceptualizada a menudo como doble, múltiple o "infinitas" como átomos que conforman las realidades físicas. Su conceptualización deberá integrar la funcionalidad de las realidades necesarias para su comprensión: entornos especialmente sociales y culturales estimuladores, actividad relacionante y abstractiva, emocionalidad asociada al captar significadamente, biología memorizadora y rememoradora de conocimientos y emociones aprendidos.

Las relaciones entre entornos, inteligencia-cerebro no las podemos observar empíricamente en el preciso momento de su ocurrencia. Debemos recurrir a la conceptualización a través del análisis empírico del fenotipo cognitivo conductual observable, del lenguaje significado semánticamente utilizado. En otra obra *(Yuste, C. y Yuste. D, 2023, en su apartado 4)*, exponemos un listado de códigos lingüísticos utilizados como conceptos básicos relacionantes. No podemos partir exclusivamente de la visión de neuroimágenes o fenotipo neuronal. La neurociencia no encuentra sentido funcional en sus manifestaciones actualmente observables con técnicas de neuroimagen. Posiblemente nunca encontrará sentido desde el exclusivo despliegue maduracional neuronal, porque el significado surge desde, por y en la estimulación de los aprendizajes sociales.

Criticamos la posición de algunas teorías argumentando sobre multiplicidad de inteligencias. Todas ellas se quieren sostener sin integrar la funcionalidad de las cuatro variables esenciales que intervienen en la actividad humana inteligente: a) entornos, b) actividad abstractiva inteligente, c) emocionalidad asociada, d) memoria. Variables que podemos considerar como sistemas estrechamente interrelacionados que explican el fenotipo conductual cognitivo observado en los procesos de aprendizaje, así como el fenotipo neurocerebral observable por neuroimagen.

Toda realidad física o bioquímica interacciona de alguna manera con todas las demás. Pero tenemos que reconocer que IH puede tener consciencia significada de todas esas interacciones. Todos los sistemas corporales interaccionan de alguna manera con la cognición inteligente y con la estimulación de los entornos exteriores, sean socioculturales o fisicoecológicos. La inteligencia humana está integrada en un cuerpo vivo, e interacciona tanto con ese cuerpo como exteriormente con sus entornos.

Así, la máxima diferencia que podemos encontrar entre Inteligencia Humana, IH, y las supuestas IAs, chatbots y chatGPTs, estriba en que IH se integra en un cuerpo vivo mientras las herramientas artificiales implican meras actividades algorítmicas dentro de un sistema inerte programado, mantenido, siempre evaluado y actualizado significadamente por actividad de IH.

Intentamos en este libro hacer comprender que la inteligencia humana mantiene una singular unidad a pesar de la amplia gama de actividades y procedimientos de acción que podamos encontrar en su interacción tanto con los entornos como con el cerebro neuronal. En cambio las denominadas como IAs van suponiendo una multitud de HPGs, Herramientas Preprogramadas Generativas, que no pueden entenderse en una unidad.

Para imaginar su importancia, hasta se quiere presuponer la inminente aparición de una IAG, Inteligencia Artificial General, o incluso SAG, Superinteligencia Artificial General. Oímos la posibilidad de que será pronto 10.000 veces superior que la IH. Profecías de ciencia ficción sin ningún viso de realidad con los datos que actualmente tenemos disponibles.

apartado 2.1.

inteligencias
¿g / s?

(Charles E. **Spearman**)

Spearman (1927), se basa en un método estadístico ideado por él mismo y con significado similar al de la correlación de Pearson, que indica la fuerza y la dirección de una relación lineal entre dos variables aleatorias. Se le considera el creador de la metodología inicial del análisis factorial. Es un mérito que creemos debe compartir al menos con Galton, Pearson, Yule y Hotelling.

Dos variables cuantitativas están correlacionadas cuando los valores de una de ellas varían sistemáticamente con respecto a los valores homónimos de la otra: entre dos variables, *A* y *B*, existe correlación si al cambiar los valores de *A* cambian también los de *B* y viceversa. En la alta correlación positiva que generalmente se detecta entre test complejos, encuentra Spearman que existe una proporcionalidad entre las columnas de las tablas de correlaciones y comprueba que las diferencias tetrádicas tienden a "0".

Como encuentra que no todos los test se atienen a esta regla, cree que hay algunos factores perturbadores que conviene ir purgando, eliminando aquellos cuyo error muestral sea 1/5 o más de su error probable. Defiende que *g* explica que todos los test de inteligencia estén correlacionados. Otro factor específico, *s*, causa que la correlación no sea perfecta, igual a 1, y que no todas las correlaciones sean iguales. Si se administran siete pruebas a una persona, sus resultados dependerán de un único factor *g* común a todas y de otros siete factores

35

s específicos. Lo verdaderamente interesante estima que es la búsqueda de **g**, valor común y universal y no **s**, mero factor limitativo.

Spearman utiliza pruebas sensoriales siguiendo ideas de Galton y puntuaciones de notas escolares para presuponer que un mismo factor común a todos explica su variabilidad: lo denomina *inteligencia, g*. Su primera experimentación, con dos grupos muy pequeños, de distinta edad y distinta edad y

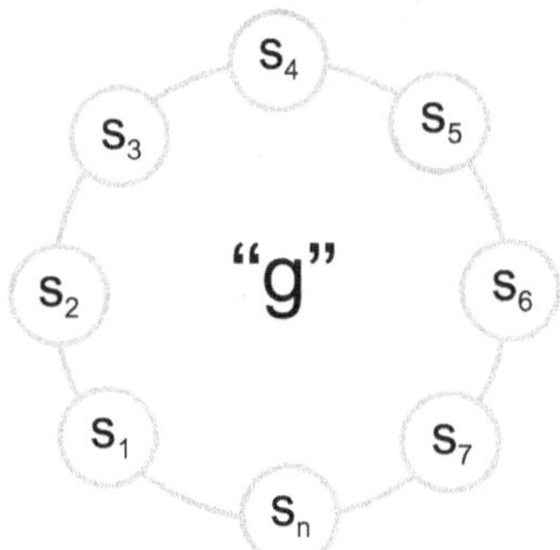

Teoría bifactorial de Spearman

hasta con distinta metodología de recogida de datos es de muy dudosa validez. En un grupo de 24 niños recoge datos en su propio laboratorio sobre discriminación de altura tonal (auditivo), de discriminación gráfica (visual) y de estimación de pesos (táctil o kinésico). En el segundo grupo obtiene una estimación de discriminación de altura tonal en 22 jóvenes escolarizados.

Renuncia a otras pruebas sensoriales presuponiendo que estimarían el mismo factor de inteligencia, **g**, al ser el elemento común a todas las discriminaciones sensoriales. Obtiene también las notas de rendimiento académico de estos jóvenes en lengua clásica, francés, inglés, matemáticas. Con una compleja fórmula de corrección que denomina de *atenuación de error*, encuentra que la correlación aplicada a los dos grupos experimentales es perfecta, se aproxima a la unidad.

Más adelante defiende la existencia de un factor general **g** estudiando la tabla de correlaciones y determinando su jerarquía. Todos sus valores se disponen de manera creciente o decreciente que, si no es perfecta, explica que se debe a errores accidentales. Utiliza el criterio tetrádico que implica una perfecta proporcionalidad entre las columnas de correlaciones.

La correlación perfecta entre un par de test motores o perceptivos parece que solo se dio en las muestras utilizadas por Spearman y Krueger, parcialmente aceptadas por Burt (1949). Pero las réplicas de autores como Brown y Thorndike desmienten rotundamente la correlación perfecta de este tipo de pruebas con alguna calificación de inteligencia como una nota de rendimiento escolar. Incluso las correlaciones resultan a menudo muy débiles, cercanas a la no significatividad estadística. Con su réplica estos autores contribuyen también a la difusión y experimentación, incluso para obtener un supuesto factor general.

La inteligencia, para Spearman, es una especie de "magnitud física mensurable, energía mental hereditaria", e intenta comprobar que corresponde a una propiedad específica del cerebro, una suerte de motor activo, que varía de una persona a otra, pero que se mantiene estable a través del tiempo. Si bien la inteligencia es hereditaria en cuanto a *g*, es posible que la educación tenga importante incidencia en los factores *s* que estarían relacionados con las tareas concretas que exigiera cada prueba y por tanto sería dependiente de otras destrezas específicas no directamente intelectivas. El factor *s* vendría a ser el mecanismo corporal o neuronal a través del cual actúa la energía mental. Más adelante, al final de su vida, acepta también entender la inteligencia como *poder abstractivo o capacidad clasificatoria,* combinación de noegénesis y abstracción. La abstracción sería progresiva clasificación y distinción de los inicialmente confusos contenidos mentales.

El modelo se ha llamado también bifactorial, aunque Spearman parece interesarse solo por *g*, *s* no es un factor propiamente intelectivo y no parece tener más función que la meramente limitativa de *g*. Considera *g* como la capacidad para usar tres principios cualitativos de cognición para la formación de conceptos nuevos o noegénesis: aprehensión de experiencia, inferencia de relaciones, inferencia de correlatos: a) el primer principio lo denomina *simple aprehensión de la experiencia*, donde se nos dan en bruto todos los datos. Cualquier experiencia vivida tiende a evocar un conocimiento de sus características, b) *educción de relaciones*: cuando una persona tiene en mente dos o más ideas, puede reconocer en su mente las relaciones entre ellas, aumentando su conocimiento, c) *educción de correlatos*: tener en mente una idea con alguna relación, posee más o menos poder para atraer a su mente otra idea correlativa.

En el ejemplo 1, dados los fundamentos F1 = cuadrado y F2 = rectángulo (simple aprehensión), podemos educir la relación r = 4 ángulos rectos, educción de relaciones. Dada la relación r = 4 ángulos rectos y el fundamento F1 = cuadrado, podemos educir el fundamento F2 = rectángulo, educción de correlatos.

Esta concepción soporta bien la manera en que se confeccionaron los elementos de algunos test que se han considerado muy saturados de **g,** entre ellos los de matrices lógicas de Raven. En el ejemplo *(ejemplo 2)*, de una matriz lógica de 3x3, la simple aprehensión nos permite observar figuras: hexágono, trapecio, círculo. La educción de relacio-

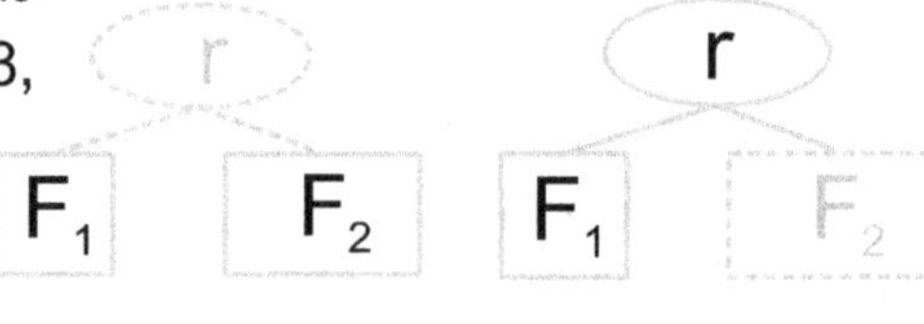

nes entre ellos cambiando de tamaño y de fondo, alternándose en sentido vertical/horizontal. La educción de correlatos nos lleva a predecir que falta un círculo pequeño con fondo de color rosa:

ejemplo 2

Ejemplo 3 del test de Stephenson-Spearman:

Características que tienen las tres primeras figuras que no aparecen en las tres siguientes y cuáles tienen esa misma característica entre las cuatro respuestas.

Spearman tuvo enorme influencia sobre la comunidad de psicólogos. La estructura jerárquica observada en matrices de correlaciones podía explicarse postulando un hipotético factor **g,** que intervendría en la ejecución de todas las tareas. Actualmente sigue siendo una referencia al hablar de la estructura jerárquica de la inteligencia, aunque se cuestione su heredabilidad bioquímica. Su modelo bifactorial se puso muy pronto en entredicho.

Los llamados factores son producto de algoritmos matemáticos, que nunca pueden ser realidades físicas. Sin embargo la tentación de creerlas "cosas reales", existentes en alguna parte del cerebro, es muy fuerte. Gould (1981), somete a una contundente crítica la con-

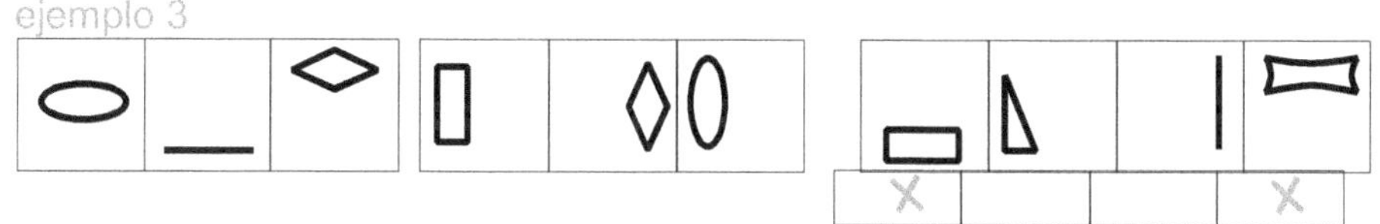

ceptualización de *g*, junto a la de su heredabilidad (por influencia de las teorías biológicas de Darwin) y su estabilidad a lo largo de la vida. Para describir la inteligencia, no basta con hallar factorialmente correlaciones positivas en una serie de variables. Las meras correlaciones nunca podrán interpretarse como relaciones de causa/efecto. Todas las ciencias necesitan de la inteligencia para su conceptualización. La inteligencia, a su vez, integrar la actividad de interacción de varias variables intervinientes para poder ser descrita adecuadamente. El nivel de inteligencia conseguido en un momento, no parece tener que depender ni directa ni fundamentalmente de la herencia bioquímica heredada. La cognición y creación de códigos "cargados" de significado consciente empieza en los procesos de enseñanza/aprendizaje socioculturales, no en el despliegue biogenético.

La postura de Spearman parte de una hipótesis sin confirmar, parte de postular la inteligencia humana, *g*, como nivel aptitudinal biogenéticamente heredado, cuando actualmente se viene confirmando que la inteligencia, como habilidad intelectual, cambia, se va aprendiendo, evoluciona fundamentalmente interaccionando con los entornos sociales en los que se desarrolla.

No nos hace falta hipotetizar otra inteligencias, *s*, como factores limitadores, cuando sabemos que más que limitadora puede ser estimuladora en cuanto aceptemos que conecta con los entornos desde los que actúa sobre el sistema neural, manteniendo sus aprendizajes como memoria en estructuras conexionadas del conectoma. Se trata de otra variable diferente que necesariamente interactúa con la bioquímica genética heredada.

No podemos sostener esta dualidad *g / s*, en la explicación de la inteligencia humana. Lo que necesitamos es poder explicar su actividad como mediadora entre las estimulaciones de los entornos y la estructuración del conectoma neural. Considerar que la inteligencia se hereda biogenéticamente nos lleva a callejones sin salida para poder explicar en especial el nacimiento de la consciencia significada.

Nos parece muy interesante su visión de un factor general, aunque lo aceptamos como dinámicamente cambiante en interacción con sus entornos en especial los sociales y culturales, al tiempo que se aprenden en procesos de enseñanza/aprendizajes,diferentes "códigos lingüísticos cargados de significado".

La existencia de un único como factor general de inteligencia, IG, se va afianzando en el acerbo de la psicología. A pesar de la inmensa complejidad del concepto de inteligencia, lo vamos definiendo como una unidad singular de actividad relacionante, abstractiva y consciente. Actualmente, con la aparición de los múltiples chatbots y chatGPTs, que se tratan de definir genéricamente como inteligencias artificiales, se intuye la necesidad de hipotetizar una IAG, inteligencia artificial general, para pronosticar la posible aparición de una singularidad incluso superior a la que definimos como singularidad y unicidad de la inteligencia humana.

apartado 2.2.

inteligencias
¿verbal / manipulativa?
¿verbal / no-verbal?

(David **Wechsler**)

Wechsler (1939), psicólogo norteamericano, preocupado por tratar de medir las mismas habilidades en distintos períodos evolutivos y pensando que los test de Binet/Terman no lo hacían (al tener elementos que consideraba eran cualitativamente diferentes desde los 3 hasta los 13 años), construye en 1939 una escala llamada inicialmente Wechsler/Bellevue en referencia al hospital de Nueva York donde trabajaba. Renueva y amplía la escala a niños y adultos en 1949 con el *WISC* (1955), con el *WAIS* y (1967). Con el *WPPSI,* en versiones actualizadas *WISC-IV* y el *WAIS-IV* (2012). En algunos países se encuentran actualmente en proceso de validación. Sus principales novedades fueron: en primer lugar, aplicar un conjunto de test a niños para poder comparar la misma habilidad en distintas edades: segundo, ofrecer una estructura jerárquica en la que se pudiera obtener una puntuación general de inteligencia y dos subpuntuaciones: *verbal* y *manipulativa*. Ofrece dos tipos de *CI* diferenciando el *verbal* del *manipulativo.*

Es una visión de dos Inteligencias en torno a dos habilidades mentales diferentes. La primera propiciada por la herramienta del lenguaje y la comunicación verbal, imprescindible para interactuar con los entornos sociales y la segunda por la actividad motriz manual como herramienta de acción de proyección externa. Llega a proponer valorar un QI verbal y un QI manipulativo, dos distintos coeficientes intelectuales generales lo que parece inadecuado hablando de IH.

La puntuación de *CI manipulativo*, aunque aceptada inicialmente por los usuarios del *WPPSI*, no parecía un nombre ni una actividad mental diferenciables sustancialmente de otras operaciones mentales, ya que la acción física de manipulación tenía una influencia mínima, como mero instrumento o herramienta a usar, exigiendo en realidad operaciones mentales, giros espaciales, comparaciones atencionales, incluso razonamiento con códigos o iconos no-verbales. Por ello en la actualidad tiende a ser denominada como escala visoperceptiva, más en consonancia con la modalidad de codificación mental que requiere este tipo de pruebas con contenidos no-verbales.

Wechsler sostiene una concepción de la inteligencia cercana a la de Binet, aceptando que es producto tanto de la genética heredada como de la entorno estimulador. No presenta ninguna visión teórica fundamentando sus famosas escalas de inteligencia desde niños *WPPSI* a adultos *WISC*. Hace hincapié en el valor primordial de la herencia biológica aun cuando acepta el influjo de los entornos, sin profundizar en sus razones causales. Al pretender medir el QI, presupone claramente la heredabilidad biogenética de un nivel de inteligencia y que el influjo de los entornos será superficial, secundario. Wechsler, con sus escalas, hace referencia cultural a las distinciones entre homo sapiens y homo faber, calificándolas como dos inteligencias diferenciables, en un hipotético dualismo sin pruebas que lo corroboren.

La inteligencia utiliza la actividad motriz para su fabricación y uso, no pudiéndose calificar esta actividad como otra nueva inteligencia, sino como habilidad motora guiada por los procesos mentales. Solo usa una herramienta diferente como vía de expresión. Es actividad propia de todos los seres vivos aunque no realicen actividades mentales de razonamiento abstracto. Es más, incluso muchos animales nos aventajan en algunas de sus habilidades motrices, por ejemplo agilidad y velocidad para correr, fuerza física, agudeza visual, agudeza auditiva, percepción olfativa. La inteligencia humana, para superar y dominar a otros animales inventa herramientas adecuadas que compensen sus limitaciones sensoriales y motrices. Con su uso se adapta y llega a dominar sus entornos y a todas las especies animales.

La IH utiliza diversidad de códigos para conocer la realidad, pero con todos activa operaciones de naturaleza similar, relacionantes, abstractivas, conscientes por lo que podremos diferencias habilidades mentales adquiridas con el uso de diferentes códigos (verbales, visoespaciales, numéricos, musicales, códigos especializados en cada ciencia). Pero se trata siempre de actividades mentales de la misma naturaleza sea cual sea el código utilizado para cargarlo de significado, conceptualizando y manteniendo temporalmente como memoria.

En análisis factoriales basados en matrices de correlaciones, obtenemos claramente tres factores: verbal, numérico y visoespacial (no-verbal). Pero los tres factores están altamente correlacionados entre sí. No son inteligencia independientes, sino que son habilidades dependiendo de la IN, Inteligencia General, es decir de una inteligencia relacionante, abstractiva, consciente. Los análisis factoriales discriminan las modalidades de códigos que intervienen (verbales, numéricos, visoespaciales), pero no sirvan para acceder a determinar la naturaleza de la inteligencia, que usa diversidad de códigos, pero en operaciones y procesos cognitivos de honda naturaleza similar.

No hay, pues dos inteligencias discriminables, sino una inteligencia y habilidades verbales, numéricas, icónicas (no-verbales), motrices. Unas serán codificadas en la memoria a través de herramientas fonémicas, otras necesitan herramientas grafémicas no-verbales, otras herramientas motrices, como procedimientos de acción. Pero todas parten de la actividad mental relacionante, abstractiva, consciente, de una única y singular inteligencia humana.

Hablar de dos inteligencias una "teórica" y otra "práctica" parece obedecer a la disyunción entre teoría abstracta y práctica concreta. Coordinar partes del cuerpo no podemos considerarla una nueva inteligencia, sino que obedece a la singularidad de IH que unifica procesos, selecciona y direcciona los procedimientos de acción. El cuerpo, brazos, manos, dedos, pies, ojos, oídos, son recursos dirigidos intencionadamente por la actividad interna inteligente semánticamente consciente. Coordinando movimientos motrices puede fabricar nuevas herramientas extracorporales. La actividad mental inteligente integra coordinaciones corporales hacia un objetivo entendido como deseable, interesante, útil para lograr conocimiento y dominio sobre sus entornos.

Muchas de las herramientas que la inteligencia humana fabrica son usadas para conocer mejor micro y macroscópicamente la realidad de sus entornos y así dominarlos mejor. Otras para fabricar objetos, nuevas herramientas, con mayor rapidez y eficiencia. Todas las herramientas creadas necesitan coordinar procesos cognitivos mentales con algún tipo de acción externa coooordinando movimientos manuales, visuales, audiciones.

Hablar de "contaminación verbal", por ejemplo, para definir inteligencia como actividad no-verbal, es una inadecuada afirmación, falsa afirmación. La escuchamos en algunas publicidades que utilizan como marketing una falsa idea diciendo medir la inteligencia en su pureza, sin códigos verbales, sin necesitar comprensión lingüística verbal. La inteligencia codifica la información con multiplicidad de códigos, pero su naturaleza es singularmente unitaria.

Tratar de definir la inteligencia a base de estímulos solo "no-verbales", considerados de "puro razonamiento" sería equivocado o muy parcial y sesgada, porque la inteligencia razona con variedad de códigos, memoriza los aprendizajes con multiplicidad de códigos lingüísticos. Si se quiere medir inteligencia general, será mejor utilizar estímulos variados, con los códigos más usados desde edad temprana y presentes, la mayoría de las veces integrados, en conductas inteligentes reconocibles y que utilizan varios tipos de códigos ante una misma experiencia.

No podemos, pues, aceptar la visión de dos inteligencias distintas, verbal y manipulativa, o verbal y no-verbal. La inteligencia es una, su expresión múltiple a partir de diferentes herramientas, de variedad de códigos lingüísticos, de variedad de códigos gestuales o kinésicos.

apartado 2.3.

inteligencias
¿A / B /... C?

(Donald O. **Hebb** y Philip E. **Vernon**)

ebb (1949), psicólogo canadiense, terciando en la polémica de si la inteligencia es genéticamente determinada o culturalmente estimulada (1949), diferencia dos acepciones del término inteligencia: la inteligencia **A**, que sería la dotación genética o genotipo del individuo, básicamente heredada. Al mismo tiempo se necesita una estimulación adecuada para que maduren los mecanismos neurofisiológicos que la explicitan y la inteligencia **B** o nivel de habilidades que una persona muestra realmente en su conducta en un momento del desarrollo. Sería la inteligencia fenotípica observable en las conductas. Lo que miden los test sería la inteligencia **B**. La **A** sería imposible de medir al menos con las técnicas actualmente disponibles.

La psicología como ciencia ha estado muy condicionada desde su nacimiento por las teorías bioquímicas evolutivas de Darwin. Así la inteligencia humana estaría sometida a iguales leyes evolutivas y partiría de una estructura biogenéticamente heredada. Hebb sigue esta línea de pensamiento y sitúa la inteligencia en el desarrollo genético heredado, en su actividad bioquímica. Describe una especie de "ley asamblearia" en la que conjuntos de células, neuronas que se disparan juntas, tenderán a permanecer juntas sufriendo los mismos cambios bioquímicos, sea cual sea la estimulación

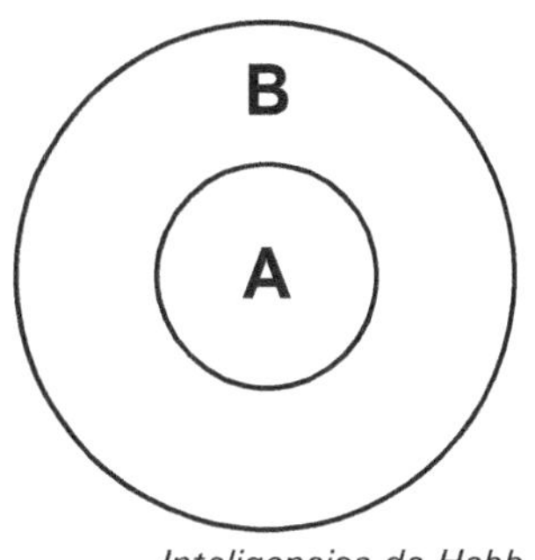

Inteligencias de Hebb

45

ambiental. Sitúa la inteligencia humana en este ámbito de realidad por lo que, ante el nacimiento de los test como medidores de la inteligencia, opta, razonablemente, por entender que no pueden medir la inteligencia heredada biogenética, ya que la actividad bioquímica no se puede observar empíricamente en tiempo real. Conceptualiza la existencia de dos inteligencias: la más profunda, *A*, será la genéticamente heredada, innata, y la periférica, *B*, mensurable psicométricamente partiendo de conductas observables. La *A* estaría determinada por la complejidad y plasticidad relacional del sistema nervioso neuronal heredado y la *B* dependería de influjos "contaminantes" medioambientales.

La principal causa de que la teorización sobre la inteligencia se haya detenido o casi congelado, en aparente hivernación, parece deberse a la obstinación por defender su descripción como herencia biológica genéticamente heredada. Es una posición que se viene matizando en algunos autores, ante las evidencias que van presentando las concepciones ambientalistas. En psicometría sigue apareciendo en la mayoría de investigadores el fantasma de un *g* heredado genéticamente y que despliega sus reglas en las cadenas de *ADN* de algunos genes. Es imposible de definir o porque no se pueden mostrar evidencias claras de su existencia, o porque simplemente no existe, como nos parece a nosotros.

Darwin influyó demasiado sobre el fundador de la psicometría, su primo Galton y desde entonces la inteligencia se ha querido definir en términos de herencia biológica, a veces con meros matices aceptando algún influjo poco aclarado proveniente de los ambientes. Darwin era biólogo, seguía metodologías útiles para la biología y para demostrar su teoría de la evolución de las especies. Pero la inteligencia humana no se desarrolla siguiendo leyes biológicas genéticas, sino siguiendo leyes que parten de la interacción de los órganos sensoriales con sus entornos, en especial con los sociales.

En la descripción del genoma humano no se han encontrado los genes responsables de la actividad inteligente ni de su desarrollo. Se ha comprobado que no un solo gen sino que cerca del 50% de los genes se expresan en el cerebro codificando proteínas. El cerebro humano tiene un nivel de expresión génica máximo en comparación con

46

otros mamíferos *(Alonso, J.R. y Alonso, I., 2018)*. El cerebro, pese a pesar menos que otros órganos del cuerpo, consume proporcionalmente más cantidad de proteínas, el 25% aproximadamente del consumo corporal. El cerebro se desarrolla biológicamente. Pero su estructura de conexiones se desarrolla enormemente en la primera infancia desde la interacción con los entornos, en los procesos de enseñanza/aprendizaje. No parece ser el cerebro el principio activo del desarrollo mental, sino más bien la interacción de la actividad mental con sus entornos.

Las conexiones plásticas interneuronas, conforman la estructura del conectoma neural, pero el mecanismo activador de diversidad de estructuras no es bioquímico, sino que parte de estimulaciones desde los entornos. La visión de Hebb no puede explicar el nacimiento de significado, la consciencia inteligente de la realidad con códigos semánticamente ricos. Si analizamos solamente la actividad cerebral nos parecerá lo que queramos ver. Es evidente que existen relaciones con el aprendizaje, pero son relaciones fundamentalmente sobrevenidas, post aprendizaje que estructura el conectoma neural.

El inicio de la actividad inteligente cerebral, lo tenemos que buscar en los entornos estimuladores, en especial en los sociales, imprescindibles para obtener códigos lingüísticamente significados, ya sean fonémicos, y/o grafémicos. Nadie pudo ni podrá aprender ni a hablar ni a leer si no encuentra un entornos social que le enseñe. No podremos diferenciar dos inteligencias, sino una sola analizando el inicio de su actividad y su final memorizado en el sistema neuronal que construye y actualiza con cada nueva experiencia, como conectoma neural.

Vernon sugiere que se debe agregar otra acepción a la clasificación anterior: la inteligencia *C* que sería el cociente intelectual obtenido por una prueba específica de inteligencia. Esta inteligencia variaría con cada prueba aplicada, puesto que cada una es una estrecha muestra de la inmensa gama de conductas inteligentes mensurables. Vamos comprobando que la extraordinaria complejidad que conlleva la actividad inteligente y el depender de variables cuyas interacciones nos están vedadas a la experiencia en tiempo real (interacciones entre actividades neuronales, cognitivas y de estimulación social) que implican cuatro variables necesarias intervinientes (entornos, inteligencia, emocionalidad, cerebro). La inteligencia, de todas maneras, no podremos entenderla sin hipotetizar la funcionalidad de cada una de las cuatro variables. Funcionalidad latente, inobservable hasta el momento, pero que nos explica los fenotipos neuronales (vía neuroimagen) y conductuales (vía observación de conductas).

La inteligencia humana es una, aunque solo podamos medirla empíricamente desde su fenotipo conductual, desde las respuestas observables en sus conductas. El origen de esas respuestas está condicionado por estrechísimas interacciones entre las cuatro realidades como variables necesariamente presentes. Pero "de momento" no podemos empirizar, en tiempo y a escala real, sus interacciones.

Es cierto que cada test, cada batería de test, medirá de manera limitada la inteligencia de una persona, medirá algunos aspectos, un momento temporal limitado.

apartado 2.4.

inteligencias
¿nivel I / nivel II?

(Arthur R. **Jensen**)

Jensen (1970), expone la teoría de los dos niveles de inteligencia. El *nivel I* sería esencialmente la capacidad para recibir o registrar estímulos, almacenarlos, reconocer y recordar posteriormente el material con un grado elevado de fiabilidad. Los mejores test indicadores de la capacidad de este *nivel I* serían: repetición de dígitos, aprendizaje serial mecánico y aprendizaje de retención de pares asociados. El *nivel II* se caracteriza por elaborar y transformar los estímulos con códigos abstractos.

El *nivel II* sería un nivel de mayor complejidad. En este nivel se encuentran la mayoría de los test de factor *g*. Se puede definir como educción de correlatos y relaciones, en términos de Spearman. Los test indicadores de la capacidad de *nivel II* son los más clásicos utilizados en medición de inteligencia, en particular los menos culturales, como matrices de Raven quien entiende *g* como básicamente heredado. Medido en tareas de test, es el factor que explica la mayor parte de la varianza. Existen otros factores de grupo como el verbal, el espacial, el numérico, el de memoria, que se establecen en una jerarquía al obtener factores de grupo con el análisis factorial. Los dos niveles serían irreductibles el uno al otro, funcionarían de forma paralela en los procesos cognitivos del individuo y significarían el predominio de dos genotipos fundamentales independientes. Jensen es un destacado defensor de posiciones genetistas, llegando a afirmar que la variabilidad de la inteligencia depende causalmente, en un 80%, de la herencia biogenética.

El *nivel I* sería una aptitud para el aprendizaje asociativo, muy ligada a los primeros procesos perceptivos, mecánica, poco elaborada aún, más cercana a la biología. El *nivel II* sería aptitud para el pensamiento abstracto, para la resolución de problemas, con conceptos más alejados de su objeto. Los procesos del *nivel II* dependen funcionalmente del *nivel I*, pero no al contrario. Según Jensen, esta distinción explica el por qué niños con *nivel I* de inteligencia muy bien desarrollado pueden fracasar en el *nivel II*, no ocurriendo lo mismo en sentido inverso. Vemos en la gráfica de la derecha que la posición de los diversos test y las habilidades que pretenden medir va a depender de dos dimensiones:

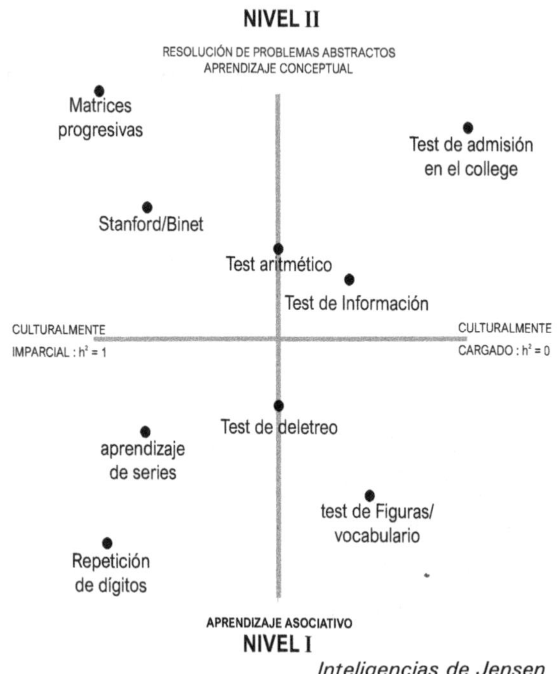

Inteligencias de Jensen

Dimensión "X", heredado/adquirido, que puede ir desde heredabilidad, h^2, fracción de la varianza fenotípica debida a diferencias hereditarias nula, $h^2=0$, hasta heredabilidad perfecta, $h^2=1$. Dimensión "Y", complejidad/abstracción, desde un extremo de simple y concreto hasta otro de complejo y abstracto. Por ejemplo, el test de *matrices progresivas* de Raven implicaría una habilidad heredada, compleja y abstracta, que opera elaborando y transformando los datos iniciales.

Para Jensen la correlación entre las medidas de *CI* y el aprendizaje aumentan con la complejidad de las tareas propuestas. Tiene como referencia la teoría del educador estadounidense Robert Mills Gagné (1968; 1974), que defiende una jerarquía de ocho niveles de aprendizaje según la complejidad de las tareas a realizar: 1) aprendizaje de

destrezas motoras	aprendizaje de señales (1) estímulo-respuesta (2) encadenamiento motor (3)
información verbal	estímulo-respuesta (2) asociación verbal (4) discriminación múltiple (5)
destrezas intelectuales	discriminación múltiple (5) aprendizaje de conceptos (6) aprendizaje de principios (7) aprendizaje de problemas (8)
actitudes	aprendizaje de señales (1) estímulo-respuesta (2) cadenas motoras (3) asociación verbal (4) discriminación múltiple (5)
estrategias cognitivas	aprendizaje de señales (1) aprendizaje de principios (7) resolución de problemas (8)

Jerarquía de aprendizajes de Gagné

señales, 2) estímulo-respuesta, 3) encadenamiento motor, 4) asociación verbal, 5) discriminación múltiple, 6) aprendizaje de conceptos, 7) aprendizaje de principios, 8) aprendizaje de problemas, que se aplican a aprendizajes de destrezas motoras, de información verbal, de destrezas intelectuales, de actitudes y de estrategias cognitivas. A mayor complejidad de las tareas, mayor correlación entre su capacidad de aprendizaje y nivel de *CI*. Enumera las siguientes condiciones:

a) cuando el aprendizaje es más claramente intencional desde el mediador social, está más correlacionado con *CI*. La tarea así exige un esfuerzo mental consciente y está encauzada de manera que permite que la persona piense, b) cuando el material a aprender es jerárquico, de manera que el aprendizaje de los últimos elementos depende de que se hayan asimilado los primeros, c) cuando el aprendizaje es significativo, relacionado con conocimiento o experiencias ya poseídas, d) cuando la tarea a aprender permite la transferencia de algo aprendido en el pasado, e) cuando implica penetración, cuando exige captar la idea, no solo memorizar nombres sin sentido, f) cuando el aprendizaje tiene dificultad moderada, g) cuando la cantidad de tiempo asignado al aprendizaje es igual para todos, h) cuando es mayor la relación entre el material de aprendizaje y la edad, i) cuando se trata de una etapa temprana del aprendizaje de algo nuevo.

La mayoría de estas condiciones vienen a exigir al aprendizaje que tenga un nivel de abstracción y complejidad más alto, condición que suele cumplirse en los test de medición de *CI*. Como en gran medida el aprendizaje escolar contiene estas características, deduce que por eso los educadores entienden que la capacidad de aprendizaje es un medidor válido de *CI*. White (1965), los denominó *nivel asociativo* y *nivel cognitivo*. Los *niveles I y nivel II* de inteligencia explicarían por qué muchos niños pueden obtener altas puntuaciones en pruebas con muchos elementos del *nivel I*, pero no con elementos del *nivel II*.

Este sistema de dos inteligencias paralelas, aunque explica algunos hechos observables, deja sin respuesta otros muchos más, que parecen indicar que estas dos inteligencias no son tan paralelamente independientes. Parecen más bien momentos distintos del desarrollo de una misma aptitud. En decisiones educativas crearía graves problemas. Estando determinados biogenéticamente los dos niveles, sería útil mantener dos sistemas educativos también diferenciados. Se establecería un sistema claramente discriminatorio.

Parecen más acordes con los hechos las teorías que postulan que las habilidades de son asumidas evolutivamente en el *nivel II*. La persona, una vez que ha conseguido un nivel aceptable en las habilidades de *nivel I* dirige su control hacia otras de nivel superior que demandan más atención, por lo que las primeras se estacionan en su avance, se automatizan en su ejecución. Las personas con mayor nivel cultural y científico aprenden conceptos más abstractos que las de menor nivel cultural y por ello son capaces de resolver problemas más abstractos, con lo que esa diferencia se podría deber principalmente a causas culturales, no genéticas. De hecho durante toda la vida se producen elaboraciones cognitivas cada vez más abstractas. Las oportunidades educativas del conjunto de entornos son las que posibilitarán alcanzar niveles de inteligencia diferenciados. Consideramos inaceptable la separación de la inteligencia en dos niveles cualitativamente diferentes, erróneamente achacados a dos genotipos biológicos diferentes.

Existen más bien dos formas o estilos de abordar la actividad mental: a) la rememorativa, que tiende a aprender meramente de memoria lo que se le trasmite culturalmente, sin asimilarlo como propio e integrarlo con los conocimientos previos. Tiende a aceptar fácilmente el criterio de autoridad del que comunica un conocimiento, que tiende entonces a almacenar sin crítica la información que se le imparte, a imitación del almacenaje museístico de los bienes culturales, b) otra que podemos denominar elaborativa, más creativa, que tiende a reestructurar sus sistemas de conocimientos a medida que los recibe culturalmente, modo más activo y por lo tanto más integrador en cada vez más altos niveles de abstracción. Las dos formas se dan en todas las personas, pero no en igual medida e intensidad fundamentalmente debido a diferencias en estimulación cultural, en oportunidades educativas estimulantes del desarrollo cognitivo.

Los *niveles I y II* son parte de un proceso que se da en todas las personas con suficiente estimulación cultural. Pero en aquellas que carecen de una estimulación cultural científica, se puede detener muchos procesos abstractivos, frente a las que sí siguen en niveles de enseñanza que son más científicos y por lo tanto usan conceptos más abstractos. Los dos niveles de Jensen, reflejarían una diferencia de niveles de culturalización. Entendemos que la capacidad de aprendizaje es una consecuencia del nivel de inteligencia, no al contrario.

Observamos nosotros una mayor capacidad de usar conceptos abstractos en personas que han cursado niveles más altos de estimulación cultural. Las personas sin ningún estudio o solo estudios primarios parecen tener un nivel más bajo de abstracción. Pero la causa es más la estimulación cultural de los entornos que la maduración genética bioquímica.

Jensen recibió numerosas críticas: Humpheys y Dachler (1969), Humpheys y Fleisman (1974), Horn (1976; 1988), Stankok, Horn y Roy (1980), Vernon (1979), en relación a que los *niveles I* y *II* son distinciones lógicas sin base empírica alguna. Sobre todo el *nivel I* no se ha demostrado como una aptitud general. El factor de memoria postulado para este *nivel I* apenas se refiere a amplitud de memoria. Inteligencia y memoria son dos tipos de procesos diferenciables, que se desarrollan desde temprana edad. Hacia los dos años podemos observar fácilmente que el niño utiliza conceptos auténticamente abstractos, aunque a escaso nivel de abstracción.

La estimulación educativa, puede elevar el nivel abstractivo conceptual, por lo que las personas estimuladas culturalmente en niveles educativos superiores, manejarán conceptos más abstractos relacionando más amplios campos de experiencia. Pero la inteligencia será sustancialmente la misma. Los genetismos caen todos en la falacia de atribuir a la biogenética la causalidad primaria y directa de la actividad relacionante, abstractiva, consciente de la inteligencia. Obvian la importancia primordial de la estimulación social directa sobre la actividad mental y sobre el mantenimiento como memoria, de los conocimientos y procedimientos aprendidos. Jensen parte desde posiciones netamente genetistas.

La estimulación social viene a ser una comprobación de la existencia heredada de dos diferentes inteligencias y parte de la aceptación y explicación teórica de esa realidad. En otro libro *(Yuste, C. y Yuste, D., 2023a)* detallamos más la propuesta de necesidad de integración de cuatro realidades latentes a tener en cuenta: a) estimulación de entornos, b) inteligencia relacionante, abstractiva, consciente, c) emocionalidad asociada con las experiencias cognitivas, d) Memoria estructurando el conectoma neural.

apartado 2.5.

inteligencias ¿fluida / cristalizada?

(Raymond B. **Cattell** y John B. **Carroll**)

Cattell (1971), distingue dos inteligencias: la **fluida, *gf*,** o capacidad general de percibir relaciones y la **cristalizada, *gc*,** como efecto o huella de la energía fluida en relación con las experiencias a lo largo del desarrollo evolutivo y que se guarda como memoria. Diferenciación que parecía resolver con elegancia los conflictos entre genetismos y ambientalismos presentes en ámbitos científicos y psicométricos. Intenta armonizar las evidentes influencias cada vez más empíricamente constatables del entorno sobre todo social y cultural en el desarrollo de la inteligencia. Trata de armonizar el concepto de inteligencia adquirida con la histórica percepción desde la psicometría como genéticamente heredada y más en consonancia con las dominantes teorías evolutivas de Darwin. Cattell distingue dos tipos de inteligencia:

Una *fluida, gf*, genéticamente heredada y como tal prácticamente invariable en el desarrollo ontocognitivo. Es en gran medida hereditaria, de naturaleza exclusivamente bioquímica. Se define por *inducción y deducción*, *relaciones figurativas*, *clasificaciones figurativas* y *amplitud de memoria*. Tiene un origen bioneuronal, aunque existan influencias ambientales y de desarrollo. No parece estructurada en subfactores de grupo, presenta el punto máximo de incremento hacia los 14 años, declina hacia los 20 y es igual en todas las culturas. Es similar al factor *g* de Spearman, a la inteligencia *A* de Hebb, al factor *g* de otros autores como Vernon, Burt, Eysenck, Jensen. Cattell admite también

55

una *gf2*, de *fluencia de ideas* y una *gc2*, de *rapidez perceptiva*.

Otra cristalizada, *gc*, en cambio, es adquirida, es abstracción y

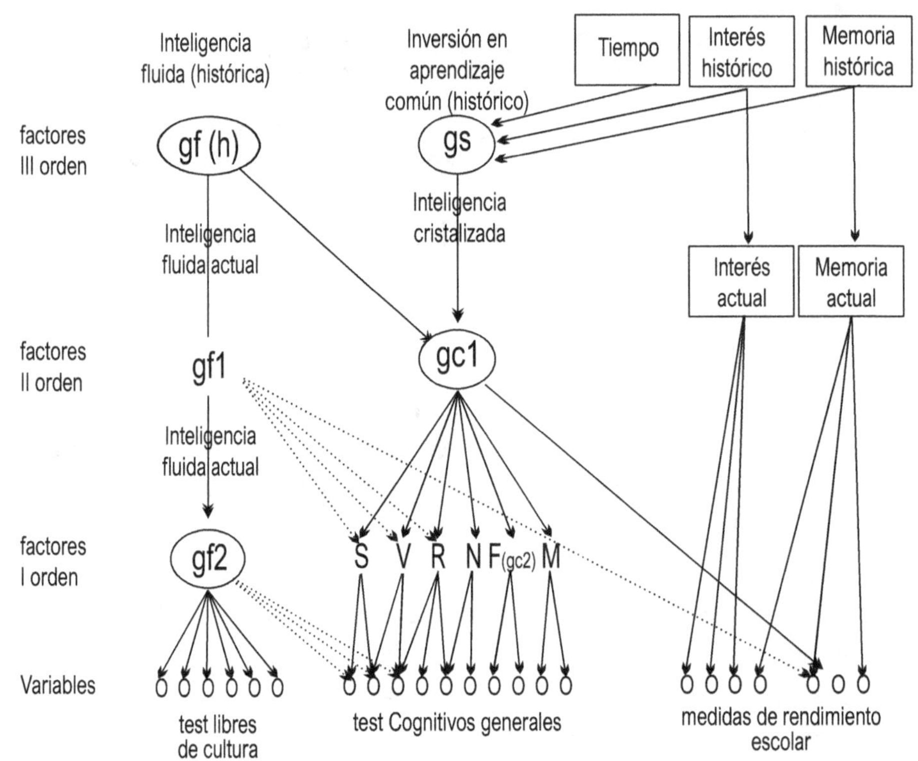

Adaptado de el Análisis científico de la Personalidad y la Motivación, pág. 269, Cattell, 1971

educción de relaciones sobre aprendizajes previos sobreaprendidos, ligada a conocimientos adquiridos, ambientales y socioculturales. Se relaciona mucho con factores como *comprensión verbal*, *relaciones semánticas*, *facilidad numérica* e *información en general*. Tiene su origen en la experiencia, se relaciona más con la historia del aprendizaje del individuo, parece estructurada en diferentes aptitudes primarias, alcanza un máximo de incremento hacia los 20 años. No parece declinar con la edad y varía de unas culturas a otras.

Raymond Cattell presenta una

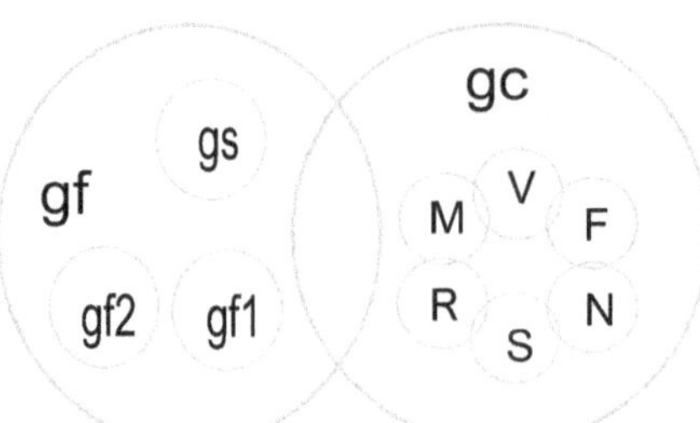

Estructura de las inteligencias de Cattell

teoría muy completa. Trata de defenderla y describirla no sólo en términos de análisis factoriales de elementos de test, sino en su evolución y desarrollo, en su relación con el aprendizaje y la motivación. En las materias que demandan comprensión de relaciones complejas, la inteligencia fluida interviene en mayor medida y en las demás el aprendizaje depende más de la motivación, de la memoria mecánica, de la frecuencia con que se reciben recompensas.

En su dicotomía de inteligencias encontramos una distinción confusa. Cattell habla de Actividad Inteligente y Memorización en el tiempo de los productos de esa actividad inteligente. No llegó a poner en duda la existencia de un factor denominado *g*, como capacidad genéticamente heredada. La teoría dominante de la evolución de las especies, teoría biológica, se centra en la transmisión genética como mecanismo bioquímico.

Cattell, durante bastantes décadas, y aún en la actualidad, ha influido mucho en la teorización de la inteligencia, resolviendo elegantemente (para muchos), las contradicciones de influencias de *nature versus nurture*. Contradicciones que siguen siendo "molestas" para otros muchos teóricos al considerar que el desarrollo cognitivo debe atenerse a las mismas leyes que el biológico. Contradicciones que llevan a algunos, por ejemplo a Yela, a una solución salomónica: 50% de influencia para heredabilidad, 50% de influencia del entorno. Otros ignoran la inteligencia por la dificultad de empirizar su actividad. Así cualquier proceso mental superior se trata como causado por los procesos bioquímicos neuronales. Actualmente los hallazgos de la epigenética alientan muchos estudios sobre la importancia de la influencia del medio estimulante. Al mismo tiempo no se han encontrado los genes portadores de la inteligencia fluida al secuenciar su ADN. Ambos hechos van contribuyendo a ir olvidando esta dualidad de inteligencias como realmente cierta y útil. La inteligencia fluida, entendida como un nivel heredado no tiene mucho sentido.

Cerebro y estimulación de los entornos son imprescindibles para el desarrollo de la inteligencia, el 100% depende de cada una de estas dos variables. Las inteligencias fluida y cristalizada de Cattell son la misma inteligencia, consideradas como hipotética causa biogenética (fluida) y sus efectos conductuales observables (cristalizada). La cristalizada no es más que la observación de los efectos de la actividad de la fluida.

Cattell presenta una teoría muy completa. Trata de defenderla y describirla no solamente en términos de resultados de análisis factoriales, sino en su evolución y desarrollo, en su relación con el aprendizaje y la motivación. En las materias que demandan más comprensión de relaciones complejas, la inteligencia fluida interviene en mayor medida. En las demás el aprendizaje depende de la motivación, de la memoria mecánica o puramente rememorativa, de la frecuencia con que se reciben recompensas.

El sistema de la inteligencia se plasma en tres niveles de generalidad. El nivel primero, de menor generalidad, lo componen las aptitudes mentales primarias de Thurstone y algunas del sistema de Guilford. En el segundo nivel están los factores de generalidad amplia, en los que predominan la *gf* y la *gc*. Por último, en el tercer nivel, se encuentra la llamada inteligencia fluida histórica y un factor de experiencia adquirida en interacción con los entornos (escolar, familiar..., etc.). *gf* histórica procede de una sola fuente, basada en años precedentes. *gc* es fruto de dos fuentes: *gf* precedente y la experiencia adquirida o cultura transmitida. A medida que la persona sigue exponiéndose al ambiente educativo, su *gc,* a veces en combinación con la *gf*, va haciendo emerger otras habilidades que también se podrían denominar cristalizadas: espacial, verbal, razonamiento, numérica..., etc.

Cattell (1963), Horn y Cattell (1966) y Horn (1986), destacan la convergencia de los factores en unos pocos de carácter muy general: además de la *inteligencia fluida*, *gf* y *cristalizada*, *gc*, una capacidad *gv* de *visualización* e *inteligencia general espacial*, el *gr* como *fluidez general* y un tercero *gs* de *rapidez general*. Snow, Federico y Montague (1980), Snow, Kyllonan y Marshalek (1984), en el marco de la teoría de Cattell, obtienen estructuras similares a un rádex de Guttman. El rádex está formado por conglomerados que destacan la posición central de la inteligencia fluida, *gf* en primer lugar, y de dos subconjuntos, identificados como *gc, inteligencia cristalizada* y *gv, inteligencia visual*.

58

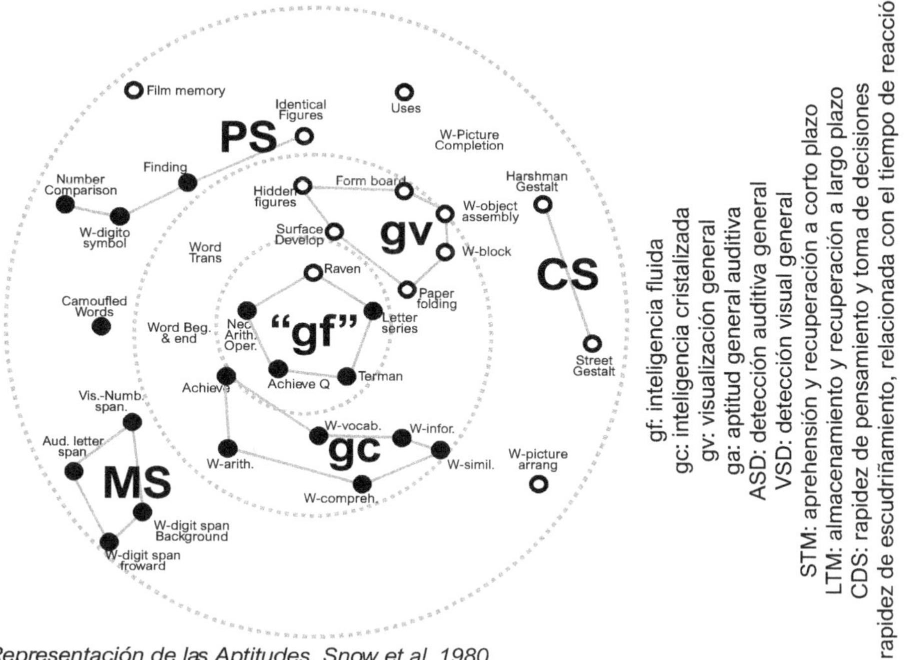

Representación de las Aptitudes, Snow et al. 1980.

Los más importantes cambios en el modelo fueron desarrollados por Horn (1985; 1988), añadiéndose varios factores de segundo orden al modelo, hasta un número de 10. Es previsible la posibilidad de su incremento durante la madurez, en la que se consolidan y automatizan. El ejercicio laboral supone también la adquisición y consolidación de la destreza de nuevos factores. Por lo tanto, los programas de formación de adultos deberán dirigirse más hacia estas habilidades cristalizadas.

La preferencia por un modelo jerárquico del tipo Cattell-Horn también se hace explícita en Hunt (1987), que señala que hay tres clases principales de aptitudes: *fluidas*, *cristalizadas* y de *visualización*.

El de Cattell ha sido un modelo muy generalizado hasta el momento, en especial en ámbitos de la psicometría. Pero no consideramos probada la existencia de la inteligencia fluida diferenciada de la cristalizada. La inteligencia fluida heredada es hipótesis no probada, innecesaria, por irreal. No hay ningún test en la actualidad que pueda medir esta inteligencia. Los test llamados libres de influjo cultural, *culture free*, no lo son realmente. No se ha demostrado la heredabilidad de un nivel determinado de inteligencia. Pero es indemostrable, porque la actividad

59

inteligente, mantiene siempre estrecha relación entre entornos y actividad interna y no se puede controlar una de las dos variables, aislándola del influjo de la otra, ni observarlas empíricamente en su actividad e tiempo y a escala reales. Más aún creemos que no existe ese factor *g*, que no heredamos ningún nivel de inteligencia determinado, sino solo una biología que sustenta y posibilita la actividad inteligente al mantener loc cocimientos y emociones como memoria temporal, en redes que constituyen el conectoma neural.

Carroll, J.B., (1993), en un reanálisis de más de 461 estudios factoriales con centenares de miles de sujetos, realizados en diecinueve países, entre ellos uno realizado en España por Mariano Yela, perfila lo que denomina teoría de los tres estratos. Ya vimos anteriormente que Royce, aparte de los 23 factores del primer nivel, encuentra seis de un

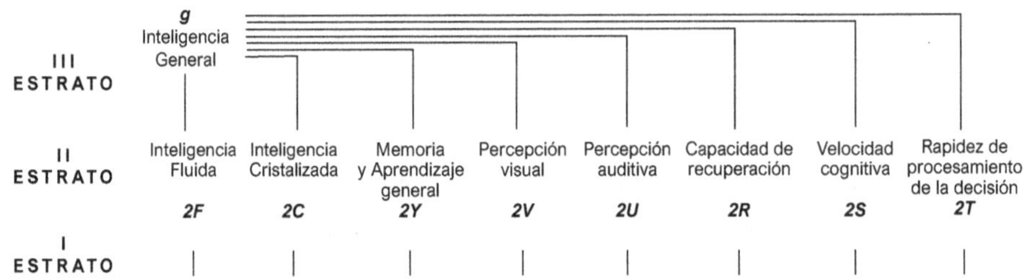

segundo nivel, cuatro en un tercer nivel y uno, el factor *g*, en un cuarto nivel, en una jerarquía de factores. La jerarquización no es exactamente arborescente dicotómica, estilo árbol de Porfirio o dicotomías de Burt (1949), pero sí claramente jerárquica, dependiendo de un factor general o inteligencia general, que subsume los grandes factores de inteligencia fluida y cristalizada de Cattell y Horn, además de otros factores menores.

Para explicar cómo son procesados los 74 test correspondientes a 24 factores fundamentales y sólidamente establecidos recogidos en el *KIT* de Frenh, Ekstrom y Price (1963), sostiene que los test constituyen tareas complejas con muchos elementos que a menudo se solapan, lo que explica su tendencia a correlacionar entre sí. Con métodos factoriales y revisando multitud de muestras obtiene 24 factores, uno más que los 23 de French. Entre los factores distingue las inteligencias fluida y cristalizada de Cattell.

Carroll trata de reinterpretar los factores en sus implicaciones con estos modelos, Para ello analiza las características de las tareas que implica cada tipo de test, para decidir qué memoria usa, operaciones, estrategias de ejecución que se requieren.

La diferenciación entre inteligencia fluida y cristalizada ha calado hondamente en la reflexión de los psicómetras. A pesar de ello no se ha conseguido obtener aún pruebas que la midan separándola de la cristalizada. La distinción entre fluida y cristalizada la consideramos innecesaria. Más que innecesaria, teóricamente insostenible. Cattell parece aceptarla manteniendo la postura arraigada en la cultura anglosajona de defender la heredabilidad genética, biológica, de la inteligencia, evolucionando siguiendo leyes bioquímicas Darwinianas. Cuando la inteligencia es una creación a partir de la interacción con la experiencia, no se encuentra en el ADN nuclear de la persona. No se ha/han encontrado al identificar los aproximadamente 23.000 genes codificadores de alguna proteína en el proyecto genoma humano.

Ahora se tiende a hablar de conjuntos de genes relacionados con cualquier aspecto de la conducta humana. Incluso se tiende a pensar que los aspectos cognitivos y sociales del hombre tienen poco que ver con el genoma. Casi la mitad de los genes parecen tener expresión proteínica en el cerebro. El cerebro biológico sí parece desarrollarse siguiendo la secuencia del ADN de los genes, no así su inteligencia.

Carroll obtiene agrupaciones al factorializar las matrices de correlaciones entre resultados de los tests, que interpreta como las dos inteligencias de Cattell.

2F, **inteligencia fluida**, que corresponde a los procesos básicos de razonamiento y otras actividades mentales que dependen solo mínimamente del aprendizaje y del entorno cultural.

2C, **inteligencia cristalizada**, que se corresponde con procesos mentales que además de la operación de la inteligencia fluida reflejan claramente efectos de la experiencia, aprendizaje y entorno cultural.

La inteligencia fluida parece imposible de aislar como variable latente tanto en pruebas colectivas como en individuales o en el laboratorio.

La inteligencia supuestamente más cercana a la fluida se trataría de medir con pruebas que requieran operaciones muy generales de razonamiento, como analogías, series, clasificaciones jerárquicas, frente a las cristalizadas y relacionadas con instrucción cultural, comprensión verbal, cálculo, conocimientos específicos, competencias sociales.

Los actuales avances neurológicos nos hablan del conectoma neural, como maraña de relaciones interneuronas que cambia constantemente con cada nueva experiencia. Las supuestas inteligencias fluida y cristalizada no existen por separado. La actividad inteligente, desde la estimulación de los entornos, capta significados, los conceptualiza conscientemente en códigos lingüísticos. Construye el conectoma neural manteniendo conocimientos y emociones como memoria temporal. Es el aprendizaje, en la interacción con entornos especialmente sociales quien cambia, modela la mayor plasticidad en los primeros años de vida, y perdura a lo largo de toda ella.

No podemos hablar de cristalización en analogía con la física de procesos moleculares de materiales físicos como minerales, que dinámicamente cambian a estructuras cristalinas estables. La estructura de las redes neuronales cambia constantemente. Tendríamos que hablar de una cristalización inestable, constantemente cambiante en los procesos de codificación y decodificación de la información. Con el concepto de cristalización tendríamos que dejar de hablar de la plasticidad neuronal más presente en los primeros años de vida.

Diferenciar dos inteligencias, no por la diferente naturaleza de sus procesos, sino atendiendo solo al inicio y final de un proceso no parece forma razonable para diferenciarlos. Diferenciarlas fue una solución novedosa de Cattell para tratar de mantener vivo el concepto de Inteligencia biogenética heredada y al mismo tiempo explicar algunos "extraños" influjos desde los entornos.

Carroll compara su teoría con otras teorías cognitivas, dándole a *g* un papel similar a lo que hoy se llamaría *metacognición.* Con respecto a la teoría de Cattell-Horn considera que es similar excepto que a esta última le falta la formulación explícita del tercer estrato, aunque la covariación entre los factores del segundo estrato implicaría su existencia.

inteligencias
¿convergente / divergente?

(Joy P. **Guilford**)

Guilford (1967), fue quien primero defendió la distinción entre pensamiento convergente y divergente. El divergente sería el creativo, frente al convergente. El pensamiento creativo está sostenido por los mismos procesos de pensamiento. Implica operaciones normales y habituales de la mente, empezando por la codificación selectiva de la información, la comparación, y siguiendo por los procesos de análisis y síntesis, procesos directivos de asignación de recursos y toma de decisiones.

Parecidas distinciones de estos dos tipos diferenciados de pensamiento cuya conceptualización como "convergente y divergente" inició Guilford, han sido denominados también de diferente manera. Así, De Bono les llama pensamiento *lateral y vertical*; Botkin, *aprendizaje de mantenimiento y aprendizaje innovativo*; Bartlett, *conclusivo y emprendedor*; Wertheimer, *productivo y reproductivo*; Ausubel, *repetitivo y significativo*; Koestler, *asociación y disociación*; Arieti, *paleológico y neológico*; Rothenberg, *janusiano y homoespacial*, que consiste en pensar en función de opuestos o contrarios y luego unirlos de modo creativo, a imitación de Jano, el dios romano que tenía dos caras enfrentadas en la cabeza y podía ver en dos direcciones distintas; Mednick, *asociados remotos y asociados próximos*; Burkhart, *personalidad espontánea y deliberada;* Piaget y Bruner *pensamiento activo, por descubrimiento, frente al pasivo por transmisión cultural.*

La creatividad es una característica consustancial a la actividad elaboradora de la inteligencia relacionando y abstrayendo. La actividad que obtiene productos originales y novedosos es una herencia de todo ser humano, que se actualiza a base de trabajo, esfuerzo y con el uso adecuado de los procesos mentales corrientes. No todo producto de pensamiento es creativo, al menos en el sentido socialmente aceptable como original, novedoso y válido para conseguir un fin deseado. Pero sí que todo producto creativo requiere el uso del pensamiento y que toda operación mental es creativa para la propia persona, subjetivamente considerada, puesto que modifica algo su estructura mental. La creatividad es fundamentalmente un producto en cierta forma original, producto al que se llega porque se quiere encontrar una mejor solución a los problemas tanto corrientes como más importantes que jalonan nuestra vida y nuestro entorno. El llegar a un producto creativo requiere, pues, aplicar los procesos habituales de pensamiento a ese objetivo de mejora.

La creatividad tiene mucho que ver con la curiosidad innata del ser humano, con ese ansia y admiración que nos incita a querer explicarlo todo y a no conformarnos con lo conseguido en cualquier momento de nuestra existencia. La creatividad es una actividad inteligente con un plus de motivación o disposición, plus que depende mucho de anteriores logros premiados también con un plus de valoración social.

Hasta la década de los 50 la filosofía domina la teoría de la creatividad, enseñando que ésta provenía de dones e intuiciones especiales, propias de algunos genios. Era considerada terreno acotado a la mayoría de las personas al ser, como la inteligencia, fundamentalmente heredado. Como poco corriente, heredado por una élite privilegiada de personas. Curiosamente se encontraba casi exclusivamente entre las élites culturales, como los niveles altos de inteligencia medidos por test.

David Perkins (1981), las somete a una demoledora crítica y a un análisis detallado de numerosos hechos o momentos llamados creadores que en unos casos implican desconocimiento de las causas reales de los hechos y en otros desconocimiento de los procesos que llevan al creador a un determinado producto creativo.

64

La solución al misterio de la isla de Pascua se puede ejemplificar cómo el postular habilidades misteriosas y especiales no explica más que desconocimiento de las causas reales. Roggeven, el día de Pascua de 1772, encontró en la isla que recibió ese nombre, el misterio de enormes piedras enhiestas en forma de figuras humanas, que tenían en la cabeza grandes moños de piedra de otros colores. ¿Cómo los antiguos habitantes de estas islas habían podido levantar esos monolitos? Enseguida aparecieron presunciones de que era imposible para el hombre tamaña proeza y que debieron hacerlo seres de otros planetas, o seres míticos con poderes especiales. Thor Heyerdahl, en 1957 solucionó el enigma comprometiendo a los habitantes de la isla para que repitiesen la proeza: en 18 días, el alcalde y otros once hombres levantaron una estatua que pesaba cerca de treinta toneladas, con procedimientos muy ingeniosos consistentes en ir introduciendo piedras cada vez más grandes debajo de los bordes de las estatuas a medida que los demás hombres las iban levantando milímetro a milímetro.

Un producto creativo exige ingenio, trabajo mental, búsqueda de una buena y nueva integración de la información disponible. Pero no requiere habilidades misteriosas propias de superhumanos, de genios, de "inteligencias especiales distintas". La creatividad es un producto final de esfuerzo de resolución de problemas novedosos, por lo que se caracteriza con algunos matices diferenciadores de otros tipos de pensamiento, siendo esencialmente de la misma naturaleza.

Un error muy extendido consiste en considerar la creatividad como un tipo diferente de pensamiento, diferente del razonamiento analítico-sintético, y, como tal, mensurable diferenciadamente de la clásica medición de *CI*.

Cada forma de pensar puede tener matices propios, pero en lo esencial se centran en lo que **nosotros denominamos y describimos como pensamiento "elaborativo" y "rememorativo"** *(Yuste, C. y Yuste, D., 2023a)*. Las referencias sobre todo al pensamiento convergente y divergente de Guilford son muy abundantes. Pero no consideramos que sean dos inteligencias diferentes. Esta diferenciación bipolarizada no demanda dos tipos cualitativamente diferentes de pensamiento.

ACTIVIDAD MENTAL ELABORATIVA	ACTIVIDAD MENTAL REMEMORATIVA
- Actividad mental siempre significada.	- Receptividad mental a menudo no significada.
- Integra información en esquemas propios.	- Asimiladora por juxtaposición de la información.
- Transforma productivamente al relacionar lo nuevo con lo anteriormente aprendido.	- Puramente reproductiva. No integra lo nuevo con anteriores aprendizajes.
- Asociada a la adquisición de nuevos conocimientos.	- Repetitiva de un conocimiento que pudo ser significado.
- Obedece a un impulso interno (curiosidad) pero se activa ante cualquier entorno.	- Suele ob obedecer a presiones externas de los entornos culturales.
- Crítica en comparación a modelos tanto propios como ajenos.	- Acrítica sin modelos de evaluación internos. Acepta criterios de autoridad.
- Ante nuevas experiencias hipotetiza sobre sus posibles causas.	- Ante nuevas experiencias no hipotetiza sobre sus posibles causas.
- Sabe distinguir lo que es un hecho empírico de lo que es una opinión o teoría.	- Confunde el valor probatorio de una opinión con el de los hechos.
- Comprometida con sus entornos tiende a adaptarlos a sus necesidades.	- Satisfecha de sus logros. No es sensible a nuevos retos de cambio.
- Se autoorganiza constantemente, al tener objetivos propios, al planificar, al autoevaluarse, al retroalimentarse de la memoria estructurada en conectoma neural.	- Sistema organizado externamente. Nunca busca soluciones divergentes. Conectoma neural más rígidamente establecido, menos dinámicamente cambiante.
- Tiende a opiniones liberales.	- Tiende a ser dogmática.
- Tiende a una actividad mental socialmente entendida como creativa.	- Su actividad relacionante y abstractiva tiende a ser poco creativa.

tabla 2.6. Pensamiento elaborativo-rememorativo

66

Solamente se diferencian por el producto final conseguido, por su mayor o menor originalidad, por su mayor o menor nivel de abstracción, por la importancia que demos a la propia actividad o a la opinión del entorno.

El pensamiento llamado creativo, divergente, exige previamente un razonamiento sostenido y más convergente, que en determinadas ocasiones termina en un producto más original, distinto, debido a las múltiples posibilidades de relacionar los conocimientos precedentes. En tareas automáticas de simple repetición, no puede surgir por definición ninguna conexión, ningún "insight" original. Cuando se realiza una tarea más novedosa, con objetivos deseados, pero posiblemente más difíciles de conseguir y con razonamientos más trabajados, es más probable que surjan productos originales, pero simplemente como colofón al trabajo racional previo intenso y siempre como elaboración mental más o menos compleja o abstracta.

Newton no inventó la teoría de la gravitación universal por haber visto caer una manzana sino porque ya tenía en la mente muchos conceptos elaborados pero que no mantenían entre sí la armonía de significado necesaria para aceptarlos todos como verdaderos. Los sentía necesitados de nueva reestructuración más amplia, de un sistema relacional más integrado. Hasta que, en una original y novedosa síntesis los relacionó logrando una explicación más adecuada de la realidad física. La síntesis final sí puede aparecer en un momento muy determinado, curiosamente azaroso, quizás en Newton al ver caer la manzana del árbol.

Es inaceptable la separación de la inteligencia en dos niveles cualitativamente diferentes, parece que dependientes de dos genotipos biológicos diferentes. Existen más bien dos formas para abordar la actividad mental: a) la rememorativa, que tiende a aprender repitiendo lo que se le transmite culturalmente, sin asimilarlo como propio e integrarlo con los conocimientos previos. Es un estilo que tiende a aceptar fácilmente el criterio de autoridad del que comunica un conocimiento, que tiende entonces a almacenar sin crítica la información que se le imparte, a imitación del almacenaje museístico de bienes culturales, b) otra que podemos denominar elaborativa, más creativa, que tiende a reestructurar sus sistemas de conocimientos a medida que los recibe culturalmente, modo más activo y por lo tanto más integrador en cada vez más altos niveles de abstracción. Las dos formas se dan en todas las personas, pero no en igual medida e intensidad fundamentalmente debido a diferencias en estimulación cultural, en oportunidades educativas, desarrollo cognitivo.

Todo ser humano es, por definición, creativo. No todos lo manifiestan de la misma manera y con la misma intensidad. Va a depender también mucho del estilo de aprendizaje a que ha sido sometida la persona. La elaboración del pensamiento propicia soluciones creativas en contraposición al pensamiento meramente rememorativo. Genera las dudas y dificultades suficientes como para reflexionar sobre caminos alternativos de relacionar la información con un significado global. Los sistemas educativos deben propiciar este pensamiento elaborativo del que, inevitablemente, surgen las relaciones novedosas para progresar y ser creativos. El pensamiento elaborativo trata de sintetizar conocimientos dispersos en distintas disciplinas o relacionando conocimientos desde distintas fuentes de información y a través de los diferentes sistemas sensoriales.

La creatividad es una de las características más relevantes de la actividad mental. Es consustancial con ella. La mente humana no solo se adapta a las exigencias de la realidad como hace la biología, sino que puede "entenderla" y puede querer transformarla para utilizarla en provecho propio. Encuentra significados más integradores que la obligan a redefinirse constantemente. Inventa herramientas para seguir observando y comprendiendo mejor descubriendo sus recónditos secretos, para dominarla y acomodarla a su conveniencia. El pensamiento elaborativo implica una actitud de insatisfacción y continua búsqueda ante lo que se conoce, que alimenta una acción tendente a desarrollar nuevos conocimientos. El rememorativo, por el contrario, se suele mostrar satisfecho con la comprensión actual. El elaborativo puede llegar más fácilmente a productos considerados originales, novedosos y a una mayor fluidez ideativa.

Las personas utilizan los dos tipos de pensamiento, pero en distinto grado de intensidad. La actividad mental está también mediatizada por rasgos de personalidad, por la intensidad con que se busca un objetivo, por sentimientos instalados a lo largo de su actividad en interacción con el entorno, que hace que algunos tienda a tener una actividad más dinámica propia, más elaborativa y otros se conformen con aceptar los pensamientos que otros les comunican. La elaboración es más propia de la actividad inteligente y de la adquisición de nuevos conocimientos. La rememoración más propia de la asociación con sentimientos muy arraigados.

La actividad elaborativa va constantemente sosteniendo unas tesis, que se enfrentan a su antítesis al captar nueva información que no concuerda con la tesis, teniendo que elaborar una nueva síntesis que se convierte en nueva tesis a defender. Es un pensamiento más activo que el simplemente rememorativo.

Cada elaboración conlleva una nueva integración de relaciones de distintas fuentes de información y/o decodificando las informaciones ya depositadas en redes neuronales como memoria. En psicología cognitiva, alcanzar un significado en la interacción con el entorno se ha considerado algo muy difícil de explicar y quizás la explicación es mucho más sencilla: cuando la actividad mental relaciona, por comparación, varias realidades, varios estímulos en sus experiencias, surge inmediatamente un significado comparado. Al observar realidades encuentra semejanzas y diferencias, engloba las similitudes en un único concepto general y establece leyes generales, incluso universales, para entender la realidad, el comportamiento de los seres vivos.

Desde la biología no podemos transformar creativamente nada. Por ejemplo, ¿podríamos desde la sola biología neuronal enseñar simplemente a pronunciar la palabra "mamá" a un niño? ¿pronunciarla con el significado socialmente aprendido? ¿O enseñarle a pronunciar una palabra totalmente desconocida para él con el significado que tiene en el diccionario? Por mucho que lleguemos a poder observar y luego manipular diferenciadamente cada una de las aproximadamente 86.000 millones de neuronas con sus posibles diez mil conexiones sinápticas cada una y sus incontables movimientos moleculares bioquímicos en cada sinapsis y diferentes formaciones en cada espina de sus ramificaciones dendríticas, no parece que podamos crear el concepto de " mamá" activando selectivamente las mismas neuronas que se activan al aprenderlo vía interacción con el entorno social.

La actividad mental humana es elaborativa al tiempo que rememorativa. La elaboración hace progresar el conocimiento. La rememoración parte de la memoria que va manteniendo en el tiempo la progresión cognitiva. Las operaciones mentales para conseguir esos productos originales son esencialmente similares en todos los seres humanos. La mayor o menor actividad elaborativa-rememorativa obedece a tendencias de personalidad que acompañan, asociadas emocionalmente a su actividad mental. Actualmente sabemos que la "genialidad" de las personas obedece a una multitud de factores, muy especialmente del entorno en que le toca vivir, por lo que no se debe solo o fundamentalmente a una pura herencia biológica. Más bien dependerá de un ambiente especialmente estimulante y que puede en algún momento reconocer y alabar determinadas conductas e ideas como "geniales".

La actividad relacionante, abstractiva y consciente con la que calificamos la inteligencia permite crear infinidad de conceptos con multitud de relaciones siempre actualizables, imaginar cambios en otros, fabricar herramientas muy diversas e irlas utilizando y perfeccionando de manera constante. Le permite crear hipótesis conceptuales sobre lo que observa. Le permite mantener o reemplazar las hipótesis en función de nuevas experiencias. La inteligencia humana es realmente una actividad que podríamos denominar siempre creativa, que guarda temporalmente en la memoria sus creaciones para, recuperándolas, volviendo a recodificar la información.

Las elaboraciones mentales son todas esencialmente creativas, no hace falta pensar en otro tipo de inteligencia. Dietrich y Kanso (2010), se expresan, después de analizar un total de 72 experimentos: *la creatividad es una piedra angular de lo que nos hace humanos, pero los mecanismos neuronales subyacentes al pensamiento creativo son poco conocidos. Una reciente oleada de interés en los fundamentos neuronales de la conducta creativa ha producido un banquete de datos que es tentador pero, considerado como un todo, profundamente autocontradictorio.* También niegan cualquier evidencia que pueda sostener que el hemisferio derecho procese información creativa más que el izquierdo, ni en pensamiento divergente, ni en creatividad artística, ni en perspicacia. No existe ni un lado ni una zona delimitada cerebral creativa. El pensamiento creativo no parece depender de ninguna zona específica del cerebro y se asocia a muy diferentes redes de conexiones. Esta visión concuerda bastante bien con la hipótesis que defendemos de que prácticamente la totalidad de la actividad mental es una constante creación para cada persona.

Una mente inventiva crea una realidad cambiante por efecto de la actividad mental a través de sus inventos. El cambio mental a su vez reestructura el cerebro para captar la nueva realidad vista con ayuda de los inventos. La reestructuración del cerebro permite a la mente seguir inventando y cambiando la realidad. Todo en una secuencia evolutiva que perdura de por vida.

No creemos que se pueda encontrar una actividad creativa fuera de la actividad elaborativa general de la actividad mental. Más bien parece que debemos hipotetizar la presencia, en los resultados de elaboración denominados como creativos y socialmente aceptados como tales, de determinados rasgos o tendencias de personalidad como uno de los entornos con los que la actividad mental interactúa: ¿extraversión? ¿persistencia? ¿asertividad? ¿autoestima? ¿inestabilidad emocional?..., siempre unidos a un componente externo al sujeto, de aceptación social, que califique una producción como creativa, novedosa.

apartado 2.7.

inteligencias
¿emocional / racional?

(Daniel **Goleman**)

G oleman (1996), impone la moda de adjetivar la inteligencia como emocional en oposición a la inteligencia racional. Achaca lo tardío de la aparición del concepto de *IE* a que se ha ido soslayando el papel desempeñado por los sentimientos en la vida mental y su importancia en las conductas. Tratar de dotar de inteligencia a la emoción y de emoción a la inteligencia, uniendo los dos conceptos es una teoría que nos parece abocada a la ambigüedad en la descripción de cada uno de los dos conceptos. Tuvo el mérito indudable de destacar la importancia de la emoción, como sentimiento que acompaña al conocimiento en sus experiencias conscientes, rechazando o aceptando en función de intereses propios. Despertó el interés de los teóricos por tratar de relacionar dos conceptos sumamente complejos: inteligencia y emoción. Dos variables que intervienen asociadas y sostenidas temporalmente en la memoria individual.

La definición de hombre como *animal racional* ha dominado la historia de la filosofía y la psicología. La famosa frase de Descartes, *pienso, luego existo*, y por tanto existe lo que pienso en mi interior, también abunda en esta idea, olvidándose de que también podría haberla formulado como *siento, luego existo* y por tanto existe lo que siento y me hace sentir en mi interior. La filosofía ha venido separando conceptualmente la actividad racional de la emocional. Consideró esta última, casi siempre, como la parte más interesante a investigar y descuidando, cuando no despreciando, la investigación de la emoción.

A partir de Charles Darwin (1873), en su libro *la expresión de las emociones en el hombre y en los animales*, se viene considerando la emoción como importante para la supervivencia. El mismo miedo, que se hereda junto a la curiosidad por conocer, tendría una función positiva de alejarnos de posibles peligros que coartarían nuestra posibilidad de supervivencia. Desde Darwin la psicología científica viene estudiando con mayor asiduidad los procesos emocionales. Pero ha desembocado en una indefinición parecida a la del concepto de inteligencia, incluso como genéticamente heredada, a la par que a un uso social muy generalizado. Algunos autores como António Damásio (2011), llegan a centrar el interés en la emoción.

Tiene que llegar el psicoanálisis, a principios del siglo XX, para que el médico Sigmund Freud (hacia 1896), propusiera métodos conductuales para tratar de resolver problemas emocionales. Desarrolla teorías del inconsciente, como situaciones emocionales, sobre todo en la primera infancia, que permanecerían inaccesibles al recuerdo consciente de la persona. Habría que devolver, con métodos introspectivos, esos recuerdos al presente para hacer consciente al individuo de las situaciones que los provocaron y así superarlos.

Entendemos que el inconsciente de Freud no es más que la memoria mantenida en capas profundas. Se convierte en memoria implícita (automatismos motores, condicionamientos clásicos, improntas). Será más difíciles de rememorar o porque la actividad inteligente todavía no era suficientemente significativa por escasez de relaciones abstractas (por ejemplo en los tres primeros años de vida) o bien porque se refieren a experiencias muy repetidas y que no declaramos lingüísticamente, que se han estabilizado en la memoria profunda. Así podemos establecer las distinciones entre inconsciente, subconsciente, en función del nivel de profundidad y jerarquía temporal en que se instaló como memoria.

Entendemos la emocionalidad como rasgo de personalidad. Pocas veces se había estudiado seriamente la emoción y su relación con la inteligencia. La psicometría tradicional consideraba la emoción un distorsionador de la mente, menos interesante y más difícil de medir que la inteligencia. Más bien contrastaba la escasa correlación que suele haber entre test de inteligencia medidos con pruebas objetivas y cuestionarios de rasgos o tendencias de personalidad considerados mucho más subjetivos. Con algoritmos matemáticos factorialistas se han medido contadas veces las correlaciones de resultados de pruebas de inteligencia con medidas de cuestionarios de personalidad, de emocionalidad. Las conclusiones parecen indicar que son medidas de ámbitos diferentes de la realidad de las personas, con escasa correlación estadística entre sí y que conceptualmente parecen tener que distinguirse para poder avanzar en la inteligibilidad de cada uno, a pesar de ir muy asociados entre sí.

Peter Salovey y John D. Mayer publicaron un artículo (1990), en el que apareció por primera vez el término "Inteligencia Emocional", que se definía como *capacidad para supervisar los sentimientos y las emociones propias y de los demás, de discriminarlas y de usar esta información para la orientación de la acción y el pensamiento propios.* El concepto de *inteligencia emocional, IE,* fue popularizado un poco más tarde con la aparición del libro de Inteligencia Emocional de Goleman.

Se ha puesto de moda adjetivar la inteligencia como emocional, se empieza a medirla y estimularla en cierta oposición a la inteligencia racional. Goleman achaca lo tardío de la aparición del concepto de *IE* a que se ha ido soslayando el papel desempeñado por los sentimientos en la vida mental y su importancia en las conductas. Tratar de dotar de inteligencia a la emoción y de emoción a la inteligencia, uniendo los dos conceptos es una teoría que nos parece abocada a la ambigüedad en la descripción de cada una de ellas y a la imposibilidad de entenderlas en un concepto unitario en sus inevitables interacciones. Tuvo el mérito indudable de destacar la importancia del sentimiento propio y ajeno en el desarrollo mismo de la inteligencia y de despertar el interés de los teóricos por tratar de relacionar dos conceptos sumamente complejos pero interdependientes: inteligencia y emoción.

Pero la distinción entre inteligencia y emoción puede tener una clara vía de diferenciación considerando que la actividad relacionante y abstractiva, conoce significadamente. Esa significación consciente provoca sentimientos de rechazo o aceptación. ¿Puede darse un sentimiento sin previo conocimiento de alguna realidad? No lo creemos posible. En la interacción entre actividad mental y entornos se generan sentimientos de satisfacción o insatisfacción que se instalan en la memoria. Sentimientos íntimamente asociados a los conocimientos y experiencias que los generaron. En esta interacción, y a consecuencia del conocimiento generado consciente y significadamente, se instala también un sentimiento de agrado o desagrado, de deseo o repulsa.

La curiosidad satisfecha suele generar sentimientos positivos agradables. Pero no siempre las experiencias son agradables, ya sea por ser físicamente negativas, por ejemplo el contacto con un animal agresivo (o presentado como repulsivo), una ortiga, un tropezón con algo, una inesperada y fuerte sensación. Tampoco todos los conocimientos socioculturales son positivos, hay enseñanzas racistas cargadas a su vez de emociones negativistas, de odio. El lenguaje del habla y lector tienen su origen en las interacciones con los entornos. Estas interacciones, con sus lenguajes, sus códigos más importantes de transmisión de información: fonemas, grafemas, lenguaje no verbal (gestos y tonalidades de voz), sugieren significados, entre ellos los emocionales, reflejados en esos códigos, en especial en los sociales y gestuales.

No existe emoción sino asociada a experiencias (consciencia significada deseable o no), mantenidas temporalmente en la memoria. Un niño llora al nacer porque conoce, por experiencia directa, al menos con sensaciones táctiles, un entorno que no le es en ese momento agradable. Cualquier emoción, agradable o desagradable, sigue al conocimiento, a una experiencia cognitiva con una realidad. La inteligencia no es una emoción. Es conocimiento con significado que provoca un afecto o desafecto, un deseo o rechazo. Esta viene a ser la razón del por qué se incluye el rasgo de inteligencia en algunos cuestionarios de personalidad. Pero en vez de *inteligencia emocional* sería más correcto hablar de *emocionalidad inteligente*. El conocimiento es quien desata la emoción que posteriormente puede empujar la actividad inteligente en determinadas direcciones reconocidas como deseables en anteriores experiencias positivas.

La inteligencia, el conocimiento consciente, necesariamente se emociona como resultado de ese mismo conocimiento agradable o desagradable. Podemos hablar de una inteligencia, razonablemente

76

emocionada. Pero a veces la emoción obnubila la inteligencia, imponiéndose sin razón suficiente, sino solo por un deseo intenso de conseguir algo. En los debates entre políticos, muy a menudo asistimos a explicaciones desde la mera emocionalidad, tratando de imponer posiciones previamente tomadas, sin la actual presencia de razones, de conocimiento inteligente que apoye esas emociones. Lo que se pretende conseguir no es razonable, sino impuesto desde conductas emocionalmente asumidas por determinados colectivos a los que se trata de satisfacer.

Podríamos calificar de muchas maneras el sustantivo inteligencia, atendiendo a matices diferenciadores de su complejidad. Podríamos hablar de "inteligencia atencional", "inteligencia memorizadora", "inteligencia resiliente", "persistente", "introvertida", "animal", "creativa", "consciente", "verbal" "numérica", "visoespacial" "kinésica"..., etc., etc... Infinidad de inteligencias, ya que es un concepto tan complejo que admitiría casi cualquier calificación sustentada por alguna observación diferenciada. Pero se trata de una única inteligencia.

La "emocionalidad", "memoria", "atención"... etc, no son propiamente inteligencia. Son aspectos distintos y diferenciables en la cognición humana. La gran versatilidad de la inteligencia proviene de su actividad consciente. Consciente porque relaciona y abstrae multitud de fuentes de información integrándolas en todos significados. De ahí proviene su consciencia. Los integra con versatilidad, flexibilidad, con la plasticidad con que calificamos la constante reestructuración del conectoma neural que provoca cada nueva experiencia.

Las áreas de conocimiento que han provocado emociones positivas pueden servir de acicate para impulsar a rememorar esos conocimientos asociados a experiencias agradables. La persona humana, no es puramente racional, sino también deseo. Deseo de supervivir como instinto biológico. Deseo de conocer todo como instinto básico. Es cierto que se ha considerado demasiado a menudo la inteligencia muy desligada de la emoción.

En palabras de Goleman: *durante muchos años la investigación ha soslayado el papel desempeñado por los sentimientos, dejando que las emociones se convirtieran en el gran continente inexplorado de la psicología científica.* Considera que el nivel de *CI* no predice suficientemente el éxito en la vida, que existen otros factores importantes entre los que hay que destacar características como habilidad para motivarnos a nosotros mismos, para perseverar en el empeño a pesar de las posibles frustraciones, para controlar los impulsos, para diferir las gratificaciones, para regular nuestros propios estados de ánimo, para evitar que la angustia interfiera con nuestras facultades racionales, y, por último, la habilidad para empatizar y entender el sentir de los demás cuando nos comunicamos información.

En contra de los modelos que consideran el *CI* como fundamentalmente heredado, estas características se pueden modelar en el niño, siempre y cuando los padres se tomen la molestia de educarles. Se apoyan estas afirmaciones en algunos de los descubrimientos más recientes sobre la arquitectura emocional del cerebro. La distinción popular entre la mente y el corazón ilustran esta dicotomía. Pero estos dos aspectos operan en estrecha asociación. Operan como dos variables relativamente independientes, reflejan circuitos cerebrales distintos aunque interconexionados. La sede cerebral de la emoción parece evolutivamente anterior, cerebelo, al posterior desarrollo del córtex cerebral, sede de la memoria de los procesos más racionales e inicialmente más novedosos.

En las situaciones más críticas emocionalmente es el sistema límbico o anillo del cerebelo el que parece regular nuestras acciones. Dentro del sistema límbico, Goleman encuentra que la amígdala procesa alguna información antes de que llegue al córtex cerebral. Al basarse Goleman en algunos descubrimientos recientes de la arquitectura neurobiológica cerebral se precipita al tratar de reformular todo el concepto de inteligencia desde esos descubrimientos, que, además y por el momento, parecen muy parciales y sesgados al no tener en cuenta más que el desarrollo maduracional bioquímico.

El mismo hecho de que la sede de las emociones se instale principalmente en el cerebelo puede ser un indicativo de que son de naturaleza diferente a la actividad racional. Pero diferentes no significa que no estén relacionados. Incluso con técnicas de observación de la

78

actividad cerebral, a la actividad detectada en el cerebelo acompaña al mismo tiempo actividad en otras partes del encéfalo.

Hasta los autores que aceptan la habilidad para empatizar con los demás como una inteligencia independiente tienen dificultad para integrar los sentimientos entre las acciones inteligentes. Lo achacan a la peculiar manera de tratar los temas que ha tenido la psicología clásica, dominada por los cognitivismos y que consideran la comprensión como característica esencial del pensamiento. Incluso las nuevas tendencias del procesamiento de la información, dotan a la mente de las características de fría y racional.

Goleman reformula el concepto de inteligencia en términos de aquello que hace que una persona enfoque más adecuadamente su vida. Su concepto de inteligencia está más cerca de lo personal o emocional al formarse de experiencias exitosas o unidas a conocimientos experimentados como interesantes. Unir los dos conceptos de inteligencia y emoción, integrados en uno solo, "inteligencia emocional", no ha mejorado la comprensión de la naturaleza de la inteligencia. Al contrario, creemos que ha añadido más confusión a su ya enorme complejidad.

Tampoco creemos que su "unión" sea realmente útil para aclarar el concepto de emoción. Son dos marañas conceptuales que, imbricándose, están llamadas a enredarse aún más. Aunque es evidente que están íntimamente relacionadas, como todo en el ser humano, incluida su corporeidad. Las emociones no solo pueden movilizar más adecuadamente las conductas de las personas, sino también pueden alentar conductas equivocadas y "engañar" o enturbiar la mente provocando reflexiones, pensamientos no-rectos, no guiados por la ética natural. Puede incluso ahondar sentimientos negativos y provocar conductas apasionadamente equivocadas.

Dos formulaciones más actuales del concepto de inteligencia que se separan de las concepciones más en boga, son: la de Goleman con su inteligencia emocional y la de Gardner con su propuesta de inteligencias múltiples. Ambas parecen aspirar a sustentarse de manera prioritaria en investigaciones de las redes neuronales cerebrales.

Consideramos: a) que se extraen excesivas conclusiones de estas investigaciones, aún muy incipientes e inciertas en resultados importantes que puedan reformular el concepto de inteligencia y b) que estos autores ponen el acento en que el desarrollo cerebral, las estructuras que se van formando son las que explican la actividad mental, la inteligencia humana, cuando nosotros consideramos que es al revés. Es la actividad de la mente quien conforma las redes neuronales que sustentan la memoria de conocimientos y emociones. Posiblemente las redes electromagnéticas tengan más relación con los conocimientos y los intercambios químicos sinápticos con las emociones. En el cerebro se refleja, en la estructura de su conectoma neural, la consciencia de las relaciones establecidas en la actividad intelectual, así como las afecciones asociadas a ese conocimiento consciente.

Las emociones positivas, de alegría, éxito, adquiridas y mantenidas en la memoria, sirven de motivación, como meta u objetivo a conseguir en futuras acciones intelectivas. Por ello la emoción va unida a la acción inteligente, al intento de comprender los entornos tanto fisicoecológicos como socioculturales. La motivación se mueve con planes, metas y objetivos. Acompaña a la actividad inteligente que, de manera inicialmente espontánea busca la comprensión de sus entornos asimilándoles y acomodándose a ellos o tratando de modificarles cuando se oponen a sus deseos. La motivación, pues, inicialmente se mueve por la curiosidad por conocer el entorno. La curiosidad podemos entenderla como una energía heredada. Energía, que, en su actividad se iría instalando en función de la satisfacción o insatisfacción que le produce la interacción con el conocimiento de sus entornos.

Los productos de actividad mental inteligente y emocional, se instalan como memoria temporal, estructuran los engramas, las redes, el conectoma neuronal. Son inerconexiones bioquímicas y electromagnéticas asociadas. Las bioquímicas, por ejemplo provocan la producción de sustancias como endorfinas (dopamina, serotonina, oxitocina) y, encefalinas. En cambio los conocimientos y procedimientos parece que se instalan como redes en ondas electromagnéticas con diferencias de longitud, intensidad, amplitud, oscilación, período temporal.

Cuando un bebé encuentra gratificante una actividad con la que consigue, por ejemplo, mover o hacer sonar algo, establece determinadas interconexiones neuronales intersinápticas, con las que coordina partes amplias de su cuerpo y que poco a poco van especificándose más también en el cerebro, que va guardando sólo las conexiones necesarias y que más se usan. Va perdiendo las que dejan de usarse y las inútiles, por no tener relaciones que le confieran un significado aceptable o rechazable. Encontrar gratificante un conocimiento, nos estimula afectivamente y tendemos a repetir la acción que nos conduce a ese conocimiento.

Hablando del bebé, es especialmente gratificante comprobar la sonrisa de sus padres aprobando la propia. La emoción no existe previa a la actividad inteligente. La emoción, la autoconfianza son sentimientos que se forman con posterioridad a la actividad inteligente consciente. La memoria los guarda y conserva relacionados con esas acciones. Cuando se vuelven a activar, la actividad mental rescata de la memoria las experiencias positivas en torno a esa acción. La estimula a seguir con ella, adquiere "motivos" para repetirlas. Por ello la emocionalidad tiene mucho que ver con la cognición, ya que puede activar la alerta atencional hacia determinados conocimientos y experiencias como agradables y reprimirla hacia los desagradables.

La inteligencia, la curiosidad intelectual, tiene en sí misma su principio activo, es activa por naturaleza, por definición, es energía. Pero al mismo tiempo su interacción con el entorno puede incentivar más o menos esa actividad connatural. Incluso la inteligencia puede llegar a parecer en algunos momentos vaga y desdeñosa del esfuerzo de búsqueda curiosa. A menudo será por la influencia de un entorno, sobre todo el sociocultural, que la incite a la inercia, por ejemplo con dogmas sin discusión, con presiones y amenazas a la actividad naturalmente curiosa y creativa, con excesivas concesiones al capricho que hagan inútiles e innecesarios mayores esfuerzos, con estimulación en procesos memorísticos sin comprensión de significados. También se puede apagar por enfermedades, debilidad corporal.

La inteligencia es comprensión significativa y su utilización racional implica comparar realidades clasificándolas, reconocer secuencias de movimientos para hipotetizar inductivamente leyes que les expliquen y nos permita prever su futuro comportamiento. El conocimiento complejo que obtiene, adquiere un significado que provoca sentimientos y deseos, curiosidades que va reconociendo fabricando y utilizando herramientas cada vez más complejas también. Esta curiosidad le lleva a proponerse objetivos cada vez más amplios y nunca totalmente satisfechos, para los que tiene que tomar decisiones, planificar la búsqueda y evaluar su grado de acercamiento al objetivo final. La aceptación de la denominación de emocional a la actividad inteligente se debe sobre todo a que no se ha dado en el pasado suficiente importancia a la emoción en las conductas humanas por parte de la psicología cognitiva y hay autores que tratan de compensar ese olvido. Los deseos son también parte importante de la totalidad de la persona, pero son claramente diferenciables de la inteligencia, aunque estén, estrechamente asociados a ella.

Una reflexión inteligente será aquella que aparta el prejuicio para aceptar una información más veraz. La racionalidad nos ayudará más que la emocionalidad a lograrlo. Podemos entender la inteligencia emocional como una actividad inteligente dirigida a regular nuestras emociones, especialmente en entornos sociales, a cambiar incluso estas emociones cuando no son positivas. Bienvenido sea este interés por desentrañar el mundo de emociones de las personas. Pero no lo confundamos con la inteligencia racional y tiene poco sentido tratar de compararlos para determinar la supremacía de uno de ellos sobre el otro. Cada uno tiene su funcionalidad. Los sentimientos humanos podemos hipotetizar que son más similares a los de otras especies animales, pero la inteligencia presenta características más claramente diferenciadas y únicas en su actividad sobre todo abstractiva.

Tratamos de definir mejor como surge la emoción para diferenciarla de la cognición. Al igual que recibimos por herencia una curiosidad innata, también recibimos por herencia el miedo a lo desconocido, desde el que se desarrollan las diversas emociones. La primera manifestación de ese miedo entendemos que es el lloro del niño, miedo ante un ambiente hostil desconocido. El miedo se alimenta del desconocimiento. No confundamos el desarrollo cognitivo con el emocional, porque, lejos de aclarar su conceptualización, llevaremos confusión innecesaria a cada una de estas dos actividades de la mente, íntimamente asociadas, igualmente necesarias pero claramente diferenciables. La emoción es más bien una consecuencia circunstancial de la actividad relacionante y abstractiva que permanece también en la memoria asociada a una actividad intelectual determinada y que podemos rememorar ante situaciones similares (escuchar música, asistir a un festejo, rememorar unas ideas interesantes leyendo un libro).

La persona nace con una curiosidad de interactuar con el entorno y al tiempo con un miedo hacia lo desconocido. El conocimiento exitoso genera sentimientos de agrado, de confianza, de seguridad y también frustrantes sentimientos contrarios. El conocimiento provoca emoción y no al contrario. Los sentimientos pueden condicionar la dirección en que se mueva la curiosidad inteligente en el futuro. Un inicial sentimiento o emoción puede convertirse en pasión que envuelve, nubla la racionalidad de las personas. Si la pasión no obedece a una ética natural, se convierte en peligrosa socialmente y puede llegar a confundirse con un auténtico raciocinio. Pero la emoción tiene también un protagonismo importante en la toma de decisiones, al mismo tiempo que los conocimientos previos adquiridos que nos permitan prever situaciones similares en el futuro.

Cuando hablamos de dos inteligencias, una de ellas suele parecer la sombra de la otra: siempre de alguna manera unidas, pero de naturaleza totalmente distinta. Si nuestros presupuestos teóricos enfocan una de ellas, sin poder explicar bien la otra, se acepta como un añadido, una sombra, similar en alguna manera a la que proponemos como auténtica inteligencia. Por ejemplo la famosa distinción entre inteligencia fluida y cristalizada: la verdadera inteligencia sería la fluida. Pero al no poderla evidenciar empíricamente y tener que aceptar algunas conductas como de alguna manera relacionadas con los ambientes, conceptualizamos otro tipo de inteligencia, la cristalizada, de segunda categoría, como una sombra de la primera pero que explica mejor algunas conductas observables.

Solo podremos definir adecuadamente la inteligencia si integramos la funcionalidad de las variables que intervienen necesariamente interactuando entre sí: **entornos, inteligencia, emociones, cerebro**.

La constante reestructuración dinámica del conectoma neural, en su interacción con los entornos, especialmente los sociales. probablemente conlleva dos tipos de interacciones diferentes: a) Las interacciones electromagnéticas, físicas pueden dominar en la formación de significados y conocimientos. b) Las interacciones y conexiones de sustancias bioquímicas inersinápticas pueden dominar la creación de emociones asociadas a los códigos lingüísticos y mantenidos también como memoria.

Sin conocimiento no hay afecto. El sentimiento acompaña al conocer. Los aprendizajes sociales van acompañados de sentimientos asociados. Recordamos el popular aforismo *ojos que no ven, "corazón" que no siente*.

apartado 2.8.

¿inteligencias natural / artificial?

(chatGPTs de OpenAI)
¿IAG?, ¿SAG?

Parece que la creación de una nueva herramienta alcanza a definirse como el nacimiento de una nueva "inteligencia" con el calificativo de "artificial" (Inteligencia Artificial, IA). ChatGPTs obtienen unos resultados, en expresiones lingüísticas, que se acercan a los que obtiene y utiliza IH con sus códigos lingüísticos. Su expresión de resultados "generativos" tanto orales como escritos, se acercan e imitan mejor a IH.

ChatGPT, lo denomina "lenguaje profundo", que, en algunos profesionales causa una impresión admirativa que les lleva a entender que estamos ante una "nueva inteligencia". Pero no se trata del lenguaje profundo de IH, que siempre será un lenguaje "cargado" de significado y emocionalidad conscientes. El denominado lenguaje profundo atribuido a chatGPTs, no es más que una imitación de la formalidad gramaticalmente correcta de la fonética o morfología, sintaxis, ortografía, en la lengua que IH las haya preparado. Esa imitación la logra IH, que es quien elabora los procedimientos informáticos y los algoritmos que conducen a esas expresiones que "parecen" inteligentes, humanas, "parecen" corresponder con la semántica esperada.

En publicidad, de momento se habla de nuevas IAs, en un lenguaje propio de IH, que los chats no entienden en absoluto, ni es posible que

85

lleguen algún día a entender. Expresiones como: IA encuentra.... IA busca..., IA resuelve tal problema..., IA dirige... IA descubre..., IA aprende..., IA como sonda a enviar al espacio sin tripulación humana para que pueda supervivir (y crecer) autónomamente los miles de millones de años que pueda estar navegando en el espacio. Manera de hablar propia de IH que conoce y aprende la realidad con consciencia significada, con códigos "cargados" de contenido conceptual. Pero ningún chat, por mucho que le denominemos inteligente, entiende ni conoce nada, ni busca, ni encuentra lo que no busca, simplemente porque no es consciente semánticamente de nada. Sigue pautas mecánicas, como las piezas de un gran engranaje. Pautas que les han sido dictadas previamente por IH.

Sólo el hecho de que cada chatGPT sea hábil en un aspecto muy parcial, en comparación con la actividad general elaborativa de IH, retiene a muchos en su apreciación admirativa. Pero, cómo no, aseguran que aparecerá, más pronto que tarde, un chatIAG o mejor chatSAG (Superinteligencia Artificial Generativa) que aúne todas las anteriores parcialidades de la multitud de chatbots que aparecen ahora como hongos, queriendo imitar logros de los chatGPTs.

En lo que no ahondan los "nuevos profetas" del advenimiento de un posible e inminente chatIAG es en la verdadera naturaleza profunda de la IH que utiliza los códigos lingüísticos "cargados" de significado y asociados a emociones que les llevan a desear cambios en sus entornos para satisfacer sus deseos de conocer y de dominar entornos. El supuesto "lenguaje profundo" de chatGPTs no es más que una "apariencia" de lenguaje significado de IH. A base de programación informática y complejos algoritmos matemáticos, se enseña a chatGPTs a presentar resultados formalmente correctos gramaticalmente (morfológica, sintáctica y ortográficamente), pero sin ninguna capacidad de comprensión significada. Por ello sin deseo o emoción alguna. Ausencia que imposibilita poder crear procesos que satisfagan una curiosidad que no se tiene para desear autónomamente cambiar algo creativamente.

El también profetizado chatIAG, no podrá ser más que otra herramienta, esta vez "multiuso". Como herramienta "tres en uno" o la

86

"navaja de los 20 usos", podrá aunar y coordinar varias funcionalidades parciales de diferentes chats, pero nunca la inmensidad de tareas y procedimientos que logra IH y que constantemente van aumentando durante toda su vida. El aumento del número de funcionalidades no entendemos que pueda alumbrar una consciencia ni posibilitar el pensamiento conceptualmente abstractivo similar a IH.

Nos parece necesario ahondar en la naturaleza tanto de chatGPT como de IH, para entender sus posibles analogías que permitan el uso con una denominación común de "inteligencia". Se trata de comparar IH, singularidad que cada vez más la psicología entiende como unitaria y que nosotros denominamos Inteligencia General, IG, para poderla comparar con el "posible advenimiento de chatIAG", de una Inteligencia Artificial General como salvador y potenciador de todas las limitaciones que también tiene IH.

El hecho de aceptar que chatGPT es un artificio lo invalida totalmente para sostenerse como una nueva inteligencia. Es solo una nueva herramienta, con funcionalidades nuevas añadidas. Al fin y al cabo una herramienta, un útil inerte que hace mecánicamente lo que IH le va ordenando en sucesivas actualizaciones o variantes. ¿De dónde proviene la "inteligencia" de las herramientas, de esta nueva herramienta? Siempre proviene de la IH, la única que mantiene significado, busca y añade posibles cambios que entiendo como mejoras. La única que desea logros porque entiende lo que desea y busca el camino para conseguirlo. La única que crea directamente nuevas herramientas, las mantiene, las actualiza, las abandona y acaban cuando dejan de entenderse como útiles.

Inteligencia y artificio no pueden denominarse ambas como "inteligentes". Solo es inteligente IH que fabrica las herramientas. Si denominamos inteligente a chatGPT, deberíamos denominar igualmente a todas las herramientas fabricadas por IH a lo largo de su historia y su prehistoria. Porque todas ellas, dirigidas por IH, realizan algo mejor y/o más rápidamente que IH cuando lo quiere hacer por sí sola o manualmente o utilizando solo el alcance natural de sus sentidos. Pero siempre la herramienta es producto de IH, a las órdenes de IH, la única verdadera inteligencia.

La enorme rapidez en la realización de cálculos por parte de chatbots y chatGPT es fruto de una actividad mecanizada, nunca de la actividad inteligencia natural creativa de IH. Al igual la rapidez para establecer comparaciones formales entre códigos lingüísticos, tanto verbales como musicales, como icónicos.

En siguientes apartados tratamos de ahondar y mostrar las profundas e "insalvables" diferencias de inteligencia entre IH y diversos chats, así como del "utópico" posible advenimiento de chatIAG. En especial lo abordamos en los apartados 4, 5.2. y 7.

No podemos denominar adecuadamente como inteligentes la IH y la IA. Sus analogías son tan débiles e inconsistentes que no lo permiten. Tampoco podremos aceptar que las denominadas IA, evolucionen, por arte de birlibirloque, en una inteligencia incluso superior a IH. Veremos que no hay ningún indicio razonable que nos pueda permita esperar paciente o impacientemente al alumbramiento de esa inteligencia superior, gestándose milagrosamente en los actuales chatGPTs.

¿multiplicidad o unicidad de inteligencias?

La complejidad a escala molecular y atomística con las que se relacionan activamente la inteligencia, los entornos sociales y la bioquímica neuronal, se presta a ser diferenciada como realidad múltiple. Al no poder observar su actividad en tiempo y a escala reales, cualquier conceptualización será, al menos de momento, imposible de comprobar empíricamente.

Surge la tentación de multiplicar las inteligencias, basándonos en aspectos circunstanciales de las conductas observables: a) En los fenotipos sociales observables (productos elaborativos, creativos, divergentes o rememorativos, convergentes...), b) O en la diversidad de códigos lingüísticos con los que memorizamos (códigos fonémicos, grafémicos, numéricos, icónicos, musicales...), c) O diferenciando los procesos en su trascurso temporal (atención selectiva, elaboración abstractiva, memorización a corto, medio y largo plazo...), d) O por situarlas en los diferentes órganos sensoriales que captan la información (auditiva, visual, olfativa, gustativa, táctil...), e) O atendiendo a diferencias en el fenotipo neuronal que captamos con los potentes aparatos de visión de neuroimágenes (ectopias, displasias, baja o alta actividad bioquímica o electromagnética...), f) O basándonos en la diversidad de operaciones y procedimientos mentales que podemos asociar a la inteligencia para poder explicar su actividad relacionante, abstractiva, consciente de la semántica de sus elaboraciones (comparaciones, clasificaciones, abstracciones, formulación de hipótesis, verificaciones...), g) O atendiendo al órgano ejecutor de las órdenes y elaboraciones mentales (coordinaciones de extremidades, manos, dedos, pies, con sentidos, coordinaciones corporales, rítmicas, equilibrio...), h) O entendiendo a la emocionalidad y sus distintas manifestaciones como rasgos de personalidad, al asociarse al deseo o rechazo en experiencias o conocimientos.

Podría parecer la inteligencia diseccionable como las superadas teorías craneométricas y/o frenológicas, por ejemplo de Gall (1810) y que parten de Darwin, Galton, Morton, Brocca, esperando encontrar, con medidas craneales, el sitio exacto donde se instala cada tipo de inteligencia o emocionalidad, sus "loci" específicos en la masa neuronal. Son teorías que han confundido las leyes de la evolución bioquímica que parte de una herencia biológica con las leyes que gobiernan los procesos mentales cognitivos, que parten de la estimulación de los entornos, tanto sociales como físicos.

Podemos considerar la inteligencia como actividad resolutora de problemas, problemas de adaptación a los entornos y problemas de acomodación de los entornos a deseos adquiridos a medida que los conocemos mejor y asociamos a ellos nuevas emociones o deseos. Vamos describiendo que la inteligencia, va creando constantemente nuevas herramientas que permiten y ayudan a resolver los problemas que surgen en su interacción con los diversos entornos.

En este apartado nos centraremos críticamente en tres propuestas teóricas que defienden la diversidad de inteligencias humanas distintas, como su estuviese compuesta de muchas inteligencias diferenciables sin integrarlas en una síntesis descriptiva unitaria que atienda a la naturaleza profunda de la actividad inteligente.

Tanto la bioquímica neuronal como la inteligencia o cognición interactúan para crear conocimientos conscientes y guardarlos como memoria temporal. Entornos estimulantes, inteligencia, emociones y su mantenimiento como memoria tenemos que relacionarlos porque son sistemas, variables, realidades imprescindibles en estrechísima interacción, aun cuando las tengamos que calificar de latentes, al no poder observar directamente su actividad (por ahora) en tiempo real.

¿múltiples factores como inteligencias?

(Louis L. **Thurstone** y Joy P. **Guilford**)

Thurstone, (1938), sostiene la hipótesis de que existe una serie limitada de habilidades mentales que llama primarias. Llega a la conclusión de que esas habilidades no se pueden entender matemáticamente como factores de grupo dependientes de un factor general, sino que constituyen la verdadera estructura primaria de la inteligencia. Aplicando 60 pruebas a una muestra de 1.100 escolares, los factores que aparecen más constantemente en sus análisis son los siete siguientes: *V, comprensión verbal; W, fluidez de palabras: M, memoria; N, numérico; S, espacial; R, razonamiento inductivo; P, rapidez perceptiva*. Llega a considerar que existen más factores, pero que las habilidades mentales primarias no serán numerosas, 30 o 40 como mucho, aunque hasta el momento no se hayan delimitado más que la mitad aproximadamente.

Señalamos la coincidencia del número de factores primarios con la del número inicialmente propuesto por Gardner de 7 inteligencias y también la coincidencia de ir añadiendo luego otros factores primarios y otras inteligencias a las primeras hipotetizadas. Inicialmente Thurstone cree que estas habilidades mentales primarias son independientes, no correlacionadas entre sí, se pueden considerar como inteligencia diferentes. Finalmente reconoce su interrelación cuando se utilizan métodos factoriales de rotación oblicua, más respetuosos con los datos empíricos que los de rotación ortogonal. Así llega a admitir la existencia de una jerarquía y en la cúspide el factor *g*, aunque considerándole de secundaria importancia. Debe reconocerse que la actividad mental utiliza, relaciona casi siempre multiplicidad de fuentes de información para conseguir un pensamiento significado de la realidad también diversa.

Guilford, psicólogo estadounidense, alcanza a formular un modelo de lo que él denomina estructura del intelecto, *SI*. Desde su obra *the nature of human intelligence* (1967) y desarrollada durante más de 20 años, postula un número completo y prácticamente cerrado de 120 factores, de los que encuentra 5 operaciones posibles, 4 modalidades de contenidos y 6 productos, existirán 5x4x6 = 120 factores. Más adelante amplía el

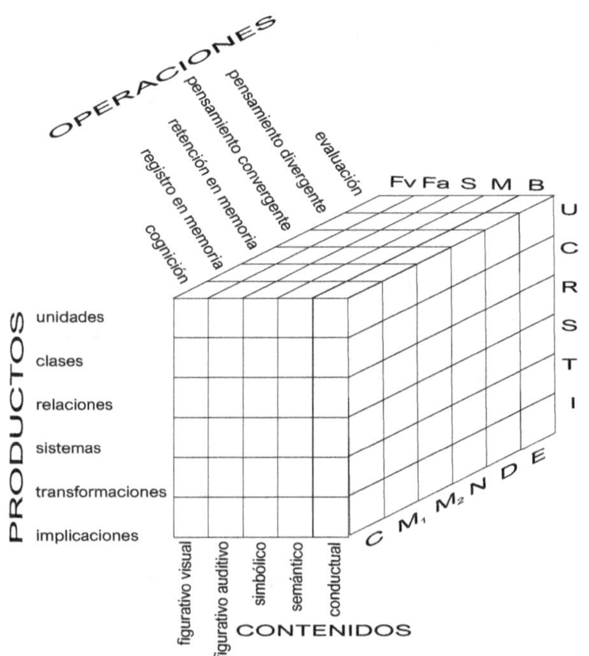

120 factores como inteligencias independientes. según Guilford

número de factores al desdoblar la modalidad de contenido figurativo en dos: *visual* y *auditivo,* y la operación de memoria en otras dos: *retención de memoria* y *registro de memoria*. De esta manera los factores se amplían a 180. Esta ampliación del modelo se edita en el *educational and psychological measurement*, (1988) un año después de su muerte. Entre los contenidos destaca el conductual, por novedoso. Lo acepta como una

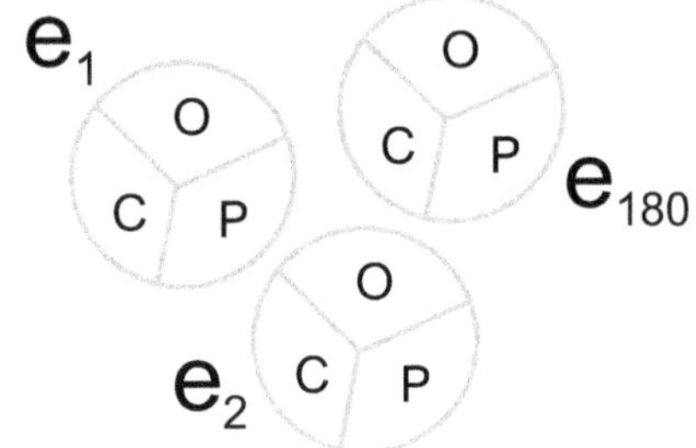

siendo e cada uno de los 180 factores específicos determinados por un contenido, una operación y un producto

94

clase específicamente diferente siguiendo ideas de Thorndike acerca de la inteligencia social. La memoria, como proceso, hace referencia al descubrimiento o recuperación, no al almacén en sí mismo. Subyace en todas las operaciones. Su mayor mérito consistió en diferenciar entre inteligencia convergente y divergente, dedicando al pensamiento divergente o creativo atención preferente, hasta lograr desplazar el interés generalizado hacia ese aspecto de la inteligencia.

Los análisis factoriales, algoritmos matemáticos, tratan conductas objetivamente observables y mensurables (elementos de pruebas como variables múltiples). Su tratamiento parte de una matriz de correlaciones de Pearson, nos puede mostrar que unos grupos de elementos se integran en unidades diferentes que podemos denominar "factores". Nos lleva a hipotetizar la existencia de habilidades múltiples que pueden procesarse en diversidad de zonas cerebrales, más o menos interconectadas entre sí. De ahí a hipotetizar diversidad de inteligencias, parece que no hay más que un paso. Pero la mera existencia de correlaciones estadísticas jamás podrá inducir relaciones de causa/efecto, indispensables para evidenciar científicamente la naturaleza de las variables que intervienen.

Guilford usa un método factorial de rotación ortogonal que obliga a mantener la independencia de los factores, aun cuando exista correlación empírica entre ellos. Este modelo de análisis y la escasa fiabilidad de las múltiples pruebas confeccionadas, puede ser la causa de que sus resultados presenten bajas correlaciones entre los factores obtenidos, para defender la independencia de los 180 factores. La negación de la existencia de una *Inteligencia General,* además de factores de grupo jerárquicamente ordenados y la afirmación de la independencia de los 180 factores definidos en el modelo de *SI,* se contradice con muchos resultados de análisis factoriales y supone la afirmación más discutible de su modelo teórico.

Sus análisis factoriales, con método ortogonal, fuerzan rígidamente los datos, al presentar resultados como poco correlacionados. Los métodos de rotación oblicua respetan mejor la realidad empírica de correlación. El modelo parece más una exigencia de una premisa no necesaria de confluencia de cada factor en una dimensión trivectorial:

contenido + operación + producto = factor. En especial la dimensión de *producción* no parece necesaria a la hora de determinar factores.

No se ve claro cómo esta dimensión tiene un poder discriminante unido a operaciones y contenidos. Los diversos tipos de productos: *unidades, clases, relaciones, sistemas, transformaciones e implicaciones*, son el resultado de una operación con un contenido guardado en la memoria, se pueden diferenciar entre sí solo por la complejidad de la información a almacenar.

La afirmación de la independencia de los 180 factores definidos en el modelo de *SI*, se contradice con muchos resultados de análisis factoriales y supone la afirmación más discutible de su modelo teórico. Sus análisis factoriales, con método ortogonal, fuerzan rígidamente los datos a presentar resultados poco correlacionados. Los métodos de rotación oblicua respetan mejor la realidad empírica de correlación. El método de análisis factorial, de por sí, es inadecuado para probar la naturaleza de la inteligencia. El método de análisis factorial se basa en algoritmos desarrollados por IH. Es la inteligencia de quienes los implantan la que impone un sentido a esa posible naturaleza. Algo parecido está ocurriendo ahora con IAs, inadecuadamente denominadas "inteligentes" Solo son inteligentes quieren crean los algoritmos que luego se siguen inexorablemente.

Una especificación tal de factores (los 120 considerados inicialmente) tiene un escaso poder predictivo, complica extraordinaria y sobre todo innecesariamente la conceptualización y posterior medición de la inteligencia y choca con los argumentos de organización jerárquica y unitaria, que parecen explicar mejor la conducta inteligente. El modelo *SI* pretende ser un modelo de la arquitectura y funcionamiento del intelecto. Horn (1970) y Horn y Knapp (1973), le critican su excesiva rigidez y el que no esté suficientemente sustentado tanto empírica como teóricamente. Eysenck (1979), insiste en lo discutible de la independencia de los factores, forzados artificialmente por el método estadístico utilizado. Messick (1973) y Yela (1976), entienden que el modelo se presta también a una interpretación jerárquica en cuanto se respetan sus exigencias empíricas: una jerarquía oblicua de factores.

96

Los métodos de análisis factoriales también podemos denominarlos Herramientas Preprogramadas Generativas, HPGs. Son algoritmos que tratan matemática y estadísticamente matrices de correlaciones y "generan" resultados que se pueden entender como estructura de la inteligencia. La información que se ofrece al algoritmo, multiplicidad de variables como conductas humanas mensurables, utilizables en procesos estadísticos. Pero a menudo los análisis factoriales parecen querer mostrar, con un empirismo del que carecen, la naturaleza de IH.

Aunque no lo explicite claramente, los métodos psicométricos de análisis factorial de Guilford no pueden encontrar relaciones de causalidad entre las variables. Se utilizan matrices de correlaciones de Pearson, denominando factores a grupos de variables que correlacionan más entre sí. Incluso sus métodos tienen a dicotomizar las correlaciones, como "relacionadas" y "no relacionadas", sin matizar intensidades de correlación.

Ni entre los factores encontrados ni entre las variables podemos hablar de relaciones de causa/efecto, necesarias para el conocimiento científico. Por ello no nos sirven como evidencia empírica para poder entender las interacciones reales entre las variables. Es de esperar que correlacionen dada la actividad de la inteligencia que trata de relacionar todo con todo. En el caso de las matrices psicométricas entre variables (ítems de los test), se obtienen factores entre la diversidad de códigos lingüísticos formalmente diferentes (visoespaciales, verbales, numéricos), pero no cuando se trata de correlacionar elementos que exigen un razonamiento novedoso.

En su momento, pareció que se acomodaba perfectamente a las exigencias de objetividad y empirismo de otras ciencias físicas. Por ello fue acogido con expectación y utilizado profusamente como método "científico".

La ausencia de realidad física de los factores sigue los dictados de las teorías conductistas que tachan y descalifican por mentalista a todo el que quiere hablar de la mente humana. Burt (1958) define la inteligencia como una capacidad general innata, soslayando la influencia de los factores ambientales y educativos. Es el único autor que se atreve a definirla de modo unívocamente genetista, aun cuando existió una fuerte corriente en este sentido en el mundo anglosajón. Burt (1958) defiende que los hombres son más inteligentes que las mujeres, que tiene pruebas científicas irrefutables de que los protestantes son más inteligentes que los judíos, los ingleses más que los irlandeses, los ingleses de clase alta más que los de clase baja..., etc. Burt, para demostrar la base genética del *Cociente Intelectual, CI,* llegó a falsificar datos y registros para seguir sosteniendo que el *CI* de gemelos monocigóticos permanece idéntico a lo largo de toda su vida.

Los test, en su época y en el mundo anglosajón, se utilizaban a menudo con el objetivo de segregar, más que para conocer y tratar de solucionar los problemas a los que la inteligencia se enfrenta. Binet, en cambio, usó la medición de la inteligencia, considerándola como medio de identificación de dificultades de aprendizaje que luego se deberían solucionar con una intervención educativa adecuada. Pero a su muerte los defensores de la eugenesia reforzaron su mensaje determinista, utilizando incluso la misma escala de Binet. La inteligencia era considerada como innata y fijada a través de la herencia y que se correspondía prácticamente con una clase y un origen social.

Está clara la influencia del naturalista inglés Darwin, con su determinismo biológico de las especies. Este determinismo biológico se hipotetiza también para IH. Cuando Terman introdujo los test Stanford-Binet en *USA*, dejó claro que la baja inteligencia era muy común entre familias hispano-indias y mexicanas del suroeste y también entre los negros: su torpeza les parece ser racial o por lo menos inherente a la raíz biogenética de las familias de las que provienen. Los niños de estos grupos deberían ser segregados en clases especiales, ya que sería una pérdida de tiempo enseñarles conceptos abstractos. Pero a menudo pueden convertirse en trabajadores eficaces. No hay posibilidad, por ahora, de convencer a la sociedad de que no se les debería permitir incluso reproducirse.

Ahora consideramos pérdida de tiempo hablar de porcentaje de varianza del *CI* debido a la herencia o el ambiente, ya que es una actividad en estrecha interacción con sus entornos, hasta el punto de que no podemos controlar uno para predecir el otro. Se comprueba la gran influencia del entorno sociocultural en el desarrollo intelectual, incluso que la inteligencia puede cambiar con programas adecuados de intervención educativa. Hay autores que llegan a una salomónica decisión, afirmando, aunque sin pruebas, que la biogenética podría aportar el 50%, cuando antes, en ambientes científicos deterministas, dominantes en ámbitos anglosajones, se consideraba que estaba entre el 100% de Burt, el 80/90% de Eysenck y Jensen, el 70% de Gottfredson (1994).

Herencia y ambiente son variables tan necesaria e imbricadas entre sí, que el desarrollo cognitivo es más verdadero asegurar que dependen al 100% de cada una de las dos variables. Los deterministas han dado una especial importancia al tema, en la creencia errónea de que heredabilidad significa, además de determinismo biológico, inmutabilidad. Se han dedicado enormes esfuerzos de investigación para estudiar la variabilidad del *CI* con estudios correlacionales en especial de pares de hermanos gemelos viviendo en el mismo entorno socio/económico y/o en entornos diferentes. Los investigadores de la época tuvieron muy poco éxito. Ahora se considera un tema irrelevante, artificioso, imposible de dilucidar, al ser el *CI* un resultado de herencia y ambiente, variables imposibles de separar ni siquiera en muestras de gemelos monocigóticos, con idénticos genes, para utilizar cualquiera de las variables como independiente desde el primer momento del nacimiento, ya que las experiencias de los entornos son únicas e irrepetibles para cada persona.

¿infinidad de inteligencias?

(atomismos de Godfrey H. **Thompson** y Gottfried W. **Leibniz**)

Thompson (1919:1939), se sitúa en un extremo contrapuesto a Spearman. Postula la no existencia de una estructura general que apoye el concepto de inteligencia unifactorial de Spearman. Según él, el factor *g* es diferente para cada test. No tiene interés psicológico. Alerta sobre la tendencia a considerarlo como una entidad causal en la mente humana. Solo podemos observar actos y hechos discretos, múltiples, que presuponen una indefinida cantidad de factores, todos ellos equivalentes e independientes. Los llama *bons, lazos, conexiones.* El hecho de que haya correlación estadística entre ellos piensa que se debe al azar. Ante una conducta determinada compleja, se ponen en funcionamiento muchos elementos y, al azar, algunos se mezclan en distintas tareas y producen una correlación y ordenación jerárquica.

La analogía que parece seguir es la de la química o física, según la cual *g* estaría compuesta de multitud de átomos o moléculas. La inteligencia estaría integrada por una innumerable cantidad de elementos no relacionados entre sí ni diferenciados cualitativamente, que se combinan al azar siguiendo leyes de probabilidad. Como cualquier acto mental, pone en funcionamiento muchos de estos elementos, su presencia produce las correlaciones y una equivocada percepción de la existencia de factores comunes. Es teoría del atomismo mental, deudor de las posiciones de los filósofos griegos Leucipo, Demócrito, Epicuro. No explica por qué existen correlaciones estadísticamente muy significativas que se resuelven en una jerarquía de factores constantemente hallados en análisis factoriales, ni la autoconsciencia de la propia identidad unitaria.

Debido a las leyes del azar, el psicólogo se engaña al suponer una mente compuesta de esos factores hipotéticos. La mente estaría integrada por una innumerable cantidad de elementos no relacionados entre sí ni diferenciados cualitativamente, que se combinan al azar siguiendo las leyes de la probabilidad. Cualquier acto mental pone en funcionamiento muchos de estos elementos, su presencia produce las correlaciones y una equivocada percepción de la existencia de factores comunes. Admitiría en último término el factor g, pero solo como un modo conveniente y sencillo de expresar la riqueza del psiquismo. Los factores específicos serían totalmente inútiles.

infinitos factores, inteligencias, según Thompson

¿Qué son los *bonds*, *lazos*, *conexiones*, *factores*? Afirma no saberlo y aventura la hipótesis conductista: actos reflejos, innatos, trozos de comportamiento heredados o adquiridos, memorias, experiencias inaccesibles al conocimiento..., etc. En cambio sí afirma que están relacionados con las neuronas de nuestro cerebro. Ciertos procesos de excitación de estas neuronas acompañan al acto de pensar. La inteligencia está probablemente en relación con el número y complejidad de los procesos y conexiones que el cerebro puede formar. Pero que las interacciones entre cerebro, inteligencia y estimulación de entornos sean a niveles atomísticos y/biomoleculares no conlleva el que haya "infinitos" factores diferentes.

Es una teoría aplicada a la actividad mental, que quizás pudiera tener algún sentido, si los teóricos físicos se animan a posicionarse en relación a la inteligencia, a su actividad a escala atomística, de ondas lumínicas electromagnéticas con los entornos físicos y con la estructura biomolecular cerebral, como lo están haciendo con la realidad física. La de Thompson es una pura teoría incapaz de explicar las conductas observables que se provocan. Tampoco explica adecuadamente, de

102

manera empírica, las correlaciones positivas, reales, muy a menudo altas y jerárquicas, constantemente halladas en análisis factoriales con reactivos de test ante conductas provenientes de la actividad mental.

Gottfried Wilhelm Leibniz, alemán polifacético, gran matemático y físico, descubridor del cálculo infinitesimal, en su *théodicée* (1710) y *en monadologie* (1714), considera que la realidad está compuesta por *mónadas* (μονάδα en griego significa *unidad*), como los elementos últimos del universo, en muchos aspectos análogos a los átomos de la física: son eternas, simples, indestructibles. Solo interactúan aparentemente. No hay dos *mónadas* exactamente iguales. Cada una es un reflejo de todo el universo. Son fuerzas que funcionan siguiendo el principio de una armonía preestablecida, es decir que están preprogramadas para actuar.

Cada *mónada* funciona siguiendo leyes eternamente establecidas. El mismo *Dios* es una *mónada* necesaria para explicar la armonía preestablecida. Hay infinidad de *mónadas* indivisibles en una escala de inmaterialidad ascendente desde la más ínfima partícula de polvo mineral hasta el más alto intelecto creado. La *mónada* más imperfecta tiene únicamente un mínimo brillo de inmaterialidad y la más perfecta contiene aún un resto de materialidad. De este modo, la doctrina de las *mónadas* trata de conciliar el materialismo y el idealismo enseñando que todo lo creado es parte material y parte inmaterial. *Dios* es la única *mónada* increada y totalmente inmaterial.

Todas las *mónadas* tienen percepciones, incluso las cosas, aunque en este caso son percepciones sin consciencia de ello. El alma humana tiene percepciones claras con consciencia y memoria temporal. Todas las ideas, sin excepción, proceden de la actividad interna propia de cada mónada y son innatas, están en el interior de cada persona.

Las propuestas filosóficas discrepantes de Thompson y Leibniz representan puras teorías sin constatación empírica. Parece que pocos autores han querido trabajar con ellas, por considerarlas poco interesantes, poco probables, poco comprobables científicamente.

El atomismo de la inteligencia, parece tener su contrapunto en el atomismo de la física actual. Atomismo que incluso ya se reconoce como superado en la física por la percepción microscópica, por la presencia de innumerables subpartículas más pequeñas que el átomo y por la expectativa de que se vayan descubriendo otras partículas para explicar mejor la realidad observable. Subpartículas que interactúan a su vez entre ellas, conformando una realidad parece que infinitamente compleja como reto a abordar por la mente humana, reto que nunca tendrá fin, como parece que no tienen fin ni la enorme inmensidad del universo ni la minúscula pequeñez de lo más insignificantemente que podamos percibir.

¿inteligencias múltiples?

(Howard E. **Gardner**)

Gardner (1983), propone una teoría de la inteligencia que permitiría recoger los diferentes aspectos de la subteoría contextual de Sternberg y de los factores mentales primarios de Thurstone. Presenta un trabajo por encargo de la fundación holandesa Bernard Van Leer Foundation, resumido en The Mind´s New Science. Con *A History of the Cognitive Revolution* como aporte más teórico (1986) y con *Frames of mind* (1983), defiende un modelo en el que propone inicialmente la existencia de siete inteligencias independientes. Howard Gardner se decanta por definir como inteligencias independientes no solo las que se expresan dinámicamente coordinando acciones corporales sino también las que se expresan a través de códigos lingüísticos diferentes.

Nos explayamos más en relación a la teoría de Gardner, por la gran influencia que ha tenido oscureciendo más aún el concepto de inteligencia unificada en su singularidad, a la par que continuando con una concepción biogenética heredada. No aclara la funcionalidad memorizadora de la bioquímica neuronal en sus necesarias e intensas interacciones, en tiempo y espacio, con la actividad mental inteligente y sus entornos estimuladores.

Gardner rechaza, sobre todo por parcial, la medición del *Cociente intelectual, CI*, porque no muestra la variedad de habilidades de las personas. Desarrolla su teoría de *inteligencias múltiples* al constatar que los psicometristas solo examinaban las inteligencias lingüística, lógico-matemática y algunos aspectos de la espacial, no considerando otras dimensiones importantes del comportamiento inteligente, tales como el talento musical, deportivo y la consciencia social. Más recientemente (1999), Gardner añade, a las siete iniciales inteligencias, la consciencia ecológica o naturalista y la consciencia filosófico/espiritual/existencial. Hasta el momento, encuentra las ocho o nueve inteligencias siguientes:

1. **Lingüística-verbal**, como capacidad de utilizar palabras con eficacia, de manera oral o escrita. Incluye aspectos como la estructura del lenguaje con sus fonemas y grafemas, los significados o comprensión verbal. Es la inteligencia de los profesores, escritores y periodistas.

2. **Lógica-matemática**, que se aprecia en el uso de patrones de medida, categorías y relaciones. Es una habilidad para la resolución de problemas aritméticos, juegos de estrategia y experimentos. Se utiliza el pensamiento inductivo y deductivo, números, patrones abstractos y la capacidad para razonar. La consideración de la existencia de múltiples inteligencias en la mente humana no es novedosa, sobre todo entre las teorías psicométricas. Es la inteligencia de matemáticos, físicos y científicos.

3. **Visual-espacial** o pensar en imágenes y dibujos, facilidad para resolver rompecabezas, dibujar, realizar juegos constructivos. Se utiliza el sentido del equilibrio y la capacidad para visualizar imágenes mentales. Es la inteligencia propia de arquitectos, diseñadores y artistas plásticos.

4. **Corporal-kinestésica**, como facilidad para el equilibrio y coordinar los movimientos corporales. Es una habilidad para usar el cuerpo como hacen los deportistas, bailarines o quienes trabajan en manualidades como la costura, los trabajos en madera. Es la inteligencia propia de bailarines y deportistas.

5. **Musical**, que se manifiesta frecuentemente con canciones y sonidos. Habilidad para reconocer melodías, patrones rítmicos, tonos. Es la inteligencia de músicos y compositores musicales.

6. **Interpersonal,** capacidad para comunicarse, liderar grupos, entender bien los sentimientos de los demás y proyectar con facilidad las relaciones interpersonales. Habilidad personal para comprender, trabajar y comunicar con gente y mantener relaciones. Es la inteligencia propia de periodistas, comerciantes, vendedores y recepcionistas.

7. **Intrapersonal,** relacionada con la capacidad de cada persona de conocerse a sí misma: sus reacciones, emociones y vida interior. Autoconocimiento, sensibilidad a los propios valores, propósitos y sentimientos. Es la inteligencia de filósofos, psicólogos e investigadores científicos.

A las siete anteriores inteligencias va añadiendo posteriormente otras:

8. **Naturalista-Ecológica,** relacionada con la interacción de la persona con su entorno natural con la ecología. Es la inteligencia propia de los jardineros, biólogos y botánicos.

9. A estas inteligencias sugiere que posiblemente se tenga que añadir la **espiritual-filosófica-existencial,** relacionada con la tendencia a plantearse preguntas fundamentales sobre el sentido de la existencia. La religiosidad no puede entrar en esta categoría porque la inteligencia humana se dirige por reglas de razonamiento inductivo y deductivo. La religiosidad de las principales religiones monoteístas no admite la posible autoridad libre de un razonamiento inductivo, generador de leyes lógicas. Como mucho limita su autoridad a temas que no contradigan sus dogmas. Por ello Gardner la denomina inteligencia existencial y la coloca como la novena inteligencia definida en su teoría.

Gardner no deja cerrado el número de inteligencias, que podrá ser indefinidamente mayor, a medida que: a) avanza la investigación, o b) modificamos algún requisito necesario para ser admitida como nueva inteligencia. Una inteligencia, para ser admitida como tal debe cumplir los siguientes requisitos, a modo de postulados o premisas axiomáticas (1983):

a) Debe ser localizable en una región concreta del cerebro. Aislable cuando existe una lesión cerebral.

b) Debe quedar demostrada por la existencia de individuos excepcionalmente dotados o deficitarios en esa habilidad.

c) Debe existir una serie de operaciones o mecanismos básicos implicados en la elaboración de la información.

d) Debe aparecer un proceso típico en su desarrollo ontogenético.

e) Debe verse probada y fundamentada en sus estadios evolutivos de desarrollo filogenético.

f) Debe verse apoyada por hallazgos psicológicos experimentales.

g) Debe ser refrendada por datos psicométricos.

h) Debe manifestarse dentro de un sistema simbólico.

Las tres primeras inteligencias de Gardner corresponden a grandes factores clásicos de la psicometría. A ellas añade otras cuatro, cinco o seis. La inteligencia intrapersonal, como la espiritual-filosófica-existencial, podría ser similar a alguno de los metacomponentes o estrategias cognitivas de orden superior hipotetizadas en algunos constructos teóricos, por ejemplo de Sternberg, pero muy dependientes del nivel de abstracción conseguido, y sobre todo de la inteligencia lingüístico-verbal básica. La inteligencia interpersonal es similar a la inteligencia social también identificable en otras teorías, por ejemplo la de Guilford. Las inteligencias musical, corporal y posteriormente, la ecológica, representan las más novedosas y también las más difíciles de sostener como inteligencias, tanto teórica como empíricamente.

La teoría de Gardner resulta, en cierta medida, novedosa en el momento de ser formulada. Sternberg (1991), señala que es muy difícil de validar empíricamente por medio de mediciones objetivas. Las evaluaciones deberían realizarse sobre períodos de tiempo excesivamente largos y es cuestionable la posibilidad práctica de obtener puntuaciones objetivas y estandarizadas. Los test propuestos hasta el momento parecen medir un conjunto muy difícil de descomponer y de controlar: diversidad de habilidades, intereses, motivaciones, rendimiento en aprendizajes, socialización y aculturación, destrezas manuales, físicas, artísticas, musicales. Las investigaciones que se van llevando a cabo en intervenciones pedagógicas, siguiendo las ideas de Gardner, no dejan de ser complejos programas de enseñanza-aprendizaje que a lo más que pueden aspirar es a lograr, entre el estamento educativo, una apreciación subjetiva de utilidad práctica. La novedad de esta teoría es relativa, ya que no es la primera que formula la existencia de múltiples habilidades diferenciadas y no dependientes de una única general, como defendieron, por ejemplo, Thurstone (1944) y Guilford (1967). En un extremo teórico tenemos las antiguas teorías atomistas del filósofo griego presocrático Demócrito y del psicólogo Thompson (1939). La única novedad apreciable es la de denominarlas a todas con el nombre genérico de inteligencias y considerarlas independientes entre sí.

Gardner admite que muchas actividades específicas de algunas de las ocho inteligencias provienen de otras inteligencias, que se mezclan habitualmente. ¿Cómo se explica entonces la independencia de esas inteligencias? ¿Cómo se explica la persistente correlación positiva y a veces muy alta, entre las inteligencias que él denomina verbal/lingüística, lógico/matemática, incluso la viso/espacial? Creemos que la mejor explicación es que dependen de una habilidad común, de una *Inteligencia General* o bien que tienen operaciones en común, que operan de manera similar aun cuando usen diferentes códigos simbólicos. Otras inteligencias de Gardner no se han evaluado como las anteriores, al no disponer de test prácticos que lo hagan. No sabemos de su correlación, aunque la suponemos también positiva porque la Inteligencia parece estar presente en todas las habilidades humanas, como sugieren las altas correlaciones que se encuentran entre los reactivos que se suelen utilizar en los test de habilidades mentales.

Los supuestos postulados propuestos para definir nuevas inteligencias son muy subjetivos, muy de síntesis cultural propia, nada refrendados empíricamente por el mismo autor de la teoría. Si aceptamos esos supuestos como postulados intocables, será difícil rebatir sus conclusiones. Pero algo parecido nos encontramos con la aporía de *Aquiles y la tortuga*. Aceptando el axioma de que línea es una sucesión infinita de puntos inextensos y lo planteamos en función exclusiva del espacio..., será difícil rechazarla, Aquiles no podrá alcanzar la tortuga. Pero si nos vamos a una comprobación empírica incluso rudimentaria, en una situación concreta espacio/temporal, es obvio que la rechazaremos.

La propuesta de humanos con ocho o más inteligencias independientes, de alguna manera nos recuerda la Hidra de Lerna, de la mitología griega, con entre tres y 100 o más cabezas. O al dragón rojo de Cosí, de la mitología oriental, con sus ocho cabezas y ocho colas. Una persona, con un cuerpo, un cerebro, ¿es posible que posea muchos centros diferenciados de elaboración de los procesos mentales y luego de decisión, además de recepción de información? Creemos casi imposible entender cómo se coordinan entre sí esa multiplicidad de inteligencias. Los neurólogos constatan con sus observaciones de neuroimagen que las neurones se interconexionan en forma de redes que, ante estimulaciones cognitivas superiores se conectan de manera intrincada y por prácticamente todas las zona cerebrales. Parece imposible separar las interconexiones por inteligencias, parece imposible separar los tipos neuronas presentes diferenciándolas según la inteligencia que está activada.

Los postulados o requisitos propuestos por Gardner como esenciales para definir una inteligencia, son muy discutibles. Cada uno por separado constituye una afirmación teórica que necesita más evidencias empíricas para poder ser aceptada.

El postulado "a" para aceptar una actividad como una inteligencia diferenciada es que debe ser ***"localizable en una región concreta del cerebro"***. Presentando estudios de diversos autores sobre individuos que presentan impedimentos del lenguaje, parálisis u otras carencias cognitivas, Gardner sostiene que se han localizado los sectores cerebrales que se requieren para el rendimiento de determinadas funciones mentales. En estudios sobre el cerebro de personas post mortem con discapacidades cree que se han encontrado daños en áreas específicas, comparándolos con aquellos que no tienen la misma discapacidad. Creyó de esta manera descubrir inicialmente siete áreas diferentes en el cerebro, ligadas al funcionamiento intelectivo personal y que diversifican las actividades profesionales en una gama inmensa de posibilidades.

Pero es muy prematuro afirmar con suficiente certeza que existen zonas cerebrales, cual compartimentos estancos diferentes y por ello localizan determinados códigos simbólicos o determinadas operaciones con preferencia a otras zonas. No podemos hablar de ocho o nueve conectomas neurales distintos para un mismo individuo. Las actividades mentales parecen mantenerse de manera holística en el cerebro. Los significados que mantenemos en la memoria, en el conectoma neural individual, son provocados por diferentes códigos de información, se funden en un único conectoma muy complejo e interconexionado. Cualquier concepto es fruto de experiencias visuales, auditivas, kinésicas. El concepto de "silla", por ejemplo, contiene información fonética, grafémica, visual, verbal, kinésica, aprendida en entornos físicos y sociales. No es muy racional pensar que se memoriza en "locus" cerebrales diferentes.

Gardner parece querer localizar las inteligencias en el cerebro, al igual que Gall, en su momento, localizaba las conductas midiendo el cráneo de las personas. Curiosamente, Gall hablaba de 27 facultades, 8 de ellas específicas del hombre. La teoría de Gardner parece un reflejo de la de Gall, y como la de Gall, tendría que hipotetizar las específicas zonas cerebrales donde se instalan. Ardua, imposible tarea a acometer dados los conocimientos que la neurociencia tiene ahora sobre las actividades holísticas en las redes neuronales. El cerebro humano está interconexionado en tupidos entramados neuronales intersinápticos, de manera que resulta imposible separar zonas aisladas. Es más aceptable hipotetizar una única inteligencia y múltiples habilidades.

El cerebro se activa en tu totalidad, o en numerosas zonas diferentes, incluso distantes en el cerebelo, en cualquier proceso. Una lesión en una zona puede hacer que la actividad se traslade a otra, incluyendo por ejemplo la pérdida de todo el hemisferio izquierdo, el área de Brocca en su tercera circunvolución frontal donde se supone reside la función del habla el individuo, se puede aprender a hablar. Se aprenderá mejor y antes si esto ocurre en la primera infancia. La lobotomización del hemisferio derecho o izquierdo no anula prácticamente ninguna función mental, el hemisferio sano asume esas funciones aunque tenga que reestructurarlas a base de experiencias nuevas similares de aprendizaje.

El postulado "b", *"demostrar la existencia de individuos excepcionales"* en esa habilidad, deja la puerta abierta a infinidad de inteligencias. Podemos encontrar individuos excepcionalmente dotados y muy poco en cualquier actividad humana, desde las más simples a las más complejas. Hablando de la actividad restauradora del cocinero, ya la publicidad se ocupa de indicar personalidades y establecimientos sobresalientes, por ejemplo en la guía Michelín. Y no digamos en el Guinness World Records. Es muy poco razonable defender la existencia de inteligencia múltiples analizando biografías de personas geniales, como Einstein, Picasso, que destacan cognitivamente en un determinado campo profesional, sea científico, deportivo, artístico, como estrategas militares, educadores, místicos... etc. La naturaleza de la inteligencia de todos va a ser la misma, aunque su utilización y memorización correspondiente, diferentes.

El postulado "c", de que *"debe existir una serie de operaciones en la elaboración de la información"* no prueba nada acerca de la unicidad-multiplicidad de la inteligencia. Cualquier actividad mental humana superior realiza una serie de operaciones que podemos describir y diferenciar.

La memoria siempre estará presente como soporte y mantenimiento de los resultados de las actividades mentales. Se convierte a su vez en un reservorio de información recuperable, que podemos incluso considerar un entorno especial a recuperar y relacionar con otras actividades sensoriales. La actividad relacionante y abstractiva de la mente, también.

Más importante que la existencia de "algunas operaciones" debería ser el que esas operaciones fuesen de diferente naturaleza para apoyar la existencia de diferentes inteligencias. Algunas praxias puede que generen dudas sobre si entran o no en la categoría de actividades humanas superiores aunque requieren un primer momento consciente para iniciarlas. Posiblemente la inteligencia, en su actividad relacionante y abstractiva, y debido a su flexibilidad y plasticidad, realiza más

112

operaciones de las que de momento podemos analizar, incluso las de control y supervisión de los procedimientos en la ejecución de las tareas, en la resolución de los problemas.

El conocimiento de cómo se elabora la diversidad de información incluso puede ayudar para proponer estrategias adecuadas de aprendizaje. Por ejemplo la inteligencia interpersonal tiene muchas operaciones (codificación, comparación, formulación de hipótesis, razonamiento e inductivo, razonamiento deductivo..., etc.) semejantes a las de la verbal, y espacial: detectar gestos, tonos de voz para procesar simbólicamente e interpretar su significado. Utilización de la palabra para dialogar, convencer. Es difícil pensar que no está relacionada con una inteligencia general y especialmente con los factores verbal y visoespacial. La inteligencia intrapersonal, el conocimiento propio tiene igualmente operaciones semejantes. La única diferencia es que se dirigen hacia el conocimiento de sí mismo en vez de hacia el mundo exterior y requieren otros métodos de observación.

Los postulados "d" y "e" de que *"debe aparecer un proceso típico en su desarrollo ontogenético"* y que *"debe verse probada y fundamentada en sus estadios evolutivos"*, son premisas que se apoyan mejor, con pruebas empíricas, en la concepción de una única inteligencia. Porque lo que se debería probar es que la evolución onto-cognitiva de cada inteligencia continúa procesos de naturaleza claramente diferenciada en su desarrollo evolutivo y se instala en el cerebro en locus claramente distintos sin conexiones con otras inteligencias.

Los cognitivismos estructuralistas, pongamos por ejemplo a Piaget y los neopiagetianos, demuestran que la inteligencia y el desarrollo en sus diferentes dominios sigue un proceso similar. Los dominios que operativiza empíricamente el neopiagetiano Case en los cuatro estadios del desarrollo infantil: en el dominio de las operaciones lógicas de clasificar y seriar, en el dominio del control lingüístico, en el dominio del desarrollo social, en el dominio del desarrollo espacial, numérico. Robbie Case realiza numerosos experimentos con niños demostrando que en todos los dominios los niños pasan por los mismos períodos de desarrollo y que sus actividades mentales en dominios muy diferentes son similares. Si Gardner quiere demostrar que la ontogenia, el bagaje heredado por el niño y por lo tanto innato, es un bagaje de múltiples inteligencias, debería probar el diferente desarrollo de cada una. ¿Son todas genéticamente heredadas? ¿Puede existir la incapacidad absoluta para alguna de ellas? ¿En qué se diferencian las operaciones mentales requeridas para codificar la información procedente de diversas modalidades o códigos diferentes, visoespacial, verbal, numérico...? Son demasiadas preguntas sin respuesta adecuada.

Ya en relación al primer postulado, aún es muy pronto para que pueda servir de prueba avalada con suficientes datos empíricos. Más bien no es ni aceptable en el estado actual de conocimientos en neurociencia. Muchas habilidades aparecen en las edades en que socialmente se solicitan profesiones que las demanden, no hace falta imaginar ningún proceso universal o especial. Por ejemplo la habilidad musical, se desarrolla bastante más tardíamente que la verbal, incluso la matemática, simplemente porque no se suele estimular, de manera universal, en la primera infancia ni en entornos familiares, por lo que difícilmente podemos hablar de estadios evolutivos. Algunos aspectos de la denominada inteligencia intrapersonal solo se activan bien avanzada la edad escolar, por ejemplo al enseñar a los alumnos estrategias o técnicas eficaces de aprendizaje. Tampoco podemos hablar de esta habilidad en sus estadios evolutivos.

El postulado "f" *"debe verse apoyada por hallazgos psicológicos experimentales"*. Gardner parece referirse a los hallazgos de la neurociencia, en la dirección de la propuesta frenológica de Gall, propuesta de localización muy específica de las habilidades mentales y hasta de rasgos de personalidad mentales, propuesta considerada como una pseudociencia al estilo de las mediciones craneales para evaluar y medir la inteligencia diferencial de las personas.

La neurociencia detecta actualmente que el cerebro funciona de una manera holística. Cada habilidad repercute en amplias regiones cerebrales y extiende sus redes por casi todos los locus cerebrales, desde las áreas más superficiales, frontales, de la corteza cerebral, hasta el cerebelo. Justamente la concepción de la inteligencia como única, en la historia de la psicología como ciencia, es la que más aceptación va obteniendo. La realidad, la verdad, es muy tozuda y a la larga se va imponiendo. La existencia de una Inteligencia General va calando hasta en las actuales concepciones que nos hablan de IAs cuya cúspide "fantasiosa" termina con una Inteligencia Artificial General, IAG.

El postulado "g", que ***"debe ser refrendada por datos psicométricos"***. Toda conducta observable puede ser medida comparándola entre sujetos, hacia la misma edad, en condiciones similares de estimulación. Las teorías más aceptadas, que concuerdan mejor con datos empíricos, son las que defienden la existencia de una singular actividad general, que se operativiza a través de varios factores de grupo. Para aceptar un refrendo de la teoría de Gardner con datos psicométricos, habría que evaluar las distintas inteligencias, en diversos momentos del desarrollo evolutivo y llegar a la conclusión de que existe nula o escasa correlación positiva entre ellas.

La mera medición de actividades mentales y las comparaciones entre ellas, por ejemplo con análisis factoriales, parece mostrar más bien que hay una única inteligencia. Partiendo de matrices de correlaciones entre elementos de cada test, suelen correlacionar y bastante alto los elementos que utilizan el mismo tipo de código lingüístico: verbal, numérico, icónico... Al mismo tiempo correlacionan positivamente alto entre sí los diversos factores.

Existen multitud de mediciones psicométricas de factores de grupo, considerados como inteligencias independientes, que muestran altas correlaciones entre sí: por ejemplo entre los factores lingüístico (inteligencia lingüística), lógico (inteligencia lógico-matemática), espacial (inteligencia visoespacial) como para descartar la hipótesis de su independencia. Las demás inteligencias (interpersonal, intrapersonal, motriz, musical, ecológica, se han estudiado menos por parte de los psicólogos. Pero tampoco Gardner las describe como para: 1°) conocer su naturaleza, operaciones que demanda, tipo de códigos simbólicos que utiliza, 2°) medirlas con los test apropiados, 3°) declararlas como independientes sin correlación estadística significativa entre ellas.

Relacionando variables de habilidades mentales con técnicas factoriales, suelen correlacionar entre sí la mayoría con correlaciones muy altas y todas con correlaciones estadísticamente significativas. Por ejemplo en una muestra de 10.625 jóvenes de 1º a 4º de la *ESO*, de la batería de test *BADyG/M-r (Yuste, C. y otros, 2011-2019)*, las correlaciones entre las seis habilidades básicas van desde la mínima de 0,42 hasta la máxima de 0,84, *(tabla 3.3.2. Matriz de correlaciones)* y el análisis factorial de componentes principales se resuelve en tres factores, (*(tabla 3.3.2. Matriz de configuración)* que equivaldrían a tres de las inteligencias de Gardner. Los tres factores obtenidos correlacionan entre ellos de a un alto nivel *(tabla 3.3.2.......)* entre 0,61 y 0,69 *(tabla 3.3.2. Matriz de correlaciones de componentes)*. Hablar de inteligencia independientes parece muy poco compatible con estos datos. Más bien soportan la tesis de la existencia de una única Inteligencia General, IG *(tabla 3.3.1.)*

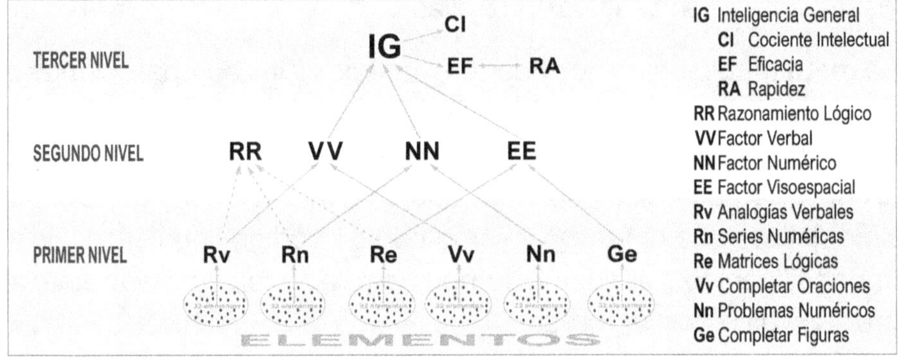

tabla 3.3.1. Estructura del conjunto de elementos baterías BADyG

El postulado "h" de que ***"debe manifestarse dentro de un sistema simbólico aceptado culturalmente"***, presenta muchas dudas en su misma expresión. Los principales sistemas simbólicos o códigos para captar información con contenidos son: 1) lingüísticos verbales, 2) numéricos, 3) visoespaciales, 4) gestuales no-verbales, 5) musicales.

Para las cinco primeras inteligencias de Gardner sí encontramos sistemas de códigos simbólicos específicos, pero para las demás inteligencias es discutible su existencia. Para las inteligencias corporal y kinestésica, interpersonal, intrapersonal, natural o ecológica, espiritual-filosófico-existencial, no encontramos un sistema simbólico específico. Comprobamos que cualquier inteligencia integra varios códigos, sobre todo los tres primeros nombrados anteriormente. También los

Muestra de 10.625 jóvenes
pertenecientes a 1º, 2º, 3º y 4º de ESO

Estadísticos descriptivos

	Denominación variables	N	PD mínimo	PD máximo	Media	Desv. típica
Rv	Analogías Verbales	10.625	0	32	18,65	6,332
Rn	Series Numéricas	10.625	0	32	17,54	6,666
Re	Matrices Lógicas	10.626	0	32	16,92	5,652
Vv	Completar Oraciones	10.625	0	32	19,17	6,608
Nn	Problemas Numéricos	10.625	0	32	15,94	5,390
Ge	Encajar Figuras	10.625	0	32	18,23	6,610

Matriz de correlaciones

	RvImpar	RvPar	RnImpar	RnPar	ReImpar	RePar	VvImpar	VvPar	NnImpar	NnPar	GeImpar	GePar
RvImpar	1,000	,774	,553	,544	,519	,545	,686	,677	,500	,532	,477	,454
RvPar	,774	1,000	,590	,580	,553	,575	,689	,696	,518	,557	,475	,475
RnImpar	,553	,590	1,000	,836	,563	,595	,576	,559	,623	,661	,477	,476
RnPar	,544	,580	,836	1,000	,576	,607	,566	,555	,626	,659	,477	,476
ReImpar	,519	,553	,563	,576	1,000	,741	,502	,502	,510	,538	,591	,573
RePar	,545	,575	,595	,607	,741	1,000	,529	,521	,530	,551	,596	,589
VvImpar	,686	,689	,576	,566	,502	,529	1,000	,774	,533	,548	,477	,475
VvPar	,677	,696	,559	,555	,502	,521	,774	1,000	,506	,535	,459	,471
NnImpar	,500	,518	,623	,626	,510	,530	,533	,506	1,000	,677	,428	,419
NnPar	,532	,557	,661	,659	,538	,551	,548	,535	,677	1,000	,468	,470
GeImpar	,477	,475	,477	,477	,591	,596	,477	,459	,428	,468	1,000	,749
GePar	,454	,475	,476	,476	,573	,589	,475	,471	,419	,470	,749	1,000

Matriz de configuración[a]
componentes

	1	2	3
Rv_Impar	-,017	,879	,028
Rv_Par	,058	,825	,034
Rn_Impar	,876	,036	-,011
Rn_Par	,889	,004	,007
Re_Impar	,272	,000	,628
Re_Par	,301	,030	,594
Vv_Impar	,046	,862	-,009
Vv_Par	,002	,895	-,011
Nn_Impar	,866	,011	-,063
Nn_Par	,818	,037	,006
Ge_Impar	-,110	,009	,960
Ge_Par	-,110	,010	,952

Método de extracción: Análisis de componentes principales.
Método de rotación: Normalización Promax con Kaiser.
a. La rotación ha convergido en 5 iteraciones.

KMO y prueba de Bartlett

Medida de adecuación muestral de Kaiser-Meyer-Olkin		,926
Prueba de esfericidad de Bartlett	Chi cuadrado aproximado	12142,237
	gl	66
	Sig.	,000

Matriz de correlaciones de componentes

Componente	1	2	3
1	1,000	,685	,642
2	,685	1,000	,613
3	,642	,613	1,000

Método de extracción: análisis de componentes principales.
Método de rotación: normalización Promax con Kaiser.

tablas 3.3.2. Analisis factoriales BADyG/M 1º a 4º ESO

encontramos para otras habilidades que, de momento, Gardner no considera inteligencias: para la actividad restauradora, en estrategia militar, para la habilidad del mecánico, para la habilidad del químico que trabaja en un laboratorio, para el jugador de ajedrez, para el arqueólogo..., etc..., etc.

Cualquier código lo utiliza la mente estableciendo relaciones significadas y los jerarquiza conceptualmente para poder manejar amplias realidades. Todos los podemos entender como operaciones similares relacionantes, abstractivas, conscientes.

Consideramos la teoría de la unidad de la inteligencia como mejor explicación, más consistente. Es evidente que debe explicarse cómo se aplica a diferentes dominios y con diferentes habilidades en algunos de ellos, pero la lógica de la explicación la consideramos mucho más consistente y con mayores evidencias probatorias. Las inteligencias de Gardner se integran fácilmente y con mayor acierto, explicando mejor muchos hechos, con las teorías de una única inteligencia que se activa con multiplicidad de códigos en multiplicidad de entornos.

Gardner encontrará muchísimas dificultades en operativizar, en probar empíricamente su propuesta. Incluso no creemos que siquiera se proponga esa labor. Es una propuesta que los psicólogos no se animarán a continuar, entre otras razones, por la extraordinaria dificultad de probarla, dada su dispersión conceptual. Si su propuesta logra motivar a los educadores a contemplar las múltiples posibilidades de desarrollo que tiene la persona humana habrá logrado también algo útil, pero no aclarará el concepto de inteligencia y a la larga se desechará como una construcción mítica más de un momento determinado.

Si complejo es el concepto de inteligencia, consideramos que multiplicamos la complejidad al hablar de al menos ocho inteligencias no relacionadas entre sí, por lo tanto conceptualmente diferentes. Hablar de ocho inteligencias deja abierto el camino a hablar de muchas más inteligencias, en una cuantía creciente que parece contradecir incluso nuestra consciencia personal que nos insinúa que tenemos una única integrando todas nuestras percepciones. El hecho de manifestarse en múltiples habilidades se explica mejor si nos referimos al uso de una única inteligencia con multitud de códigos simbólicos diferentes, con diversidad de problemas y situaciones a las que se aplica, con diversidad de situaciones de adaptación, pero una en su realidad esencial porque las operaciones básicas son las mismas, una actividad relacionante y abstractiva.

Es mucho más congruente con los datos experimentales el pensar en una única inteligencia y múltiples factores interrelacionados en un continuo de covariación heterogéneo y jerárquico *(Yela, M. 1976)*. Es más congruente una explicación más sencilla, más parsimoniosa. El matemático, el filólogo, el artista, el deportista, el músico, el restaurador, el actor, el filósofo, el científico que estudia el cosmos, el que estudia el cerebro, el que estudia los procesos de su propia mente..., etc., actúan con la misma inteligencia fundamental, de naturaleza relacionante, abstractiva, consciente, aunque se especialicen por el uso que hacen de ella, por los códigos simbólicos que más utilizan, por la parcela de realidad que pretenden conocer o modificar y con la que interactúan.

La actividad relacionante, abstractiva, consciente con que definimos la inteligencia, su naturaleza a escala atómica en interacción con los entornos y a escalas molecular y atómica en interacción con el cerebro es una única realidad. Lo único que cambian son los sistemas de codificar la información, con códigos verbales, códigos numéricos, códigos visoespaciales, códigos musicales, códigos kinésicos, fundamentalmente. La naturaleza de su actividad es la misma pero los entornos que estimulan los procesos mentales inteligentes, sí son realidades diferentes. No tendrían ningún sentido racional si no los elaborase la inteligencia, relacionando y abstrayendo conceptualmente para entenderlos en su globalidad. Las experiencias, sin inteligencias, serán sensaciones dispersas, sin lazos de unión significativos.

El mero hecho de tratar de definir la inteligencia nos ayuda a entenderla como una, aunque con inmensa multiplicidad de manifestaciones en la multiplicidad de entornos en que se desarrolla y con los que interactúa. Su unidad no está reñida con la pluralidad de conductas observables. Atendiendo a la multiplicidad de definiciones que la han tratado de describir a lo largo de la historia de la filosofía y psicología, mencionamos algunas en páginas anteriores. Captamos hilos conductores, que, a pesar de su complejidad la hace comprensible al menos como hipótesis teórica.

En nuestra definición pasa lo mismo. En su realidad asume tal riqueza aquilatada, que los conceptos con los que la denominamos se van asumiendo unos en otros, partiendo de los más generales. Por ejemplo el concepto de actividad supone que es una energía física muy compleja que al interaccionar con otras energías de alguna manera las interconexiona. Al relacionarlas las entiende conscientemente como todos. Al entenderlas las codifica significadamente como memoria. Las puede rememorar e impulsar su acción.

Gardner critica a la parcialidad que supone tratar de medir el *Cociente Intelectual, CI,* con una única puntuación,

Una estimación a base de meras observaciones y cuestionarios creemos que la haría muy subjetiva, poco científica en términos comparativos con una muestra representativa y muy costosa en tiempo y recursos. Al considerar las ocho inteligencias independientes seguiremos con la duda muy empíricamente sostenible de si la correlación entre las ocho inteligencias no implica la existencia de una Inteligencia General común a todas ellas, ya que Gardner acepta también que para destacar en cualquiera de ellas se precisa utilizar varias.

Estamos de acuerdo con Gardner en rechazar la medición del *Cociente Intelectual, CI,* considerada como la medición de la inteligencia *fluida*, inteligencia *A*, o el factor *g*. No se puede medir porque no creemos siquiera que exista como heredada biogenéticamente. No aceptamos entonces ese tipo de medición como una actividad que recibimos hereditariamente en un determinado nivel o cuantía sino como un *CI actual*, una medición del nivel intelectual medio como habilidad adquirida en interacción con entornos, sobre todo sociales y culturales. Consideramos que se debe medir como *IG* o *Inteligencia General actual, IG*, concepto más cercano al de Inteligencia cristalizada de Cattell, al mismo tiempo que se miden las dimensiones más básicas e importantes o factores que la configuran, con altas correlaciones entre sí. Esta medición nos permite actuar educativamente para estimular aspectos más deficitarios y achacables a interacciones previas poco adecuadas o excesivamente tardías con el entorno social y cultural.

El debate sobre si la inteligencia es una o múltiple parece tan inútil

120

como el debate antiguo de la humanidad sobre si había un solo dios o muchos dioses. La mejor explicación creemos que es la jerárquica, de una unidad que da sentido a una multiplicidad de funciones. La demostración empírica más persistentemente puesta de manifiesto es la correlación positiva entre diversos factores, diversas inteligencias según Gardner. La esencia de la inteligencia es ser una actividad relacionante, abstractiva y consciente. Actividad con diversidad de códigos lingüísticos: verbales, numéricos, visoespaciales, musicales, motrices, gestuales, lenguaje de signos..., etc. La concepción de una sola inteligencia es más económica. Conceptualmente explica mejor y más convincentemente la compleja realidad.

Podemos deducir que, si bien la medición del inexistente factor "g" la creemos inútil, la medición de habilidades básicas, en especial visoespaciales, verbales y numéricas será tremendamente importante, y cuando más tempranamente se haga, mejor, si se pretende detectar su progreso para estimularlo adecuadamente en caso de necesidad. La medición de estas habilidades es importante que se haga en edades escolares, al tener una mejor posibilidad de comparar y estimular. Las habilidades que se desarrollan posteriormente, en otros momentos del desarrollo biológico o incluso en edades adultas, van a ir necesariamente condicionadas en mayor o menor grado por estas habilidades básicas. Ya va a ser mucho más problemático medirlas comparativamente, porque se desarrollan en entornos mucho más dispersos entre los que puede no tener mucho sentido hacer comparaciones ya que no es posible hacer baremos con todas las poblaciones. No todas las poblaciones pueden pretender destacar o tener el mismo nivel de habilidades en el inmenso abanico de las que puede alcanzar la actividad inteligente humana.

Ferrero, M. y otros (2021), someten a análisis varios experimentos en educación infantil basados en la teoría de Gardner y concluyen que no hay ninguna evidencia científica robusta para aceptar el posible beneficio de implantar las ideas de Gardner en la escuela. Concluyen que será más eficaz seguir entendiendo la inteligencia humana como única, no "separada" en múltiples habilidades.

singularidad y unicidad
de la
inteligencia humana

(definición de síntesis)

Singularidad es un calificativo perfectamente aplicable a la inteligencia humana. Singular es algo único en comparación con realidades plurales conocidas. "Singularitas" sería su origen latino. Nuestro diccionario de la real academia lo define como 1) Cualidad de singular. 2) Distinción o separación de lo común.

Entendemos la **singularidad** de la inteligencia como algo **único**, **específico** de la especie humana, **especial** (por extraordinario), **no comparable con ninguna otra realidad** en la vida animal, vegetal o mineral. La singularidad de la inteligencia humana se remonta y esconde en su origen. Origen remoto y aún desconocido, pero como hecho cierto. Podemos hablar de él como el Big Bang de la racionalidad abstractiva, así como hablamos de la singularidad del nacimiento del universo, en su inicial teorizado Big Bang.

Pero hablar de la singularidad de la inteligencia humana no implica en absoluto defenderla como la suma perfección. La inteligencia humana tiene sus limitaciones importantes. Por ello la definimos como creadora de herramientas que la apoyan para conseguir objetivos de adaptación y modificación de sus entornos. Objetivos que por sí sola, sin esas herramientas no alcanzaría nunca.

La creación de herramientas es también un indicio clave para entender el alcance de su singularidad, El efecto, herramienta creada, indica desvela por razonamiento inductivo la naturaleza de los procesos causales que las hacen posible.

Necesitamos formular hipótesis que expliquen, de la mejor manera posible, sus interacciones, observando fenómenos perceptibles La actividad mental intelectiva no podemos percibirla directamente en tiempo y a escala reales. Tendremos que definirla por los fenotipos que nos ofrece provocados por su actividad. Fenotipo conductual o conductas inteligentes observables directamente como consecuencia o efecto de su actividad. Actualmente también su fenotipo neuronal visible con herramientas de neuroimagen al alcance especialmente de los neurocientíficos. También por las herramientas creadas para lograr objetivos deseables.

Interactuando entre ambas realidades (entornos y memoria) se expande desde su aparición o nacimiento y evoluciona en procesos cuyos límites no podemos ni imaginar. De la inteligencia humana podemos hablar de una evolución progresivamente acelerada, como se entiende actualmente el big-bang del universo. Incluso podríamos hablar de una creación de herramientas progresivamente acelerada y progresivamente compleja.

Habrá quien incluso niegue la mera posibilidad de definir la inteligencia y por lo tanto reconocer su posible singularidad. Por ejemplo Horn (1988, pg. 111): *"la inteligencia no es una entidad unitaria en modo alguno. Por tanto los intentos por describirla son casi inútiles"*. Este mismo autor nos deja un resquicio abierto al hablar de intentos *"casi inútiles"*. Tratar de entender el Big Bang de formación del universo también podríamos calificarlo de intento casi inútil, puesto que no sabemos nada empíricamente observable sobre su origen y primeros momentos de su evolución.

Nos extendemos en la explicación del concepto de inteligencia, a) porque la inadecuada denominación aplicada a artificios o herramientas se basa en su desconocimiento. Se utiliza metafóricamente como análogo cuando hay enormes e insalvables diferencias entre ambas

124

realidades, b) por la propia enorme complejidad de la IH y que, a pesar de eso, se utiliza muy comúnmente sin saber qué es. Es muy difícil de entender incluso para expertos, hasta el punto de que no existe unanimidad o consenso suficientemente generalizado.

La Inteligencia Humana *(definición y figuras 4.1., 4.2. y 4.3.)*, interacciona con entornos y cerebro a escalas atomísticas y moleculares (incluso subatomísticas). Son interacciones minúsculas y delicadas, permitiendo interconexiones creativas, combinaciones con matices "infinitos". Se van descubriendo mecanismos moduladores de la plasticidad cerebral como los exosomas biomoleculares, microARNs *(Lee y otros, 1993; García y otros, 2022)*, en número incalculable, de gran diversidad, que intervienen en los mecanismos biológicos intersinápticos y que cambian cada día. La inteligencia humana es semánticamente consciente de lo que conoce y memoriza con sus códigos lingüísticos fonémicos, grafémicos.

Esta consciencia lleva a desear y/o rechazar aspectos conocidos en sus experiencias. El deseo le impele a tratar de resolver los problemas que se interponen y reconocidos como problemas reales. Reconoce y evalúa progresos, estancamientos o alejamientos en su búsqueda. Recurre a su memoria o a otras fuentes de memoria como la escrita colectiva, para obtener datos reelaborando activa y constantemente sus redes neuronales con nuevos conocimientos y experiencias. Inventa herramientas y procedimientos nuevos progresivamente complejas. Herramientas tanto de acción como algoritmos matemáticos para dominar todos sus entornos, tanto socioculturales como fisicoecológicos.

El verdadero problema al tratar de definir la actividad inteligente, reside en que es una realidad enormemente compleja y en que su actividad e interacciones con entornos y cerebro no pueden ser observadas directamente, en tiempo y a escala reales, dadas sus intrincadas interacciones atomísticas (subatomísticas también) y moleculares entre los entornos estimuladores y los procesos bioquímicos neuronales.

Pero al mismo tiempo es importante definirla ya que es la realidad

Definimos **Inteligencia Humana, IH**, como:

Actividad (energía), **relacionante, abstractiva, consciente. Actúa impulsada por una curiosidad natural innata. Elabora información al interaccionar con sus entornos**, en especial con los sociales y culturales. **Aprende lenguajes semánticamente significados** a base de códigos icónicos, kinesias noverbales, fonemas y grafemas, observables y mensurables en sus expresiones fenotípicas conductuales. **Trata de explicar el sentido racional de lo que observa, incluída su propia identidad**, desde sus intrincadas interacciones intracraneales con entornos y neuronas. **Los descubrimientos de IH y las herramientas que fabrica,** desde el primer hacha hasta los actuales chatbots y chatGPTs, **permiten elaboraciones más abstractas y complejas, más creativas**, al observar y manejar realidades cada vez con mayor resolución micro y macroscópica. **Se adapta y trata de dominar sus entornos,** al entenderlos como acomodables a sus deseos. **Decide eligiendo entre alternativas y/o procedimientos de acción**, al poder prever posibles consecuencias futuras. **Dirige sus propios recursos para resolver los problemas** que se interponen a sus necesidades básicas, deseos e intereses heredados y adquiridos. **Estructura el conectoma neural**, codificando los aprendizajes como memoria temporal. **Reestructura su conectoma cíclicamente** al decodificar y volver a codificar aprendizajes en nuevas experiencias, a lo largo de toda la vida.

No podemos extendernos sobre esta definición. Se puede consultar:
(Yuste, C. y Yuste, D., 2023a): *"Nuestra inteligencia, entre entornos y neuronas"*.

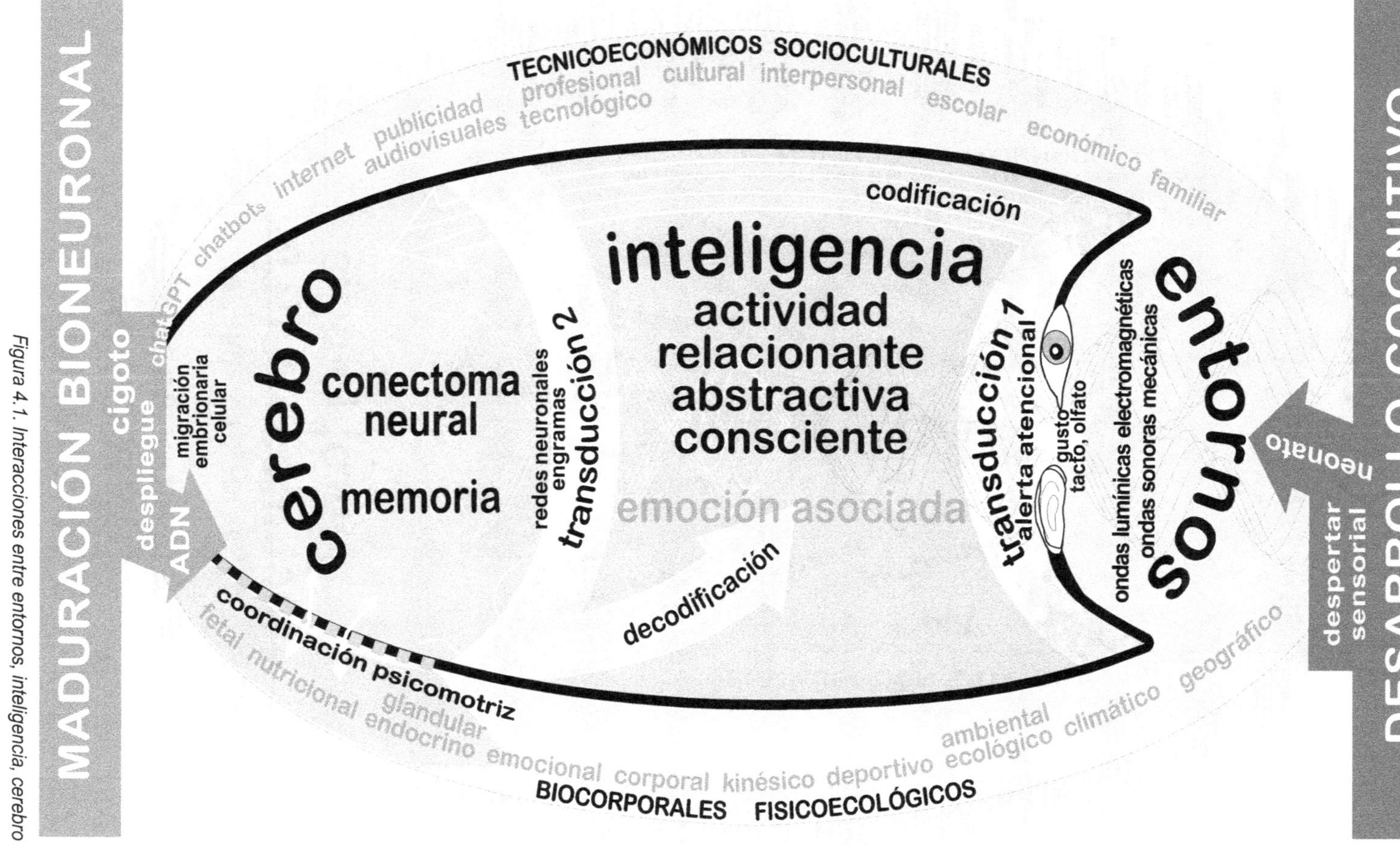

Figura 4.1. Interacciones entre entornos, inteligencia, cerebro

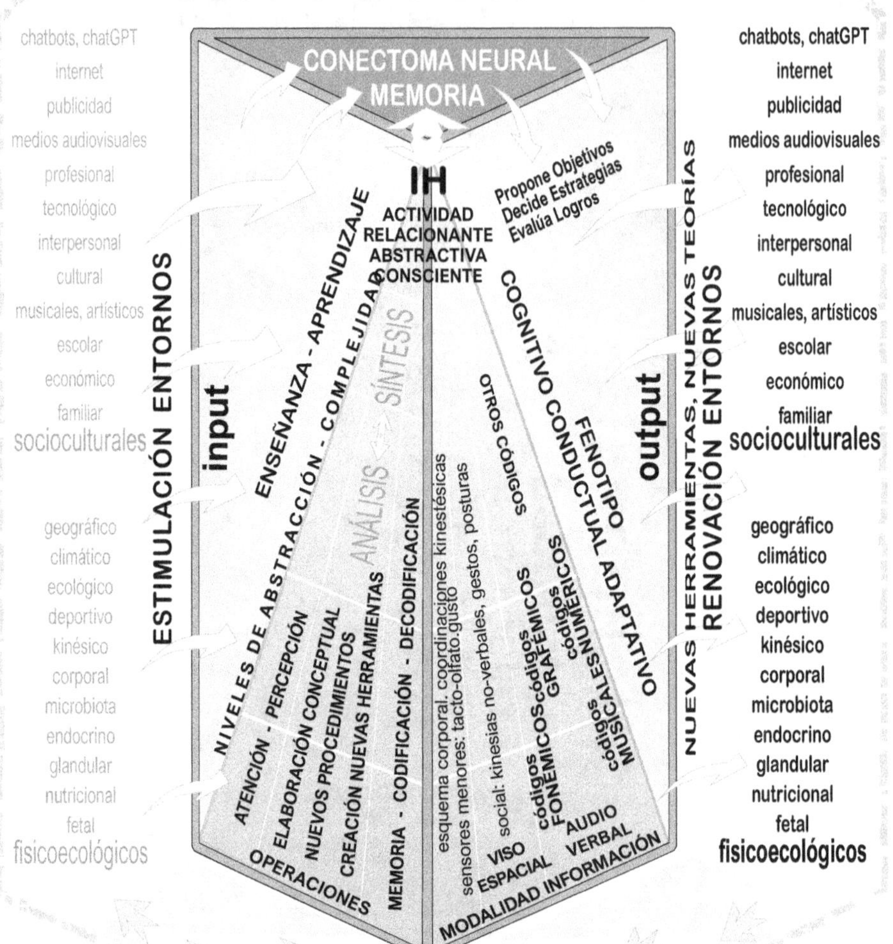

Figura 4.2. Arquitectura de la inteligencia

128

que más nos diferencia de otras especies animales. ¿Cómo no va a ser importante conocer la realidad que a su vez nos permite conocer, definir cualquier otra realidad, hipotetizar sobre todo lo que percibimos, crear herramientas que permitan fabricar y usar adecuadamente para a su vez dominar los entornos en los que de desarrolla? Todas las ciencias humanas utilizan la inteligencia para poder avanzar en sus conocimientos. La psicología, como ciencia cuyo objeto principal es conocerse, no debe desentenderse o sentirse cómoda sin abordar su conocimiento.

Aunque no podemos observar directamente en tiempo y a escala reales la actividad inteligente, sí podemos hipotetizar su más probable naturaleza analizando sus productos, las conductas que la reflejan, las herramientas que fabrica. Con ello podemos tratar de integrar las funcionalidades observadas en sus interacciones con otras realidades intra y extracraneales. Dada la velocidad con la que ocurren las interacciones y que percibimos como instantáneas, debemos hipotetizar las funcionalidades más relevantes de cada realidad al tiempo que un orden de ocurrencia racionalmente explicativo de sus productos observables.

Así, como en los entrelazamientos cuánticos, la inteligencia podrá tener varios estados, varias localizaciones temporales según cuándo la podamos observar. Considerar que algo pueda ser y estar al mismo tiempo en lugares diferentes como a veces hemos escuchado en relación a los "milagros" que algunos atribuyen la mecánica cuántica, nos parece "mágico" y acientífico. Vulnera todas las leyes físicas y bioquímicas. conocidas. Vamos a tener que pensar que se trata de relaciones a distancia local y/o temporal, cuya actividad puede aparecer o desaparecer en experiencias diferentes.

Podemos incluso entender analógicamente dos Big Bang (inicio del universo e inicio de IH, como en expansión constante. El Big Bang cognitivo se difunde en grupos sociales diferentes, creando fonemas, grafemas, iconos visoespaciales muy diferentes aun cuando la naturaleza del significado codificado sea muy similar en los diferentes grupos separados temporal o espacialmente. Incluso podemos entender que ambos se dispersan con velocidad acelerada. En el Big Bang cognitivo van apareciendo o se van creando herramientas cada vez más sofisticadas en procesos de aceleración continua tanto temporal como espacialmente.

Ambos Big Bang son únicos, no tenemos conocimiento de ninguna realidad similar a ninguno de ellos. Podríamos elucubrar sobre otros acontecimientos similares, otros Big Bang en otros universos paralelos, otros Big Bang, en otras especies animales, en otras galaxias pero de ninguno tenemos en absoluto un conocimiento empírico actual. El Big Bang de estas realidades singulares permite hipotetizar sobre la naturaleza de otras realidades futuras causadas desde y por la singularidad de cada Big Bang.

Hemos llegado a crear los actuales chatbots y chatGPTs basándonos siempre en anteriores herramientas. Herramientas tan evolucionadas y complejas que parecen confundir sus posibilidades de acción "generando productos" que parecen "competir" con las realizaciones directas de IH y en algunos aspectos con evidentes ventajas, por ejemplo en cuanto rapidez de gestionar datos. Las producciones pueden mejorar en rapidez y seguridad en operaciones de cálculo, pero manejan productos previos siempre creados y dirigidos por IH. Al denominarlos IAs les convertimos en verdaderos "influencers" que encandilan publicitariamente a través de las redes sociales. Les vestimos con un ropaje real artificioso, suplantan la verdadera autoridad máxima de IH y arrasan en ventas con una presencia maquillada e ilusoriamente inteligente como la propia IH.

Ambas realidades singulares, la físico-química y la cognitiva mantienen estrechas y constantes interacciones. Los entornos físicos aparecerán siempre como causa material de las herramientas creadas desde la cognición. Los entornos físicos siempre han estimulado la creación de la vida, entre ellas de la vida que a su vez sostiene la actividad cognitiva autónoma. Podemos asegurar que sin entornos físicos no podría existir la singularidad cognitiva. Pero sin la cognición, no podríamos explicar ni comunicar nada de lo que denominamos entornos físicos. La aparición de la singularidad del Big Bang de la física, propicia la aparición del Big Bang singular cognitivo.

130

Debemos definir la inteligencia porque nos permitirá explicar el porqué de sus manifestaciones como productos observables. A todas las ciencias les deberá importar acertar lo mejor posible en esta definición, porque se trata de una realidad que utilizan constantemente en sus proyecciones hipotéticas. Si la inteligencia no existe o es indefinible, ¿cómo se podrá sostener la realidad afirmada por cada ciencia sobre lo que se quiere empirizar? ¿O todo son meras ilusiones, fantasmas perceptivos?

Tendremos que hipotetizar la inteligencia de manera que se puedan explicar las realidades empíricas o fenómenos que sí podemos observar, los fenotipos tanto conductuales como neuronales. Tendremos que mejorar la conceptualización cuando encontremos otra que explique mejor los fenotipos empíricamente observables o cuando encontremos herramientas que observen mejor las interacciones hasta ahora latentes. O si desde la neurociencia o la física se avanza en conocimiento empírico de sus recónditos y aún inexplorados misterios.

Queremos también desmontar un insidioso intento por considerar los chatbots y chatGPTs actuales como una nueva singularidad inteligente a tener en cuenta, aunque se califique con otra adjetivación: Inteligencia Artificial, IA. Más que tratar de encontrar analogías con la Inteligencia Humana, IH, parecen aseverarse analogías profundas, revistiendo de IH una herramienta creada por ella, por el mero hecho de que "parecen" tener la capacidad de confeccionar algo parecido a lo que puede hacer IH. Pero sin ahondar en que es IH quien crea los programas informáticos y algoritmos que dirigen determinísticamente la proclamada como IA.

Tratamos de definir lo mejor posible la naturaleza de ambas realidades. Tratamos de conocer la naturaleza de IH como propia y específica del ser humano y las IAs como herramientas creadas por IH. Herramientas que desde que apareció la actividad inteligente humana, siempre vienen siendo creadas por IH, para mejorar sus posibilidades de dominar y conocer mejor los entornos. Los chatbots y chatGPTs, sus productos, son de naturaleza muy diferente comparándolos con las creaciones de IH, aunque algunos resultados pueden ser más rápidos y/o seguros ante tareas peligrosas para la directa intervención de IH.

131

Publicitariamente parece exitosa la venta de chatbots y chatGPT como inteligencias similares a la humana, dado el gran "prestigio" y universal aceptación de la singularidad inteligente de la especie humana. La publicidad parece obviar "entretenerse" en la explícita definición de que se entiende por "inteligencia", su naturaleza, porque posiblemente sería perjudicial para sus intereses al desvelarse la relación analógica tan débil que mantienen.

La imposibilidad actual de percibir en su microscopía las interacciones a escala y en tiempo reales entre las cuatro realidades o sistemas que interactúan con la actividad inteligencia nos permite, creemos que con más posibilidad de veracidad, entenderlos como entrelazamientos cuánticos. Entrelazamientos que para algunos físicos podrían explicar la consciencia humana *(Paul-Antoine Moreau y otros, 2019)*. Desde luego que para las inteligencias artificiales no hemos encontrado ninguna explicación seria desde la neurociencia bioquímica, ni desde la física relativista, ni desde la mecánica cuántica.

Agostini, Krausz y L'Hellin obtienen el premio Nobel de Física de 2023 por experimentos que permiten observar empíricamente algunos movimientos de pulsos de luz en un espacio temporal de trillonésimas de segundo. Bawendi, Brus y Ekimov, obtienen el Premio Nobel de Química 2023, al observar lo que denominan puntos cuánticos a escala nanométrica, cambian de color desde el azul de los pequeños al rojo de los mayores.

Poder observar en tiempo y a escala reales los movimientos de interacción en el cerebro entre estímulos (a escala atomística, subatomística) y actividades biomoleculares (a escalas moleculares) falta un abismo, que por ahora consideramos insalvable. Sabemos que existen esas actividades de interacción intracraneales. Pero no tenemos más remedio que hipotetizar su funcionalidad activa basándonos en efectos fenotípicos en conductas cognitivas en los procesos de aprendizaje y en neuroimágenes en redes neuronales, a escalas todavía macromoleculares. Observar, empirizar perceptivamente las actividades intracraneales en tiempo real es imposible sin parar la vida, matar la actividad que queremos explicar.

132

En física podemos hacer observaciones cuánticas en la materia atómica del mundo físico que es una materia inerte (sin vida consciente), aunque activa. Pero observar esa vida consciente en el cerebro implica desafíos éticos que nos parecen insalvables (por el momento). En el mundo de la física se van creando herramientas que se usan para demostrar, empirizar, la existencia de nuevas partículas, por ejemplo con los túneles aceleradores de partículas, haciendo colisionar los átomos a velocidad cercana a la de la luz.

El conocimiento del cerebro, con actividades químicas y físicas, se potenciará siempre que se avance en alguna de las dos ciencias. El conocimiento de IH debe esforzarse por armonizar la física con la química, a menudo estudiadas por separado como ciencias diferentes, con leyes diferentes, como realidades diferenciables, pero necesariamente relacionadas. Se nos exigirá una integración conceptual de ambas, ya que la realidad total es una y "todo se relaciona con todo". La actividad inteligente mediadora entre la actividad estimular física y la actividad bioquímica cerebral puede ser un modelo para lograr integrar, relacionando dos realidades aparentemente muy diferentes.

La singularidad de la inteligencia podemos denominarla "nuestra mágica herramienta". No podemos aceptar remedios mágicos para resolver problemas, pero sí sabemos que la inteligencia, aplicándose a ello, es capaz de resolvernos muchísimos de los problemas que se nos plantean. Podremos hipotetizar qué y cómo es para posibilitar la resolución de problemas muy variados.

La persona no es una mente pensante a estilo cartesiano, prácticamente separada de un cuerpo. Es un cuerpo vivo que siente y piensa a la vez, que nace con un curiosidad para asimilar el mundo que le rodea y que mantiene con ese mundo una relación más o menos armoniosa, más o menos tormentosa como resultado de su propia actividad inteligente por la que puede sentirse satisfecho o frustrado. Estas sensaciones permanecen en la memoria asociadas a la actividad que las provocó y vuelven a recordarse al afrontar circunstancias similares.

Asentamos conocimientos y emociones adquiridos en la memoria como conectoma o conjunto de conexiones interneuronas, sostenido por su actividad electromagnética y química. Conectoma neural que sirve a su vez de constante retroalimentación en nuevas experiencias y nuevas interacciones con entornos nuevos o renovados.

Representamos la actividad interna de la inteligencia en sus operaciones más básicas y la verbalizamos con diversos códigos lingüísticos. Desarrollamos lenguajes oral (fonético) y escrito (grafémico) con códigos lingüísticos a los que asociamos las relaciones y abstracciones de la actividad inteligente y que mantenemos en mecanismos bioquímicos neuronales.

Presentamos una definición de la inteligencia humana que enmarcamos como una teoría general de la actividad inteligente con sistemas que interaccionan profusamente entre sí: el sistema estimulador, fisicosocial, el sistema intelectivo consciente con su sistema emocional asociado y el sistema bioneuronal memorizador. Sólo una comprensión de las funcionalidades y posibilidades de interacción de cada sistema con los demás puede hacernos entender qué es la IH.

Encontramos el conocimiento humano encerrado en tiempo y espacio entre dos singularidades cuyas causas no podemos aún evidenciar empíricamente: nacimiento de la Inteligencia y origen del universo.

Las actividades mentales relacionantes, abstractivas y conscientes, interaccionan con la física de los entornos y la bioquímica del cerebro a escalas atomísticas (incluso subatomísticas) y moleculares. Su actividad integra inmensas cantidades de información de las realidades con las que se conectan. Su consciencia, consecuencia de un conocimiento global, conceptualmente abstracto, a su vez, posibilita desear lo que entienden como útil y positivo. La creatividad y la emocionalidad del ser humano son imposibles para máquinas fabricadas que únicamente repiten lo que los artificiosos algoritmos humanos le permiten. Las máquinas no "saben" si se equivocan o aciertan, solo quien las maneja puede evaluar sus resultados.

En una definición inicial muy abreviada, entendemos la inteligencia **como el conjunto de procesos reactivos fisicoquímicos intracraneales que codifican significadamente la información proveniente**

de los entornos extracraneales, manteniendo sus elaboraciones como memoria en sus redes neuronales y decodificándolas para volver a interactuar ante nuevos estímulos de los entornos. El mero hecho de tratar de definir la inteligencia nos ayuda a entenderla como una, aunque con una multiplicidad inmensa de manifestaciones conductuales en los diferentes entornos en que se desarrolla y con los que interactúa. Su unidad no está reñida con la pluralidad de conductas observables. Si atendemos a la multiplicidad de definiciones que la han tratado de describir a lo largo de la historia de la filosofía y psicología (algunas las mencionamos en pgs. anteriores), captamos siempre algún hilo conductor para hacerla comprensible al menos como realidad latente.

Tenemos que considerar las variables necesarias intervinientes (estimulación de entornos, actividad inteligente abstractiva, cerebro memorizador) como variables "latentes". Son variables necesarias, pero no directamente observables en su dinamismo en tiempo real. Debemos diferenciar las estrechas interacciones entre realidades que interactúan funcionalmente. Los cuatro sistemas o variables intervinientes son imprescindibles. Los cuatro sistemas con actividad que se "dispara" al mismo tiempo (instantáneamente en nuestra percepción), pero necesaria y racionalmente comprensibles en una secuencia temporal. Los cuatro íntimamente interconectados en procesos de transducción de energía, de información, pero que debemos diferenciar en sus complejísimas interacciones para obtener una conceptualización adecuada de sus diferentes funciones *(definición y figuras 4.1. y 4.2.).*

a) **Entornos fisicoecológicos y socioculturales, en su función inicial estimuladora de la actividad mental y cerebral.** Estimulación previa a las otras dos variables. b) **Actividad inteligente, en su función de elaboración de significados conscientes** interactuando y mediando al codificar y decodificar la información semánticamente rica. Empieza en el momento del nacimiento de la persona, c) **Emocionalidad asociada a conocimientos y experiencias con sentido de finalidad.** d) **Cerebro bioneuronal, en su función de mantenimiento en el tiempo de los conocimientos, procedimientos y emociones previamente generados** y estructurados en el conectoma neural. Empieza su proceso madurativo en el despliegue neural del embrión humano.

No bastan los avances neurobiológicos, el conocimiento de la actividad neuronal intracraneal para descifrar el sentido del conexionismo, de la formación de tupidas redes interconectadas. Es preciso entender las estimulaciones desde los entornos extracraneales, en especial de los sociales y culturales.

Debemos entender la actividad inteligente en sus procesos de doble interacción (transducción) entre entornos y neuronas cerebrales. La actividad inteligente interacciona con entornos relacionando, abstrayendo información y a su vez con la actividad cerebral, depositando, como una huella, en sus redes electromagnéticas interneuronas y químicas sinápticas, los conocimientos, procedimientos y emociones asociadas, como aprendizajes codificados auditiva o icónicamente.

La neurociencia, activando directamente diversos áreas o incluso redes neuronales específicas, jamás podrá conseguir conductas complejas conscientes con riqueza semánticamente significada. No obtendrá conductas que puedan a su vez modificar los entornos siguiendo una intencionalidad consciente, deseada como finalidad. Sí podrán actuar para mejorar las bases moleculares neuronales deterioradas por enfermedad, daño traumático o quirúrgico que permitan una correcta actividad relacionante y abstractiva cognitiva. La memoria es mantenimiento, en las redes y conexiones sinápticas estimuladas, de los productos de interacción entre ambas actividades.

La interacción entre actividad mental y sus entornos, a pesar de la mayor dificultad de observación en tiempo real es absolutamente necesario entenderla, aun cuando tengamos que acudir también a hipótesis conceptuales por el momento imposibles de empirizar. Incluso podemos hipotetizar que su conocimiento es más importante para entender la especificidad de la especie humana. También es la actividad más compleja, integrando realidades físicas y químicas en su más específica actividad relacionante y abstractiva consciente. Las interacciones entre estas cuatro realidades, serán las que nos den las claves del desarrollo cognitivo.

Debemos entender y diferenciar dos grandes pilares en los que se

136

asienta el desarrollo humano y el de sus conductas. Queremos denunciar como herencia empecinada considerar la inteligencia como bioquímicamente heredada con el código genético. Las teorías evolucionistas de Darwin encandilaron a la psicología hasta el punto de preasumir que las conductas cognitivas también tenían que atenerse a las mismas leyes de herencia evolutiva biogenética:

1. **El proceso de maduración corporal** fundamentalmente bioquímico, en cuyos equilibrios se consigue la salud física y que se despliega a partir del *ADN* desde la concepción. La medicina le estudia de manera especial y atiende a mantener esos equilibrios actuando con fármacos (química) y a veces con cirugía más radicalmente invasiva.

2. **El desarrollo cognitivo**, en interacción inicialmente con sus entornos físicos recibe ondas electromagnéticas y ondas sonoras, acompañadas de estímulos sociales verbales, gestuales, no-verbales, que inducen determinados significados. Así el neonato relaciona y abstrae información sobretodo creando códigos verbales, numéricos y visoespaciales, con consciencia de los significados que adquieren, comparando, clasificando, emitiendo hipótesis sobre regularidades de cambio, resolviendo problemas o dificultades que le impiden obtener algo significadamente deseado. Imitan conductas, se proponen metas. Captan señales sonoras, visuales, kinésicas en especial desde los entornos sociales y culturales con intencionalidad significante.

Apreciamos cierto servilismo interesado en parte apreciable de la psicología, rindiendo vasallaje a la neurociencia, en especial después de la aparición de las teorías evolucionistas de Darwin. En el nacimiento de la inteligencia como disciplina científica se acepta la aparición de las conductas cognitivas haciendo hincapié en su relación con el mayor empirismo bioquímico de la naciente neurociencia. Parecen rehusar definir qué sea la inteligencia por la dificultad de superar atavismos todavía latentes de una supuesta inmaterialidad imposible de empirizar. La psicología parece preferir abstenerse, dando alas a la visión desde supuestos solo bioquímicos y revistiendo la inteligencia, sus operaciones con ropajes y herencias biogenéticas. La neurociencia parece llenar su espacio con nuevas disciplinas afines como la neuropsicología, la neurofilosofía.

Muchos psicólogos, no parecen querer entrar de lleno en la verdadera naturaleza de la actividad inteligente cognitiva, en su actividad relacionante, abstractiva y consciente, reconociendo una singularidad que requiere explicaciones, procesos y desarrollos propios diferenciables de los bioquímicos, aun cuando en íntimas e intensas interacciones mutuas. Creemos que domina aún un profundo atavismo conceptual no bien superado. La psicología a veces parece sentirse más cómoda dejando a la neurociencia que resuelva sus profundas dudas al respecto y que sea quien se pronuncie incluso sobre las causas de posibles trastornos cognitivos, como los disléxicos. Todo ello se está pagando con una persistente duda, con imprecisiones y errores de tratamiento, que parecen ya estar perdurando durante demasiado tiempo.

3. **Emocionalidad asociada al conocimiento consciente** en las experiencias que se vivencian. La consciencia o reconocimiento racional de lo que se conoce y experimenta provoca necesariamente deseos o aversiones asociados a esas experiencias. Actualmente se habla mucho de una inteligencia emocional como si se tratara de otra inteligencia diferente. La emoción no es inteligente, ni la inteligencia es emoción. Se trata de dos variables diferentes, pero que interaccionan muy estrechamente.

Cuando reconocemos algo como positivo, agradable, surge el sentimiento o emoción positiva. En el futuro va a desear volver a recordar o experimentar las mismas experiencias. Se supera el inicial miedo prudente que se tiene (herencia natural), al enfrentarse a situaciones nuevas. En cambio si el encuentro con una realidad, su experiencia es negativa va a tratar de esquivar en el futuro ese tipo de experiencias.

4. **Mantenimiento temporal de los conocimientos y procedimientos en la memoria,** en conexiones neurológicas. Su actividad relacionante reutiliza conocimientos, procedimientos y deseos rememorando y reconstruyendo constantemente el conectoma neural, avanzando indefinidamente en ese conocimiento de la realidad a la que puede acceder a través de los sentidos *(figura 5.1.3.).*

Será de suma importancia determinar si las interacciones alteran de alguna manera el ADN nuclear o solamente se adsorben (se instalan

138

adhiriéndose superficialmente en la membrana celular y/o interactuando con alguna sustancia del citoplasma). Ahora se conoce mucho mejor la diferente funcionalidad del núcleo genómico con sus 46 pares de cromosomas conformando el ADN y las funciones también activas de otras partes de las especiales células neuronales. La membrana neuronal es elástica, permeable a algunas sustancias, interactúa activamente aislando la zona nuclear, pero permitiendo interacciones con el soma plasmático.

Parece que la epigenética tiene amplias razones para entender el dinamismo celular neuronal en interacción con los entornos explicando cómo se forma el conectoma neural, cómo puede cambiar constantemente sin afectar al núcleo genómico celular. En la figura 4.1. queremos representar esquemáticamente esta realidad. No entramos en descripciones neuronales detalladas, que podemos encontrar fácilmente en internet. La descripción exacta de lo que ocurre en las interacciones no puede hacerla ni la neurociencia con sus poderosas herramientas de neuroimagen, teniendo que acudir a hipótesis aún sin comprobar fehacientemente.

La neurociencia ya sostiene como un hecho la realidad de las teorías conexionistas, el hecho de la existencia de "engramas", "redes" que configuran el "conectoma neural" en procesos de actividad bioquímica y electromagnética intersináptica neuronal. La información elaborada y reconocida con significado conceptual por la actividad mental en su interacción con los entornos, se asienta como memoria temporal en las redes neuronales, provocando su interconexión en delicados mecanismos aún por descubrir y poder observar en el preciso momento de su activación. La significación semánticamente consciente no puede ser exclusivamente de origen genético. La memoria parte de estimulaciones desde entornos y se codifica en niveles o momentos de temporalidad: Memoria de Trabajo, MT, a muy corto plazo; Memoria a Corto Plazo, MCP; Memoria a Largo Plazo, MLP. Los entendemos como niveles de profundidad activa y en una jerarquía temporal.

Desde el conectoma neural podemos decodificar información para volver a procesarla, relacionándola con nuevas informaciones desde los entronos. Se puede acceder a MCP para intercambiar información en la MT e integrarla con la nueva. Así volvemos a codificar la información con cambios provocados por la actividad inteligente ante nuevos estímulos y memorizados en el conectoma neural. No es la biomaduración del cerebro quien crea el pensamiento con significado racional, sino quien lo "aprende y lo mantiene" en sus complejos mecanismos bioquímicos memorizadores. No aprende pasivamente, como lo hace el disco duro de un ordenador, no es mero almacén de la memoria. Memoriza activando mecanismos bioquímicos muy complejos y plásticos para incorporar los aprendizajes codificados en tupidas conexiones. ChatGPTs utilizan como base de datos, la ingente cantidad que IH ha venido creando a lo largo de la historia de la humanidad.

En expresión de Alonso y Alonso explicando de la cognición a partir de la genética: "El cerebro no puede compararse a una tabla rasa sobre la que escribimos nuestra existencia, porque las características de esa tabla, el material de que está hecha, su grosor y su resistencia equivalen al programa genético sobre el que se sobreponen y se anotan todas nuestras vivencias. Por lo tanto el destino, la vida, está por escribir, pero el material sobre el que escribimos lo aportan nuestros genes". Cerebro, actividad mental y estimulación de entornos coinciden en que son realidades materiales que interactúan, a escalas moleculares y atomísticas.

Conceptualizar las interacciones entre cerebro, inteligencia y entornos tratando de entender las realidades cognitivas exclusivamente desde una sola o dos de estas realidades nos aboca a falsear, desintegrar o confundir la verdad causal de los procesos tanto bioquímicos como cognitivos.

La actividad abstractiva de IH está orientada a predecir nuevos eventos al poder formular leyes inductivas que los prevengan o permitan predecir hipotéticamente, además de comprender mejor la realidad. Finalmente su actividad intelectiva le permite acomodar la misma realidad a sus necesidades, introduciendo cambios en el ambiente fisicoecológico y sociocultural, muchos de los cuales le sirven a su vez de nuevas herramientas para observar mejor aspectos del entorno antes inaccesibles a sus sentidos: tacto, oído, vista, olfato, gusto, equilibrio y hasta del sentido común que sigue ya a un procesamiento

140

selectivo integrador de la información proveniente desde varios sentidos captando sus entornos.

Definir lo mejor posible IH es importante, por la implicación en la mayoría de problemas más inmediatos, entre ellos los de relaciones humanas, que tanto influyen en la adaptación social como entorno también constantemente cambiante. También es importante porque la utilizamos para cualquier desarrollo que denominemos científico, formulando filosóficamente las primeras hipótesis ante fenómenos no explicados. Su extraordinaria complejidad de entender la actividad que entiende, hará más difícil hacerlo, pero no menos útil y hasta necesario para el propio hombre para poder formular hipótesis que expliquen nuestras percepciones de la mejor y más probable manera.

Muchos desarrollos científicos van a depender de una buena definición. Por ejemplo nosotros defendemos la hipótesis de etiología de los trastornos disléxicos como causados por una Asincronía Fonémico-Grafémica, AFG, durante los procesos de aprendizaje lector *(Yuste, C. y Yuste, D., 2023a)*. Asincronía que se instala en la memoria como disincronías en espacio y tiempo (trastornos disléxicos) que dificultan y ralentizan los procesos de rememoración de lo aprendido. Tratando de explicar la dislexia solo o casi exclusivamente visionando el fenotipo neuronal, llegamos a un callejón sin salida, a una situación de puzzle irresuelto y posiblemente irresoluble sin cambiar el punto de vista metodológico para entenderla.

Ya vimos *(apartado 1)* que IH no ha dejado de inventar y mejorar actualizando constantemente las herramientas que va reconociendo como útiles para conocer y dominar sus entornos, primero en ámbitos geográficos limitados, luego en relación a la tierra y ampliados al universo visible microscópico y macroscópico.

IH no se conforma con aceptar las experiencias sensibles concretas y basarse en ellas para acomodar su conducta, como hacen todas las demás especies animales. Su lenguaje en intercomunicación social le ha permitido preguntarse siempre por las causas profundas de los fenómenos que puede observar.

Para lograr apaciguar esta curiosidad natural de interactuar con sus entornos, desde su sociabilidad, va descubriendo e inventando herramientas físicas y lógico-matemáticas. Los descubrimientos que realiza son fruto de esa inquietud. Ningún animal descubra nada significativo para explicar causalmente lo que ocurre a su alrededor. Tampoco lo haría el hombre si no alcanzase significados relacionando muchos de los eventos, comparando, clasificando la realidad, usando un lenguaje abstractivo cada vez más complejo. Cuando en la historia de la humanidad hablamos de descubrimientos por "casualidad", tenemos que reconocer que esa "casualidad" no existe si no va acompañada de una búsqueda significada de lo que se observa. La realidad también es mucho mas compleja de lo que los hombres pueden siguiera imaginar con los conocimientos que se tienen cada vez históricamente. Y ocurre que a veces topan con un aspecto de la realidad que no habían ni siquiera imaginado ni hipotetizando acerca de su existencia.

Los primeros e importantes inventos son los sistemas de códigos simbólicos que le permiten consciencia semántica para desear intencionalmente. Así fue inventando códigos lingüísticos verbales (fonemas y grafemas), numéricos, icónicos, para reconocer la cada vez más intrincada complejidad de la realidad. También inventa herramientas físicas para actuar y/o percibir mejor la realidad de sus entornos. Sus esfuerzos han estado dirigidos inicial y preferentemente al conocimiento y dominio de la realidad exterior a su propio pensamiento.

Tendremos muy en cuenta que la actividad inteligente que inventa, maneja y actualiza o mejora las herramientas, siempre es una actividad natural, actividad singular intracraneal. Las herramientas, todas, son artificios inventados por la singular actividad intelectiva humana. Las herramientas pueden tener infinidad de formas, constantemente también se mejoran con actualizaciones. Por ejemplo los fonemas y grafemas se presentan diferentemente en más de 7.000 idiomas. Podemos reconocer una gran diversidad de dialectos y acentos en cada idioma. Podemos inventar nuevos códigos, como los visuales de signos y gestos para sordomudos; los sensoriales para ciegos o sistema braille, los sistemas dactilológicos para sordociegos, el intento de idioma universal "esperanto".

La significación, por muy diferentes que sean formalmente los

142

fonemas y grafemas utilizados, será similar en los diferentes idiomas. Las realidades observadas, las necesidades a cubrir para poder supervivir, e incluso cambiar los entornos, son fundamentalmente las mismas para todo ser humano habitando el común entorno del planeta Tierra. La misma natural actividad inteligente, relacionante, abstractiva, consciente, se aplica en todo tipo de idiomas y es válido con todo tipo de herramientas.

Actualmente empiezan a estar de moda, en las redes publicitarias, supuestas inteligencias artificiales, en oposición a la inteligencia natural específica del hombre.

¿Podemos llamar a los chatGPTs inteligentes? El sustantivo "inteligencia" tiene una connotación significada, muy arraigada culturalmente y específica de la especie humana. Usarla para denominar chatGPTs, parece buen ropaje para promocionarlo comercialmente, dados el elevado y universalizado concepto que tenemos de la IH. La publicidad con chatGPTs juega con el concepto de inteligencia suponiendo un impresionante y abstractivo contenido semántico al tratar de definirla con códigos lingüísticos. Semántica que todos parecen presuponer, aun cuando, por su complejidad, ni los expertos psicólogos se ponen de acuerdo cuando intentan definirla.

La actividad mental, inteligencia, es una realidad "latente". Por el momento, no podemos acceder a observarla empíricamente. Ya hay herramientas que pueden observar la biología cerebral, sustento de la memoria, a escala de precisión macromolecular, celular. En 2023 se publican docenas de informes sobre los resultados de una investigación, el Proyecto BRAIN iniciado en 2017, en prestigiosas revistas, en especial del *grupo Science*. Representan un verdadero ATLAS de MAPAS, cartografiando diferencias icónicas entre las células presentes en el cerebro. A escala macromolecular o celular se reseña haber distinguido unos 3.000 tipos diferentes de células, unos 2.400 entre las neuronas y unos 600 fundamentalmente entre las células glía, que aunque abundan entre 5 y 10 veces más que las neuronas, son mucho más homogéneas entre sí. Estamos accediendo a visionar el fenotipo neuronal con métodos de captación de neuroimágenes.

Se encuentran diferencias de formas, tamaños, localización en zonas del encéfalo. Los autores parecen entusiasmados por los resultados, después de emplear unos 300 millones de dólares en el empeño. De momento no muestran ninguna aplicación práctica inmediata determinada, pero insinúan que podría servir para abordar enfermedades como el alzheimer, parkinson, esquizofrenias, depresiones, autismo, incluso errores en el despliegue embrionario (hipótesis que aquí analizamos como explicativa de la dislexia). Alaban los resultados obtenidos y no faltan quienes afirman que ayudará al objetivo final más importante de poder explicar la singularidad humana de conocimiento consciente significado.

Tampoco de momento parece que el hombre se distinga mucho de otros animales, en especial de las especies consideradas ancestros como el chimpancé o bonobo. Las diferencias parecen escasas y así era ya conocido por estudios del genoma humano. Pero esas pocas diferencias pudieran ser las causantes de la singularidad humana. La singularidad parece más bien causada por diferencias más bien cualitativas en las interacciones con otras variables como la estimulación de los entornos, más que por diferencias bioquímicas conocidas y observadas.

Mucho nos tememos que el objetivo de explicar la singularidad humana no se pueda alcanzar en absoluto con estas metodologías. Los MAPAS del cerebro son estructuras iconográficas complejísimas, pero muertas. Constituyen conjuntos de fotografías de inmensidad de diferentes iconos ya inactivos, sin posibilidad de explicación empírica de ningún tipo de interacción entre ellos. Nos parece similar a una bolsa con la forma y tamaño del cráneo que contuviera una inmensidad de anotaciones musicales a tamaño casi molecular, pero sin su director de orquesta, sin actividad que muestre su supuesta melodía. Estamos sin poder evidenciar las verdaderas causas de la dislexia. La neurociencia parece obviar para poder explicar las conductas cognitivas: que también se enfrentan a un conocimiento que no pasa de comprobar su fenotipo neuronal, que no puede acceder a empirizar la variable latente que subyace, la verdadera realidad, la naturaleza de la actividad neuronal. que debe hipotetizar la posible causa del conocimiento, de la memorización significada del conocimiento aprendido.

La singularidad humana cerebral, como la singularidad de cualquier ser vivo la tenemos que buscar observando sus fenotipos conductual y neuronal. Aunque no podamos observar el cerebro en su actividad más básica, a escalas moleculares y atomísticas, si podemos observar su correspondiente fenotipo neuronal por neuroimagen. Podemos observar también las herramientas que fabrica con sentido (empezando por los códigos lingüísticos) para enfrentarse a los distintos entornos, incluso para explicar cómo, por qué y cuándo surge el conocimiento relacionante, abstractivo y consciente humano. No tenemos más remedio que partir de los fenotipos observables para hipotetizar sobre su funcionalidad y explicar lo mejor posible la naturaleza de la realidad consciente humana.

Si sólo nos basamos en una de las realidades, sistemas o variables que intervienen, no explicaremos adecuadamente, en nuestro caso la singularidad inteligente humana. Conducta reduccionista que observamos muy a menudo desde la neurociencia cuando obvia todo lo que no sea bioquímica neuronal. Cuando obvia reconocer que lo que empiriza de la actividad cerebral, de momento, no es más que su fenotipo observado en "confusas" neuroimágenes, sin llegar a observar siquiera su actividad microscópica y mucho menos sus necesarias interacciones con otras variables. Hipotetiza supuestas relaciones de causalidad por ejemplo en el despliegue celular embrionario, sin podemos evidenciar, pero no duda proclamar que lo logrará algún día no lejano, por lo que lo plantea como segura evidencia científica.

Accediendo incluso a observar el conectoma neural, por ejemplo el mapeo realizado por BRAIN, es evidente que no tenemos (por lo menos de momento) acceso empírico en tiempo y espacio a la actividad bioquímica neuronal en tiempo real. También es evidente, incluso afirmado por la propia neurociencia que las experiencias estructuran constantemente el conectoma neural, por lo que deberemos también analizar las interacciones con los entornos si queremos emitir un juicio de evidencia causal científica.

El ATLAS mostrado por BRAIN viene a ser el fenotipo neuronal. Será útil para entender en un futuro y posiblemente tratar de mejorar enfermedades bioquímicas. Pero quienes comentan sus bondades para explicar también la singularidad de la actividad inteligente humana extrapolan sus posibilidades a otras áreas de actividades, las cognitivas, Se confunden actividades mentales bioquímicas y cognitivas teniendo ambas causalidades y naturaleza muy distintas.

Observar la actividad mental directamente en sus interacciones y transducciones de energía o información con sus entornos y con la masa neural del cerebro constituye, hoy por hoy, una posibilidad de ciencia ficción. Y sin embargo es la realidad más noble, importante y específica de la especie humana. La única realidad con consciencia significada y expresada con lenguajes semánticamente ricos acerca de las realidades tanto extra como intracraneales. Sólo podemos definirla por deducción racional, como variable latente necesaria.

Deducimos su naturaleza por los efectos que provoca en forma de conductas cognitivas superiores humanas. Algo parecido hacemos cuando deducimos la presencia de inteligencia humana en el hombre prehistórico por los inventos y descubrimientos que hizo. Pero no llamamos inteligentes así a las innumerables herramientas que ha ido creando el hombre en su desarrollo cognitivo evolutivo. Para la humanidad, la inteligencia viene a ser la realidad más importante. Es el conocimiento más importante y el más difícil de desentrañar, de dificultad superior a las explicaciones sobre la formación del universo.

El concepto de inteligencia es posiblemente la realidad más compleja a definir y que necesita, a su vez del conocimiento sobre todo de la física y la bioquímica. Debe explicarse la misma actividad que utilizamos para explicar la realidad de sus entornos. Es una actividad esquiva a la observación directa empírica en tiempo real, porque no podemos observarla como sí parece que se empieza a conseguir macromolecularmente con la biología cerebral entre cuyos pliegues neuronales parece esconderse.

Mayores similitudes encontramos entre las inteligencias humana y animal, que, aunque de naturaleza también distinta, proceden muy similarmente en sus funcionalidades de adaptación, en sus sentidos captando información y en el mantenimientos de está en su conectoma neural. Aunque la inteligencia humana, además posee códigos lingüísticos mucho más complejos que le permiten un razonamiento

146

abstractivo relacionando diversas fuentes de información, a la par que un desarrollo neuronal que puede sostener como memoria los conocimientos y procedimientos más complejos, más abstractos.

Hablar de una inteligencia natural y otra artificial es una conceptualización recurrente en la historia de la psicología. Además de la actual denominación como inteligencia de chatGPTs también encontramos el concepto de natural para describir la utilización inteligente del lenguaje oral en contraposición al lenguaje que sería una utilización artificial. Está claro que ambos tienen el mismo origen causal, en la estimulación social, aunque no se han aprendido sincronizadamente en el tiempo.

Parece haber llegado el momento de usar mejor, con mayor eficacia y rapidez, el mismo instrumento que inicialmente ha permitido relacionar, abstraer conscientemente conocimientos y procedimientos de acción. La inteligencia humana quiere dominar también el propio lenguaje, verbal, numérico, icónico que le ha posibilitado avanzar en muchos campos científicos, en especial físicos y químico-moleculares. Y así actualmente están proliferando los denominados chats, que utilizan la masa de información verbal e icónica que se ha acumulado en Internet y que, dada su enormidad puede resultar demasiado difícil de entender, confundiendo con relativa facilidad a quienes se acercan a ella sin saber dosificar y discriminar su fiabilidad y validez relativa.

Está de "moda" hablar de "inteligencia artificial", IA. Es una denominación desafortunada que no soporta ninguna seria aproximación analógica al compararla con la inteligencia humana. ¿En qué se parece la denominada inteligencia artificial a la humana? La artificial no es consciente de algo con sentido racional semántico; no posee memoria bioquímica que estructure algo parecido a un conectoma neural en constante cambio en interacción con entonos y neuronas soportando códigos lingüísticos que mantienen en el tiempo significados y demociones no aprende con estímulos del entorno a escala atomística; no tiene una vida con vivencias emocionales que busque su supervivencia y el dominio sobre los entornos; no se desarrolla autónomamente en función de nuevas experiencias; no resuelve ningún problema sentido como propio, deficiencia propia.

Ejecuta órdenes determinísticamente impuestas desde algoritmos matemáticos; procesa información limitada pobrísimamente al binomio "0" ò "1" o a pulsar la tecla "off" u "on".

Está por ver si las teorías mecánicas cuánticas logran superan en algo el estrecho determinismo de la inteligencia artificial en su intento de imitar al cerebro. La actividad mental permite una interacción con las realidades sociales y físicas, con las propiedades dinámicas de los átomos, incluso de sus partículas subatómicas aún poco conocidas e hipotetizadas por las teorías de la física relativista y la mecánica cuántica. La física cuántica, aplicada a la robótica, no pasa aún tampoco de mero intento teórico queriendo emular algún aspecto de los logros observables de la actividad mental humana. Pero desnaturaliza su verdadera naturaleza y funcionalidad en sus interacciones con los entornos y la biología neuronal.

Hablar de conseguir algo parecido a la IH aplicado a la actividad de robots, de momento no es más que pura elucubración. Debería llamarse robótica, cibernética o Robot de Acción COmpleja Preprogramada "RACOP". Llamarla "Inteligencia Artificial" sobreestima enormemente la naturaleza de su artificialidad y subestima también "enormemente" la naturaleza de la inteligencia humana natural.

Las actividades mentales relacionantes, abstractivas y conscientes, interaccionan con la física de los entornos y la bioquímica del cerebro a escalas atomísticas (incluso subatomísticas) y moleculares. Su actividad integra inmensas cantidades de información de las realidades con las que se conectan. Su actividad relacionante y abstractiva sostiene su consciencia, que, a su vez, posibilita desear lo que se entiende y siente como útil y positivo.

La creatividad y la emocionalidad del ser humano son imposibles para máquinas fabricadas que únicamente repiten lo que los artificiosos algoritmos humanos le permiten. Las máquinas no se equivocan en sus cálculos (para ello son mucho más rápidas), pero no entienden el por qué de un acierto o de una equivocación. Tampoco desean cambios que pueden mejorar necesidades que no sienten y por lo tanto no desean. La mente consciente sí se equivoca, y a menudo, pero puede rehacer conscientemente el camino hasta alcanzar objetivos deseados.

Heredamos biogenéticamente la neuroquímica indispensable para soportar los aprendizajes de hablar y leer. El cerebro mantiene temporalmente los aprendizajes en la profusión de las redes neuronales que conforman el conectoma neural. El desarrollo cognitivo tiene sus propios ritmos e interactúa con el ritmo de maduración biológica. Sin maduración biológica cerebral no hay aprendizaje. Y sin aprendizaje, la masa neuronal no podría estructurar sus redes de conexiones. Se "criogenizarían" sus mecanismos de memorización.

Reconociendo que la inteligencia es una actividad, la tenemos que entender también con conceptos físicos como masa, energía. Debemos aceptar que la actividad mental está sujeta a las mismas leyes o fuerzas fundamentales físicas. Nuestra definición de "inteligencia" trata de explicar los efectos observables en las conductas. No podemos acceder a observar la actividad mental en el preciso momento en que está activada interaccionando con los entornos y con el organismo bioquímico neuronal. Es una variable latente, imprescindible e hipotetizable necesariamente para poder explicar la memoria.

La IH se activa en interacciones entre entornos y neuronas a escalas atomísticas (y subatomísticas en interacciones entre subpartículas). Por ello la definición y el conocimiento que podemos derivar de los productos que se pueden empirizar (conductas inteligentes, herramientas fabricadas). Serán hipótesis sobre variables latentes hasta que se pueda observar su dinamismo directamente y en tiempo real.

Su dinamismo e interacciones sabemos que pueden alcanzar "infinidad" de formas diferenciables para estructurar el conectoma neural. Por el contrario los chatbots y chatGPTs se activan en programas informáticos con algoritmos matemáticos, a escala de bits de información y con estímulos que significan un sí o un no. Un si..., entonces..., no..., entonces...., en procesos lineales muy complicados y muy rápidos y precisos. Sus valiosos "bucles" siguen el mismo proceso pero permitiendo volver una y otra vez a momentos diferentes, haciendo "saltos", avanzando o retrocediendo.

No es posible encontrar una analogía cercana entre ambos sistemas de estimulación, por lo que no podemos considerarlos ambos "inteligentes". La denominación de inteligencia la reservamos a IH. Por la rezones anteriores resulta imprescindible e importante definir bien la inteligencia humana, y no solamente utilizar la misma denominación para realidades muy diferentes.

Actualmente, la neurociencia parece querer tener la voz cantante para investigar todo lo relacionado con la vida mental. El ir disponiendo de herramientas que sondean cada vea más miscroscópicamente el cerebro y su actividad parece concederle suficiente autoridad para especular sobre todos los procesos cognitivos. Nacen nuevas especialidades científicas que parecen tener en el vocablo "neuro" la posible explicación de todo el desarrollo mental: neurología, neurociencia, neurofilosofía, neuropsicología, neurocognición, neurofísica...

Es cierto que la neurociencia avanza mucho en el conocimiento del cerebro y de la bioquímica neurocorporal, pero también es cierto que a menudo, cuando habla de la relación del cerebro con procesos cognitivos superiores se extralimita, extrapolando indebidamente sus propios resultados experimentales y métodos a la cognición relacionante, abstractiva, consciente, a la creación de códigos lingüísticos cargados de significado. Son campos, realidades, sistemas distintos aunque interactúen en estrecha colaboración.

Desde siempre el hombre ha inventado herramientas que amplían sus posibilidades de interacción con los entornos. Desde asir una piedra o palo para defenderse o cazar hasta el momento presente por ejemplo con las herramientas con que puede observar la actividad cerebral a escala molecular.

No podemos observar las interacciones de la masa neural con la actividad mental, a su vez en interacción con los entornos. No existe aún una técnica que lo permita, al menos en el mismo instante en que ocurren esas interacciones con sus correspondiente transducción de energías a escalas molecular y atomística. Son actividades vitales a escalas subatomísticas. No se pueden observar permaneciendo vivas. Podemos actualmente, con túneles de colisión de partículas, lograr la

150

fisión de átomos para observar subpartículas hipotéticas y demostrar así su existencia. Pero no podemos hacer algo similar con la actividad mental en su interacción entre los estímulos de entornos y el cerebro. Tanto la actividad cerebral como la de los procesos cognitivos y la de estimulación de los entornos serán variables que tenemos que entender como latentes. De momento no podemos observar sus relaciones de causalidad. Necesariamente tendremos que recurrir a hipótesis, formulando las que expliquen mejor los hechos que se estudian explicando la necesariamente distinta funcionalidad de las cuatro variables.

Las herramientas actuales de observación empírica, siguen siendo muy limitadas, ya que, por ejemplo las observaciones con fMRI (Imagen por Resonancia Magnética Funcional), se realizan con un aparato a mucha distancia, en términos de distancias atomísticas, logrando solo una visión borrosa de campos compuestos por inmensidad de neuronas interconexionadas a través de sus sinapsis. Discriminar cada neurona comprometida no está actualmente al alcance de la ciencia.

La psicología cognitiva tiene que acudir a la formulación de hipótesis que expliquen conductas casi siempre muy complejas. Hipótesis que se podrán mantener hasta que nuevos hechos las contradigan. La psicología cognitiva no debe esperar a hipotetizar sobre estos hechos por la importancia que puede tener en el desarrollo de cada hombre. Esperar a pensar con curiosidad sobre el propio pensamiento, para cuando se tengan herramientas válidas, puede equivaler a no iniciar nunca este conocimiento, a sumirnos en la oscuridad de una eterna era radicalmente conductista.

La imposibilidad de empirizar la actividad inteligente, la naturaleza de la inteligencia, unida a la importancia que estamos seguros tiene le lleva a utilizar el concepto de "inteligencia" para enfatizar metafóricamente la importancia de esas nuevas herramientas. Va teniendo mucho éxito social hablar de inteligencia artificial y como parece que "vende bien", se ha extendido. Ya se confunde IH con los algoritmos que permiten las actividades llamadas inteligentes de los robots.

La publicidad, unida a la curiosidad natural humana ante lo nuevo, presentado como espectacularmente novedoso consigue una fulminante expansión en pocos años. La relevancia social entendemos que proviene de su denominación como inteligencia. Aunque el concepto de inteligencia no haya adquirido aún una aceptación unánime entre expertos, sí se entiende como auténticamente importante, quizás como el reto más importante a que el hombre se puede enfrentar.

En definitiva el adjetivo inteligente solo puede ser aplicado a seres vivos con sistema nervioso propio autónomo. Podremos hablar de la inteligencia de cualquier animal, encontrando analogías claras, pero nunca de una herramienta inerte, por sofisticados que sean sus pogramas inofrmáticos y/o los algoritmos matemáticos de los que se alimenta.

reemplazando metaempirismos por una teoría empírica con variables latentes necesarias

Parafraseamos a Vicente Luis Mora, quien, en un artículo del diario EL PAÍS (sábado 31 de Agosto de 2024), afirma que hablar de la verdadera inteligencia "corta, pincha, incomoda". Sabemos que molesta porque hablar en serio de inteligencia obliga a pensar críticamente. Es un tema complejo y difícil de empirizar, al tiempo de que todos piensan que ya saben suficiente de él. Cuando aparece el concepto de Inteligencia Artificial, no conocemos que la psicología intente siquiera abordar la incongruencia de tildar a herramientas creadas por IH como inteligentes. Desde muchos ámbitos científicos, incluso pretendidamente científicos cognitivos, de procesos mentales, se acepta tranquilamente la denominación de IA como normal, como si de otra inteligencia se tratase solo por estar adjetivada como artificial. Y se usan tranquilamente, en relación a IA, conceptos tomados de la cultura conceptual de la IH, como válidos al hablar de IA.

Es cierto que parece incomodar leer algo verdaderamente serio sobre el concepto de inteligencia. Creemos saber todo lo que debemos saber sobre ella. Los profesionales (pedagogos, psicólogos) prefieren algo práctico y fácilmente administrable en su ejercicio profesional. En gran medida tienen razón, porque teorizar sobre inteligencia no está de moda, no hay suficiente consenso entre teóricos, es muy árido porque es muy difícil avanzar, dada su enorme complejidad.

A veces leemos que, cuando alguien decide dedicarse a investigar como científico en ciencias humanas prefiere por ejemplo la neurociencia, porque avanza con herramientas poderosas en la observación del cerebro. A partir de experiencias desde la neurociencia se hacen muy a menudo extrapolaciones inadecuadas, falsas, cuando se trata de explicar la cognición inteligente. Sin embargo IH es una actividad singular en relación a cualquier otra especie. Algo singular en el universo conocido. Por ello es muy importante ahondar en su conocimiento, que va quedando como el ámbito más inescrutable de toda la realidad. ¿Alguna vez llegaremos a conoce un "siglo de la IH? Esperemos que sea después del "siglo del cerebro" y que el conocimiento de los sistemas neuronales den nuevas pistas papa abordar IH.

Cuando se trata de definir IH, al ser una variable latente (no accesible actualmente a la observación empírica), podemos caer en la tentación de definirla alejada totalmente de la posibilidad de percepción empírica. Podríamos incluso afirmar su posible naturaleza como incognoscible, inefable, "metafísica", "metaempírica", imposible de abordar por IH. Pertenecería a otro mundo, a otra realidad inaccesible con la que nuestros sentidos, como medio de comunicación empírica, no pueden comunicarse.

La filosofía ha tendido a denominar como "metafísica, "metaconocimiento", "filosofía trascendente", "metacomponente de operación mental", "metaanálisis metodológico" a realidades que entiende que no son posibles de conocer empíricamente. Implica una conceptualización como ausencia permanente, incluso imposibilidad de conocimiento perceptible sensorialmente. Así encontramos las conceptualizaciones de platón en relación al mundo de las ideas. De Aristóteles al hablar de la metafísica. De los racionalismos dogmáticos hablando de ideas innatas. De las concepciones religiosas, al hablar de su naturaleza espiritual suprarracional, inaccesible a la razón.

Nuestra definición integradora entiende que, con las herramientas

154

actuales, algunas muy potentes no podemos observar directamente algunas realidades profundas, su naturaleza e interacciones en su minúscula masa o en su lejanía espacial y temporal. ¿Existe un límite para la realidad minúscula y/o para la lo alejado en el inmenso espacio? ¿Existe la posibilidad de observar sus interacciones en tiempo y a escala reales?

En relación a IH no podemos observar (en tiempo y a escala real) su actividad relacionante, abstractiva, consciente, en interacción por un lado con sus entornos y por otro con la bioquímica neuronal.

Pero el no poderlas aún empirizar no nos obliga a relegar esa actividad al reino de lo metaempírico, de misteriosa naturaleza permanentemente inobservable. Podemos sustentar, al observar productos como hechos comprobables, (fenotipos neuronal y conductual), su naturaleza probable. Los productos de la inteligencia los podemos observar en dos ámbitos de realidad: 1) las conductas humanas o "fenotipo conductual" a través de la observación directa de hechos y productos, como herramientas, atribuidos a su actividad y conocidos a través de la observación directa. Es el ámbito de realidad que percibimos como entorno social. 2) desde hace poco también podemos observar el "fenotipo neuronal" con sus novedosas herramientas de visión de neuroimágenes, herramientas que van mejorando y profundizando la visión de recónditos "locus" cerebrales con la aspiración de lograrlo a escala molecular. Pero sabemos que hay interacciones atomísticas y subatomísticas, imposibles de visionar a su escala microscópica y en su tiempo real.

La singularidad de IH representa el misterio más profundo a desentrañar. Más profundo incluso que el del origen del universo, desde la propuesta de Big Bang hasta el devenir actual. Los físicos conceptualizan una teoría bastante aceptada por una mayoría de teóricos físicos, integrada en la teoría de la relatividad general explicando las interacciones entre las cuatro fuerzas fundamentales del modelo estándar aplicadas a las realidad macroscópica (gravedad, electromagnetismo, nuclear fuerte y nuclear débil). Pero aparecen e irán apareciendo fenómenos difíciles de explicar, por ejemplo la expansión acelerad del universo, que parecen demandar otras fuerzas como energía oscura, que, de momento, no se pueden evidenciar. Otros fenómenos como interacciones entre subpartículas que se van encontrando, tampoco se explican bien, teniendo que proponer la teoría mecánica cuántica, para explicar mejo, por ejemplo los entrelazamientos entre subpartículas.

Entrelazamientos que la neurociencia presenta como hechos en las teorías conexionistas, "redes", "engramas" "conectoma neural" que entiende que la información compleja depositada como memoria en el cerebro se estructura en redes densamente conexionadas, de manera que al rememorar una unidad de información, se activa una multitud de neuronas, incluso muy distanciadas en los sistemas neuronales del encéfalo y periféricos. En el apartado 5.2. en el punto 3, exponemos con algo más detalle las posibilidades del "entrelazamiento cuántico" y algún trabajo experimental novedoso.

Actualmente podemos sostener como hipótesis plausible la posible naturaleza de la actividad inteligente desde las percepciones fenotípicas y con inductiva racional. Podemos sostener como hipótesis su naturaleza tratando de explicar lo mejor posible las dos realidades fenotípicas observables. Y podemos sostenerla hipotéticamente, mientras la misma IH encuentra los medios o herramientas que permitan empirizar más directamente las realidades que observamos.

Desde la física, constantemente se utilizan conceptualizaciones hipotéticas para reflexionar sobre el mundo natural. Las teorías propuestas más aceptadas actualmente serían la de "la relatividad" y "la mecánica cuántica". Pero siempre aparecen límites al empirismo directo que hacen repensar o tratar de sustituir esas teorías por otras que expliquen mejor nuevos fenómenos observables. Aparecen nuevas teorías como "la teoría de cuerdas" sosteniendo que la realidad más pequeña del mundo físico no son "puntos como bolitas" de tamaño subatómico, sino como minúsculas "cuerdas" que vibran interactuando con otras en sus entornos. "Cuerdas" que no podemos observar directamente, como tampoco podemos observar las minúsculas subpartículas del átomo que van apareciendo, primero formuladas como hipotéticamente necesarias para explicar la realidad que ya creemos conocer.

El hecho de la expansión progresivamente acelerada del universo cósmico ha exigido una revisión teórica desde la física. Hasta el punto de tener que aceptar la existencia de "realidades metaempíricas" como la energía y materia oscura, los agujeros negros, que incluso parecen ser el componente material del universo más abundante pero que no se puede empirizar de momento. Pero la física no conceptualiza la materia oscura como "metaempírica imposible de empirizar", sino como explicación hipotética necesaria para poder avanzar en su conocimiento mientras se encuentra alguna manera de empirizarla y traerla al reino del conocimiento evidenciable.

Definir la singularidad de IH nos requiere hipotetizarla como realidad latente con posibilidad de empirizar en algún momento, cuando se obtengan las herramientas necesarias. No la definiremos como metaempírica, de naturaleza inaccesible al conocimiento, "imposible de conocer racionalmente". Su actividad en tiempo y a escala real aún no nos es posible empirizar, pero podemos inducirla racionalmente desde los fenómenos (hechos observables), como productos de su conducta activa inteligente. Para ello debemos integrar la funcionalidad presente de las cuatro realidades más importantes y directamente necesarias para su explicación: entornos, inteligencia, emocionalidad, memoria.

Constituye una definición más asertiva sobre la verdadera naturaleza de la inteligencia. Supera dudas que lastran su definición, como atavismos históricos impuestos desde dogmatismos que consideran la naturaleza de la inteligencia inmaterial, innatamente impuesta, como herencia, junto a un cuerpo material.

Abordamos la descripción de la actividad mental, la inteligencia, como una variable latente, inabordable empíricamente por imposibilidad de observarla directamente en tiempo real, por lo que no podemos contrastar empíricamente su verdadera naturaleza. Basándonos en conjeturas, podríamos incluso hipotetizar un posible nuevo estado de la materia, el de "información". El físico Vopson (2023), desde la universidad de Portsmouth conjetura desde la física y las teorías de la información. Incluso describe un experimento que dice haber llevado a cabo colisionando una partícula contra su propia antipartícula.

Parece encontrar la subpartícula que denomina "información", como el quinto estado de la materia, diferente a los hasta entonces encontrados (sólido, líquido, gaseoso, plasma). La "información" especula que existe en toda partícula elemental y estima que es 22 millones de veces menor que su masa.

Vopson llega a defender que la realidad es una simple simulación digital en analogía a la película de ciencia ficción "matrix". Incluso toda nuestra vida sería un espejismo dirigido por un enorme programa informático compuesto por partículas informáticas. Somos un experimento digitalizado. La mejor realidad explicativa que contradice esta especulación la encontramos en la realidad singular de la consciencia humana, de la actividad relacionante, abstractiva y consciente de IH.

La conjetura de Vopson, podríamos aplicarla, posiblemente con mayores posibilidades de realidad a la actividad consciente humana, individual y/o colectiva. Podríamos hipotetizar que la consciencia, la actividad consciente, constituye ese quinto estado de la materia, en su peculiar interacción tanto con el universo físico, como con el universo bioquímico cerebral. Implicaría actividad de subpartículas aún no descubiertas. Sus interacciones descubrirían la realidad, hasta el punto que sin su acción podríamos afirmar que nada existe, hasta que la consciencia humana lo descubre.

IH, como actividad específica del hombre, bien pudiera aspirar a ser de una naturaleza muy especial y hasta ahora no encontrada. Pero la realidad es que aún lo desconocemos y no atisbamos aún la posibilidad de poder empirizar, observándola directamente en tiempo y a escala reales. Para ello necesitaríamos una herramienta todavía no fabricada. Pero no podemos descartar que pueda hacerse en el futuro, aunque sea lejano. Pudiera ser un microscopio que pueda observar la actividad interactiva del conjunto del conectoma neural. Conllevaría una verdadera revolución, tan grande como la de hallar el telescopio que alcance a observar el confín del universo en expansión.

Por el momento destacamos aquí que la inteligencia es una actividad, que interacciona con sus entornos y con su actividad cerebral. Tampoco se debe centrar la investigación en la entelequia de una mente o un alma o una capacidad sin mente, sin alma, sin actividad, estudiada como inmutable en el tiempo. Es una la actividad que se "dispara", al menos inicialmente proveniente de los entornos. Será un "disparo" con una combinación de sus cualidades energéticas que consideramos necesarias para descifrar este super enigma, desde diversos campos científicos.

La aparición de muchos chatbots con su inadecuada denominación de Inteligencias artificiales, por el momento pueden considerarse como una verdadera revolución que obligará a cambiar muchas conductas hasta ahora realizadas directamente por IH. Pero con el tiempo se asentará su verdadera valía y alcance, se criticarán ventajas e inconvenientes, buen y mal uso, al igual que viene ocurriendo en tantas ocasiones a lo largo del desarrollo de la especie homo con sus constantes creaciones de nuevas herramientas, nuevos descubrimientos, nuevos conocimientos.

chatbots y chatGPTs
¿artificios inteligentes?

La inteligencia humana no ha dejado de inventar y mejorar, actualizando constantemente las herramientas que fabrica y que considera útiles para conocer y dominar sus entornos. Primero en ámbitos geográficos limitados, luego en relación a la Tierra y ampliados al universo visible microscópico y macroscópico. Denominar las más actuales herramientas, los chatGPTs, como inteligencias, aunque con el adjetivo de artificiales, es una denominación inadecuada, falsa, sin el apoyo de alguna similitud analógica apreciable entre IH e IA.

En apartados anteriores hemos analizado diversas denominaciones para la inteligencia, argumentando que se referían a actividades diferentes adjetivadas en polos opuestos, pero unificadas como actividad de una única y muy compleja realidad autónomamente activa. La dualidad inteligencia natural y artificial obedece a otros supuestos muy diferentes. Se trata de encontrar analogías entre IH y herramientas que fabrica, o crea ¿Son "análogas" por el mero hecho de que las herramientas "parezcan" generar algún producto similar a los que atribuimos a IH? Veremos que se trata de analogías muy superficiales y que por ello confunden más que aclaran su muy diferente naturaleza.

El que tengan "alguna relación" no es suficiente para denominarlas homónimamente al presuponer como inteligente cualquier artificio creado por el hombre: ¿coches inteligentes? ¿robots inteligentes? ¿máquinas inteligentes? ¿relojes inteligentes? ¿lavadoras inteligentes? ¿tostadoras inteligentes? ¿baños inteligentes? ¿tejidos inteligentes? ¿drones inteligentes? ¿bombas inteligentes? ¿casas inteligentes?..., etc., etc, etc. y por supuesto microscopios electrónicos y telescopios como el Hubble o el James Webb inteligentes... Podríamos llamar inteligente a cualquier herramienta producida por el hombre, empezando por hachas, flechas, recipientes de cocina, útiles para manejar entornos de trabajo, para desplazarse, para competir deportivamente, para luchar, hasta llegar a los actuales chatbot$_s$ y chatGPT$_s$ como Pi, Bing, DataCamp, Google Bard..., etc.

Podemos encontrar verdaderas similitudes entre IH e inteligencia animal, al poseer los mismos cinco sentidos para captar información de los entornos y un sistema neuronal que memoriza y recuerda. Aunque IH además adquiere códigos lingüísticos mucho más complejos que le permiten un razonamiento abstractivo relacionando diferentes fuentes de información, a la par que un desarrollo neuronal que puede sostener como memoria los conocimientos y procedimientos más complejos, más abstractos.

Incluso hay quien encuentra similitudes naturales entre IH y la vida vegetal, al intercambiar ésta estímulos con los entornos físicos para las funciones de fotosíntesis y alimentación, aun cuando no tenga un sistema nervioso neuronal. Más alejado del concepto de inteligencia natural estaría el considerar la actividad energética de la materia inerte a escala atomística interactuando, siguiendo determinadas leyes físicas, las fuerzas naturales fundamentales. ¿Llegaríamos a considerar el universo como un inmenso ser vivo consciente de sí mismo? La autoconsciencia y la consciencia significada abstractiva son únicas de la singularidad inteligente humana. Todo se relaciona con todo en la realidad tanto física como química, tanto en el universo como en la bioquímica de cada individuo. Pero solo la actividad mental es consciente de esas relaciones, puede tener consciencia abstractiva sobre su significado. Constituye la verdadera naturaleza profunda de IH.

Denominar IAs a herramientas creadas por IH, está animando a los defensores de teorías hasta la fecha rechazadas como "sin verdadero sentido" "sin ninguna prueba que las avale", "sin posibilidad de empirizar de alguna manera". Como la teoría de que el universo entero es una mente pensante, un cerebro vivo, incluso que evoluciona conscientemente siguiendo leyes darwinistas. Pero en realidad a lo que anima es a vender productos envueltos en un maravilloso concepto muy cotizado. Es puro marketing.

La publicidad, los medios, están apelando tan asiduamente a IA, sin más, que parece va entrando en la memoria de IH cierta convicción de que "tanto ruido" no puede ser "tan incierto". Ya leemos propuestas de que es la única inteligencia que puede salvar el futuro de nuestra civilización del desastre final de la conversión en supernova de nuestro sol. IA, pilotando autónomamente naves lanzadas la espacio y que pudieran llegar a comunicarse con otras civilizaciones a millones de años luz. Comunicando información de nuestra civilización para que no se pierda en la eternidad del tiempo-espacio.

Si todo se relacionase con todo conscientemente, cualquier relación de similitud que encontremos o creamos encontrar con el cerebro neural puede hacernos sospechar una relación de causalidad. Si en el universo observamos algún orden en su despliegue temporal y relaciones de interacción entre fuerzas que lo gobiernan, podemos pasar a pensar que ocurre lo mismo que observamos en el cerebro en sus redes neuronales. Igualmente podrían tener algún viso de validez las teorías acerca de los primeros astronautas que pudieron visitar la tierra ayudando a generar los primeros homínidos. Cualquier rastro paleontológico que encontremos sin poder explicar su naturaleza y causa nos podría hacer soñar con que fue fruto de la presencia de esos homínidos, provenientes de planetas lejanos y con un desarrollo técnico superior al los terrestres conocidos.

Pero la verdadera naturaleza singular de IH reside en su actividad relacionante, abstractiva y consciente. Parte del aprendizaje social a base de códigos lingüísticos semánticamente cargados de significado. La inteligencia humana no se conforma con aceptar las experiencias sensibles concretas. No se basa exclusivamente en ellas para acomodar su conducta y adaptarse al medio, como hacen todas las demás especies animales. Su lenguaje en intercomunicación social le ha permitido preguntarse siempre por las causas profundas de los fenómenos que puede observar. De esa manera también los conoce más a fondo y los usa más adecuadamente par alcanzar fines que su consciencia le permite buscar intencionalmente.

Para lograr apaciguar esta curiosidad natural al interactuar con sus entornos, desde su sociabilidad, va descubriendo e inventando herramientas físicas y lógico-matemáticas. Los descubrimientos que realiza son fruto de esa inquietud. Ningún animal descubre nada significativo para explicar causalmente lo que ocurre a su alrededor. Tampoco lo haría el hombre si no alcanzase significados relacionando muchos de los eventos, comparando, clasificando la realidad con códigos lingüísticos abstractivos cada vez más complejos. Cuando en la historia de la humanidad hablamos de descubrimientos por "casualidad", por "serendipia".

Tenemos que reconocer que esa "casualidad" no existe si no va acompañada de una búsqueda significada de lo que se observa. La realidad también es mucho mas compleja de lo que los hombres pueden siguiera imaginar con los conocimientos que se tienen cada vez históricamente. Ocurre que a veces topan con un aspecto de la realidad que no habían ni siquiera imaginado ni hipotetizando acerca de su existencia. Por ello solo la inteligencia humana es capaz de esas "serendipias". No las encontrará ninguna herramienta por compleja que sea, tampoco los chatbots NI chtaGPTs. Les es imposible, porque no captan ningún significado, no desean nada autónomamente. Como leemos en un evangelio: *buscad y hallaréis*. Sabia expresión que nos aclara nuestro pensamiento. Buscar implica tener algún sentido, hallar algún sentido en lo que se experimenta.

La inteligencia humana inventa sistemas de códigos simbólicos que le permiten consciencia semántica para desear intencionalmente y así poder dominar sus entornos. Fue inventando códigos lingüísticos verbales (fonemas y grafemas), numéricos, icónicos para reconocer la cada vez más intrincada complejidad de la realidad. También inventa herramientas físicas para actuar sobre y/o percibir mejor la realidad de

164

sus entornos. Sus esfuerzos han estado dirigidos inicial y preferentemente al conocimiento y dominio de la realidad exterior a su propia actividad pensante.

Tendremos muy en cuenta que la actividad inteligente que inventa, maneja y actualiza o mejora las herramientas, siempre es una actividad natural al hombre, actividad singular intracraneal. Las herramientas, todas, son artificios inventados por la singular actividad intelectiva humana. Las herramientas pueden tener infinidad de formas, constantemente también se mejoran con actualizaciones. Por ejemplo los fonemas y grafemas se presentan diferentemente en más de 7.000 idiomas. Podemos reconocer una gran diversidad de dialectos y acentos en cada idioma. Podemos inventar nuevos códigos, como los visuales de signos y gestos para sordomudos; los sensoriales para ciegos o sistema braille, los sistemas dactilológicos para sordociegos, el intento de idioma universal "esperanto".

La significación, por muy diferentes que sean formalmente los fonemas y grafemas utilizados, será similar en los diferentes idiomas. Las realidades observadas, las necesidades a cubrir para poder supervivir, e incluso cambiar los entornos, son fundamentalmente las mismas para todo ser humano habitando el mismo entorno del planeta Tierra. La misma natural actividad inteligente, relacionante, abstractiva, consciente, se aplica en todo tipo de idiomas y con todo tipo de herramientas.

Actualmente empiezan a estar de moda, en las redes publicitarias, supuestas inteligencias artificiales usurpando conceptualmente a la inteligencia natural específica del hombre. ¿Podemos llamar a chatGPTs inteligentes? Si se le adjunta el calificativo de artificial, ¿basta para reconocerle como otro tipo análogo de inteligencia? En realidad el sustantivo Inteligencia tiene una connotación específica humana, que impide usarlo en un sentido muy diferente. Pero parece buen ropaje para promocionarlo comercialmente, dados el elevado y universalizado buen concepto que tenemos de la inteligencia humana. La publicidad de chatbots y chatGPTs, juega con este concepto de inteligencia, sin detenerse en tratar de definirlo, pero suponiendo su importante contenido semántico y usándolo inadecuadamente. Lo usa con alguna finalidad consciente desde la IH que lo fabrica. Importante puede ser reconocer esa "fantasmal" finalidad. ¿No será por puro interés crematísticos? Mucho nos tememos que así es.

La actividad mental, inteligencia, es una realidad "latente". Por el momento, no podemos acceder a observarla empíricamente en tiempo y a escala reales. Ya hay herramientas que pueden observar la biología cerebral, sustento de la memoria, a escala de precisión casi molecular. Pero observar la actividad mental directamente en sus interacciones y transducciones de energía o información con sus entornos y con la masa neural del cerebro constituye, hoy por hoy, una posibilidad de ciencia ficción. Y sin embargo es la realidad más noble, importante y específica de la especie humana. La única con consciencia significada y expresada con lenguajes semánticamente ricos acerca de las realidades tanto extra como intracraneales. Sólo podemos definirla por inducción racional, como variable latente necesaria.

Podemos inducir su naturaleza por los efectos que provoca en forma de conductas cognitivas superiores humanas. Algo parecido hacemos cuando inducimos la presencia de inteligencia humana en el hombre prehistórico por los inventos y descubrimientos que hizo. Pero no denominamos con el calificativo de inteligentes a las innumerables herramientas que ha ido creando en su desarrollo cognitivo evolutivo. Parece que ahora, con las herramientas chatbots y afines, ha llegado el momento de hacerlo. Pero no dejan los chats meras herramientas siempre al servicio de IH.

Para la humanidad, la inteligencia es la realidad más importante. Crea el conocimiento consciente necesario a todas las ciencias para avanzar formulando hipótesis plausibles. ¿No va a ser posible objeto de conocimiento? Será, por el contrario, el conocimiento más importante y posiblemente el más difícil de desentrañar, incluso de dificultad superior a las explicaciones sobre la formación del universo.

Analizamos a continuación cuatro más directos y casi inmediatos precursores del denominado chatGPT, genéricamente publicitado inadecuadamente como IA: 1) Invención de computación. 2) La robótica y en especial la humanoide. 3) Invención de internet. 4) Invención

166

de buscadores en internet.

Terminamos este apartado recalcando la necesidad imperiosa de definir y divulgar "qué es la inteligencia". Parece que, el revestir con ese concepto herramientas que ella misma fabrica, está potenciando una confusión que puede tener consecuencias desacertadas para el hombre. Consideramos que responder a esta necesidad es una responsabilidad bastante directa de la psicología que se debe autoestimar como una verdadera ciencia que es, con sus particulares limitaciones y dificultades, como todas las ciencias. Pero no salir al paso, con contundencia para desautorizar elucubraciones falsas, creemos que puede repercutir a su desprestigio. No basta con que algún psicólogo lo haga por su cuenta. Debería ser una respuesta más generalizada y contundente desde organismos relevantes.

La denominación de IA para muchos chatbots se va instalando tan rápidamente que va a resultar muy difícil su erradicación.

precursores cercanos de chatbot_s y chatGPT_s

computadoras, robótica humanoide, Internet con sus Big Data, navegadores y buscadores

5.1.1. Creación de las primeras computadoras

El primer ordenador digital se construyó en Princeton al comienzo de la década de los 50 bajo la supervisión del matemático húngaro-estadounidense Jhon von Neumann. En la década de los 60 se asiste al desarrollo del computador digital, inicialmente una gigantesca máquina capaz de realizar cálculos con una velocidad y fiabilidad increíbles, pero que poco a poco se fue utilizando para usos más sofisticados y, al parecer, como postulaban Turing y Neumann, con capacidad para describir comportamientos humanos en base a operaciones elementales específicas.

Los constructores de computadoras han supuesto que pueden funcionar como el ser humano y las dotan de un hardware con sistemas de entrada (input), salida de datos (output) y sistemas lógicos de procesamiento: control, evaluación, toma de decisiones, cálculo, (software). Sistemas de almacenamiento de la información procesada: memorias de trabajo, "ram" y discos duros externos, "rom". En algunas habilidades la computadora realiza los procesos encomendados con mayor rapidez y precisión que el hombre. Las teorías del PHI, Procesamiento Humano de la Información, parten de una concepción del ser humano como un sistema cognitivo capaz de procesar, almacenar y recuperar información. Utilizan en forma más o menos explícita la metáfora del ordenador como sistema inteligente.

Esta metáfora considera al organismo humano como un dispositivo computacional que, al igual que el ordenador, manipula símbolos aunque su estructura física es biológica y no electrónica.

Alan Turing, en "Computing Machinery and Intelligence" (1950), se propone demostrar que las máquinas pueden pensar. A la pregunta de "¿pueden pensar las máquinas?", propone que se aborde preguntando si pueden hacer lo que nosotros, como entidades pensantes, podemos hacer. Con el test de Turing trata de demostrar que sí. El test de Turing fue luego imitado por el de "la habitación china", más claro, en la que alguien se

figura 5.1.1. Habitación china

encierra sin tener la mínima idea de chino, pero que tiene al alcance un diccionario de instrucciones. Alguien le introduce por una ranura preguntas escritas en chino y él emite por la misma ranura respuestas aparentemente adecuadas. Pero no parece ser por ello inteligente, porque la verdad es que sigue sin entender nada de chino. Las palabras escritas para él no tienen ningún significado, ni las que recibe como preguntas ni las que emite como respuestas. Al no tener ningún significado tampoco tienen ninguna emocionalidad, no despierta ni deseos ni aversiones. Puede la máquina recibir una pregunta con significado (input) para el emisor, pero no puede ni recoger la pregunta significadamente, ni devolver una respuesta significada al receptor (output). Sólo sería una máquina con funciones sintácticas, no semánticas. Es una máquina con funciones aprendidas gramaticales sintácticas, morfológicas, ortográficas, pero nunca semánticas.

Turing recibió numerosas críticas, sobre todo filosóficas, indicando la simpleza de la imitación, como juego a realizar, alertando de ausencia de consciencia significada de la máquina. Se califica como quimera su

170

afirmación de que la máquina estaría tan perfeccionada, en unos 50 años, que realizaría casi todo lo que hace el hombre, es decir que tendría algo similar a la inteligencia humana. La clave está en que la inteligencia es una actividad "elaboradora y memorizadora de significados y emociones". Para la máquina eso parece imposible por la radical diferencia de naturaleza en la elaboración de conceptos abstractos.

De hecho, actualmente se ha logrado una máquina calculando a velocidades inimaginables aun para Turing. Con gran precisión ha logrado ganar a los mejores jugadores de ajedrez, realiza la traducción de textos a muchos idiomas, suplanta con grandes ventajas al hombre en actividades robotizadas. Incluso parece empezar a poder interactuar en actividades sociales muy simples. Muchas máquinas ya "parecen hablar", "escuchar sonidos" y responder formalmente con los códigos que los humanos utilizan para procesar la información y mantenerla temporalmente en el cerebro. Realizan tareas que antes de la revolución industrial solo hacían directa y manualmente los humanos.

El procesamiento de la información que el cerebro humano realiza en interacción con sus entornos para conocer y aprender conductas, es función infinitamente más compleja que la que puede realizar una máquina: la máquina procesa la información con un rígido código máquina binario "0 ò 1", mientras que la mente humana, codifica con multitud de códigos, provenientes de la interacción entre realidades de ondas electromagnéticas y acústicas del entorno y bioquímicas de las neuronas, de una complejidad inimaginable, casi "infinita", a escalas moleculares, atomísticas y subatomísticas.

Dentro de la preocupación por el análisis de adquisición de conceptos y resolución de problemas en el dominio de la lógica simbólica, el informático Allen Newell y el economista Herbert Alexander Simon (1958), programaron un ordenador digital para que ejecutara las operaciones analizadas. En la comparación entre su desempeño y el humano tuvieron en cuenta variables como qué problemas eran realizables y cuáles no, tiempo de resolución, callejones sin salida en problemas difíciles. Encontraron una "gran semejanza" entre el desempeño humano y el de la máquina. Simon ya sugirió que los cambios piagetianos podrían considerarse como el resultado de aplicar estrategias heurísticas más complejas a los tipos de problemas lógicos de Piaget. Proponía que los cambios de estrategia realmente podían producir cambios en las nociones lógicas, al margen de toda variación en el modo de representación o el uso del lenguaje. Luego escriben la arquitectura sistemática general con que debería contar el niño a fin de desarrollarse en la forma descrita por sus modelos.

Podemos considerar el año 1956 el fundacional de la nueva psicología cognitiva con ocasión del Segundo Simposio sobre Teoría de la Información, celebrado en el Massachusetts Institute of Technology. En él Newell y Simon presentan por primera vez un programa de ordenador capaz de hacer la demostración de un teorema: *el Teórico Lógico*, *TL*, que logra en principio demostrar 38 de los 52 teoremas del capítulo 2 de los *Principia mathematica* de Whitehead y Rusell (1910). Newell y Simon (1972), presentan un modelo, *el solucionador general de problemas*, que permite afrontar desde la computadora los procesos necesarios para resolver problemas.

Este hecho, en apariencia simple, revoluciona las perspectivas de la psicología en uso, al ofrecer un mecanismo que se piensa análogo al pensamiento. Pero no dirime las perspectivas antagónicas enfrentadas hasta el momento, sino únicamente cambia el acento de ellas. Así la PHI (Procesamiento Humano de la Información), en su vertiente más ortodoxa, que trata de llevar al máximo la analogía del ordenador con la mente, ha ido pasando al diseño de sistemas expertos en el campo de la inteligencia artificial. La analogía del ordenador ha suplantado a otras antecesoras, mucho más mecánicas, como la tablilla de cera, la de una central de comunicaciones, la de los sistemas hidráulicos de Descartes.

Para David Klahr y John Gilbert Wallace (1976), siguiendo pasos de Newell y Simon, las diferencias de actuación entre niños y adultos no provienen de la existencia o no de estructuras generales, sino de conocimientos anteriores, de procesamiento y estrategias, de control de la atención y utilización de procesos de la memoria. En cuanto al software de que el niño viene provisto al nacer, detallan tres tipos de sistemas de producción cualitativamente distintos y jerárquicamente organizados.

Hipótesis de funcionamiento del *nivel I*: se ocupa de procesar pautas perceptivas y de dirigir el flujo de atención de una pauta a la siguiente. Hipótesis de funcionamiento del *nivel II*: se ocupa de fijar metas y de controlar el flujo general de la actividad dirigida hacia las metas. Hipótesis de funcionamiento del *nivel III*: se ocupa de modificar los sistemas de producción existentes de cualquiera de los dos primeros tipos, y de establecer nuevos sistemas de producción. Este tercer nivel es el que regula el desarrollo del organismo por la forma en que modifica los sistemas de producción de los dos primeros niveles.

A) En los momentos en que el organismo está descansado (por ejemplo durante el sueño). Hace una revisión o reproducción de su actividad mental anterior.

B) Con esta reproducción se detectan secuencias de la actividad del organismo que sean consistentes. Así se registran las experiencias anteriores estableciendo segmentos consistentes y determinando su grado de consistencia.

C) En cuanto se repara en una secuencia consistente, entra en juego otro sistema de producción específico que crea un nuevo sistema de producción para representar la consistencia detectada.

D) En cuanto se detectan varias consistencias locales, se exploran

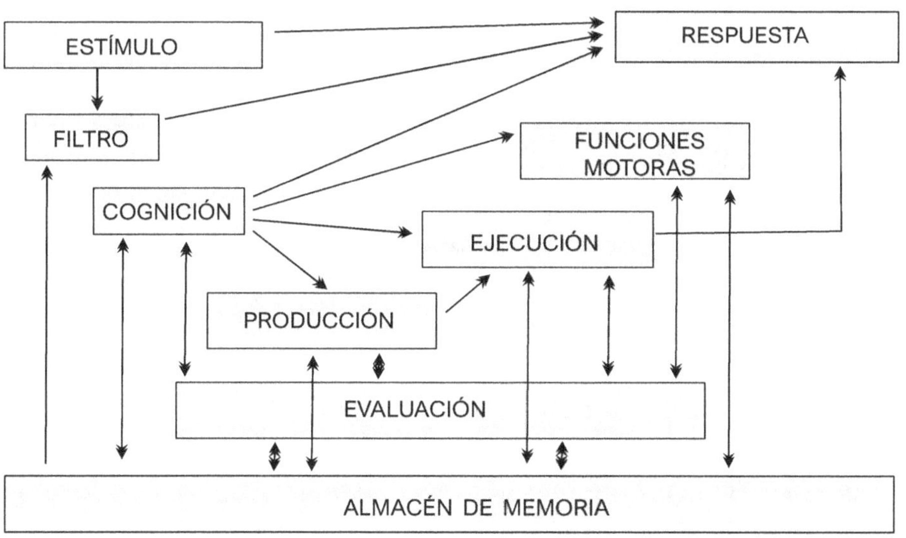

figura 5.1.2. Adaptado de Guilford (1967; 1973)

los grupos de nuevos sistemas de producción con el propósito de detectar consistencias de naturaleza más general.

E) Al detectar dichas secuencias consistentes comunes, vuelven a establecerse nuevos sistemas de producción con el fin de representar las constantes más generales que estos elementos han revelado. Estos sistemas finales de producción se corresponden con las estructuras lógicas descritas por Piaget.

La preocupación por explicar la inteligencia en términos de una psicología de los procesos no es nueva. Diversos autores, como Guilford (1967) habían intentado este tipo de fundamentación a partir de procesos aparentemente ligados a las conductas inteligentes.

PHI, tratando de emular lo que sabemos que hace el ordenador para procesar su información, hipotetiza el análisis y la síntesis de información mediante pasos secuenciales; implica proceso, actividades como: codificación-decodificación, memoria, lenguaje, atención, organización conceptual, establecimiento de mapas mentales, cognición social, diferenciación de estímulos, generación y ejecución de respuestas, y sensibilidad a la retroalimentación. Un momento máximo de "gloria" del procesamiento de la información fue la victoria de Deep Blue. Vence al ajedrecista Gari Kasparov el 10/02/86.

El conjunto de los anteriores creadores nombrados desde el inicio de este apartado, son avanzados pioneros de los actuales chatbots, chatGPTs. Las calculadoras van obteniendo hitos de resolución rápida y fiable en especial del cálculo y del manejo estadístico de datos. La denominada Inteligencia Artificial, IA, ha saltado a la "fama", después de la creación de chatGPTs por el simple hecho de empezar a denominarlos como "inteligencias". ChatGPTs van consiguiendo que los algoritmos generen información con códigos lingüísticos muy similares a los utilizados por IH. La admiración inicial de algunos usuarios prestigiosos y el hecho de parecerles que los resultados son muy similares a los de los humanos y que pueden ser útiles en multitud de tareas humanas, ha dado por denominarles "Inteligencias Artificiales". El ropaje lingüístico conceptualizando chatGPTs como una forma de inteligencia ha acertado de pleno para aumentar el interés por estos

174

sistemas de programación. Ha acertado como cartel de buen marketing.

Pero el intento de encontrar analogías entre el procesamiento del ordenador y humano, no supera las limitaciones sustanciales que analizaremos en apartados siguientes. La superficialidad de que ambos utilicen una entrada de información, algún tipo de proceso y una memoria no puede ocultar las esenciales diferencias en la naturaleza de los tres momentos (input, procesamiento, output).

¿Será el ordenador un "verdadero cerebro", capaz de actividades relacionantes y abstractivas conscientes como la inteligencia humana? Aparentemente un ordenador: a) recibe una información parecida a la de los sentidos, llamada "input", b) la *procesa* o elabora como la actividad inteligente pero con un programa de software, c) nos presenta una respuesta o un resultado, "output". La parte más importante será entender qué hace el ordenador para *procesar* la información.

Las grandes diferencias con la inteligencia consisten en: 1) El ordenador no procesa entendiendo semánticamente lo que hace, no es consciente de significado alguno en el conjunto de "inputs" que recibe y "outputs" que emite. 2) No procesa con libertad para obtener distintos significados, hasta con libertad para cometer errores. Hará tareas con más exactitud, mayor rapidez, como una máquina eficaz pero inexorablemente rígida, con códigos determinados por "0 ò 1", al clic en "out" ù "on", frente a la riqueza de los "inputs" humanos intermediando entre la escala molecular del cerebro y la atomística, incluso subatomística de los estímulos en su interacción con los entornos. 3) No puede elegir en función de un interés o sentimiento propio, todo estará absolutamente condicionado por una inteligencia externa, deseos o intereses externos. 4) No puede fabricar su propio programa y menos actualizarlo constantemente, como hace la actividad intelectual humana para mejorar resultados inicialmente insatisfactorios en relación a una hipótesis previa.

En el siguiente apartado describimos detalladamente las diferencias de la inadecuadamente denominada "inteligencia artificial", IA, en

175

comparación con la inteligencia humana, IH. No basta con que el ordenador ejecute "algo" que la persona humana puede hacer directamente, incluso ejecutándolo mejor y con mayor rapidez, para poder afirmar que es inteligente.

Si a través de los sentidos conectamos con el cerebro, ¿qué clase de energía es la que lo permite? Son energías acústicas de ondas sonoras y lumínicas de ondas electromagnéticas. Son energías a escalas moleculares y atomísticas las que interactúan con el cerebro. ¿Solamente provocando unas simples excitaciones, simples como provocar un sí o un no (activado o apagado del potencial energético neuronal? Parece que las interacciones de las energías provenientes de los entornos son mucho más complejas en sus procesos de transducción energética.

Sabemos también que son inaccesibles de momento a la observación directa humana, por lo que únicamente podremos proponer hipótesis de su acción a partir de los resultados observables en las conductas. Soñar con que estas estimulaciones no tienen nada que ver con los procesos cognitivos superiores, con la memoria que los sustenta en el tiempo, es quizás una postura cómoda, pero poco científica e incapaz de desentrañar la naturaleza de los procesos cognitivos. Será, pues imprescindible tenerlas en cuenta aunque como variables latentes, al hablar de los procesos de hablar y leer, así como de sus posibles trastornos. Sólo así podremos entender la naturaleza de la inteligencia, aunque sea provisionalmente, hasta que podamos entrar a observar directamente y en tiempo real los procesos de transducciones energéticas.

Es posible que se vayan fabricando ordenadores que imiten algún aspecto sobre todo de los resultados del funcionamiento de la mente (su actividad relacionante y abstractiva y el mantenimiento de alguna de sus elaboraciones para utilizarlas de nuevo como futuros "inputs" y procesos). Pero es imposible hipotetizar en serio fabricar una máquina tan compleja como un cerebro humano, que elabore conscientemente tanta cantidad información, que la guarde en su interior para constantemente volverla a retomar y reconstruir ¿trillones cada vez? de interconexiones. Una máquina que tenga la plasticidad del cerebro

176

junto a la versatilidad y flexibilidad de su actividad mental para la creación y mantenimiento de resultados constantemente cambiantes, nos parece simplemente ciencia ficción.

Aunque una máquina pueda resolver complicadísimos algoritmos calculando con la rapidez de *Deep Blue* para ganar una partida de ajedrez, y más aún con los múltiples programas que han aparecido después de su hazaña, mejorando su rendimiento, pueda ganar a cualquier ser humano. Porque, simplemente, nunca podrá emocionarse por ganar o perder y decidir dedicarse o no a resolver otros problemas, propios o ajenos, que, por supuesto, nunca le interesarán lo más mínimo porque simplemente no serán nunca sus problemas por no significar absolutamente nada en relación a su propia subsistencia.

Que *Deep Blue* pueda ganar a los campeones de ajedrez no implica que sea más inteligente que la IH que lo fabricó. Solo que es más rápida haciendo cálculos de probabilidades. La IH, con cada cálculo está moviendo millones de células neuronales conexionadas en redes inmensas que mantienen conceptos significados. Lleva su tiempo, su trabajo, su posible cansancio. El jugador avezado de ajedrez, podrá hacer cálculos avanzados de probabilidad al mover una ficha, sobre cuáles son las probabilidades de que el otro mueva las suyas con mayor acierto en un desenlace final. Pero Deep Blue (por cierto enseñada por multitud de IHs con mucho tiempo de tranquilo trabajo y reflexión) va a avanzar sus cálculos a muchísimos movimientos posibles de cada ficha, con una rapidez de cálculo inmensa, sin ningún tipo de cansancio. Tiene una gran ventaja para ganar a cualquier jugador. Aún así podemos entender que quien gana no es *Deep Blue*, sino la multitud de IHs, que han elaborado el programa, los algoritmos que utiliza automáticamente *Deep Blue.*

Las máquinas, robots o sistemas de inteligencia artificial no dejan de ser herramientas en manos del hombre para acomodar el medio a sus deseos. No entendemos que puedan independizarse del hombre nunca, serán siempre un instrumento a su servicio. Como todas las herramientas que ha inventado, serán buenas o malas de acuerdo al uso que se haga de ellas. Buenas si la actividad inteligente obedece a un objetivo recto, un deseo éticamente aceptable según dictados éticos básicos naturales que busquen la verdad del conocimiento de la realidad y que respeten la vida e integridad de los seres de la propia especie.

El hombre no es un mero "informívoro" como lo denomina Miller (1956). Meramente informívoro sí podría calificarse al ordenador. No guarda datos integrados comprensivamente sino clasificados y ordenados por reglas externas en torno a características artificialmente establecidas. El conocimiento humano es comprensión estructurada de la realidad, relacionando todo con todo. El hombre, su IH, en todo caso sería creadora devoradora de información elaborada en redes relacionadas interconectadas, y con significados globalizados.

Los ordenadores, desde su nacimiento, constantemente vienen mejorando su hardware utilizando cada vez chips más pequeños con mayor cantidad de transistores, con metales o silicio o sus aleaciones. Transmisores energéticos que permiten mejores prestaciones en rapidez y fiabilidad. También el software va mejorando hasta conseguir navegadores y buscadores de información cada vez más relevante, como se consigue con chatGPT que simula mejor el lenguaje conceptual significado de IH. Se instalan también algoritmos matemáticos mucho más sofisticados en acción junto a programación más compleja. Pero todas las mejoras las ha conseguido e inventado IH, sin la que ningún ordenador podría ni fabricarse, ni funcionar ni ir autoactualizando mejores prestaciones.

5.1.2. Robótica humanoide

La palabra "robot" proviene del vocablo checo "robota", que significa "esclavo". En la revolución industrial se fueron creando cada vez máquinas que realizan funciones peligrosas o delicadas con mayor eficacia que la mano del hombre. Con el avance de la robótica, a estas máquinas o "esclavos muy productivos", se une la ilusión de creación de robots humanoides o androides. La imaginación humana ha imaginado desde antiguo máquinas de metal o materiales pétreos como figuras humanoides o animales animados. Animarlos con el lenguaje similar al humano está presente constantemente en la historia y se utiliza en historias míticas al alcance de la población infantil y juvenil.

178

Aparecen monstruos en forma humana de todo tipo, inventados por la ilimitada imaginación creativa inteligente.

Con la llamada IA, los robot humanoides vuelven al primer plano de interés. Se les dota de programas similares a los de chatGPT, buscando expresiones verbales lingüísticas similares a las de los humanos. Parece incluso que tienen sensibilidad, emociones, deseos, consciencia, ya que "dicen tenerlos" si se les pregunta y algunas expresiones del rostro y kinesias de su cuerpo humanoide parecen insinuarlos.

Pero son los algoritmos del programa quienes se lo imponen con "ordenes" deterministas para mejorar la similitud con expresiones emocionales de IH. Constantemente los algoritmos se mejoran para lograr estos objetivos. Es evidente que son objetivos de la IH que crea el programa y lo va actualizando constantemente. Logran muy a menudo animar a los usuarios en el uso de programas de IA. Se suelen publicitar, además de con la denominación de IA, como autoridad a respetar, con cabeza y cerebro tal cual se suele presentar tanto el cerebro como la inteligencia humana.

Figuras humanoides las podemos ver desde pinturas rupestres, en estatuas de supuestos dioses, en humanoides "monstruosos" como los centauros, cíclopes, arpías, quimeras, esfinges, amazonas, sirenas, minotauros. Los tenemos en narraciones míticas de cualquier cultura. Las mitologías antiguas incluyen a personas artificiales, como si fuesen máquinas parlantes construidas por el dios griego Hefesto o Vulcano para los romanos, Golems de arcilla en leyendas judías, Gigantes de arcilla en leyendas nórdicas..., etc.

El primer robot humanoide fabricado se llamó Elektro, en 1939 y contenía una memoria de unas 800 palabras, simulando respuestas a preguntas habituales de los humanos. Simulaba en su cerebro un cableado similar al de una central eléctrica, respondiendo al modelo en boga, en su momento, de la estructura cerebral.

El modelo a imitar actualmente es el de redes neuronales. Así *(Gutiérrez y otros, 2020)* crean un insecto, NeuroPod. El sistema utiliza 30 "neuronas artificiales" y simula tres movimientos diferentes: andar, trotar y correr. con sensores auditivos y visuales. Llamar neuronas a los 30 artificios utilizados no deja de ser una inadecuada denominación. De ninguna manera se asemejan a la actividad de las neuronas naturales. La denominación sirve como ropaje para llamar la atención y asociarla a una entidad con "gran prestigio" intelectivo. A veces sirve para tratar de "razonar" que los robots se van pareciendo a los cerebros humanos. Las neuronas humanas funcionan mediante estímulos eléctricos o químicos que provocan la transmisión energética de información al organismo asociada a códigos lingüísticos.

Una neurona artificial recibe un estímulo, en el caso de NeuroPod codificado en lenguaje informático, procesa la información y produce una respuesta. Todo artificial, desde el mecano que se visiona, hasta su activación vía supuestamente similar a la sensorial natural humana. Denominar neuronas a los 30 artificios creados comete el mismo error y confusión que llamar inteligencia artificial a la actividad de chats.

La singularidad de la inteligencia "quiere ser recreada en redes artificiales" queriendo imitar las redes neuronales. Son ilusiones que pretenden crear ¿singularidades artificiales? proponiendo una muy débil similitud con la actividad de IH, casi absolutamente alejada de su naturaleza real. Pero al admirar la singularidad de la inteligencia humana, se logran a menudo expresiones de admiración hacia las herramientas generadas y denominadas también como de alguna manera "inteligentes". Cuando menos atraen la atención hacia una novedad interesante. En cambio hablar de la naturaleza de la inteligencia humana, por "supuestamente ya conocida" de antemano, parece aburrirnos.

El divulgador científico Asimov imagina los robots con posibilidades más que humanas, incluso superando y dominando la inteligencia humana. Las analogías no son más que formales, no de fondo.

Los robots humanoides aparecen solo con el avanzado desarrollo humano. Se les "enseña" a imitar algunas conductas bastante simples y estereotipadas, pero no admiten el prolongado desarrollo evolutivo que ha llevado al hombre a poderles crear. Surgen como herramienta nueva que permite a IH seguir adaptándose mejor a las exigencia de los entornos y a cambiar esos entornos en función de las necesidades que van surgiendo en sus experiencias. Serán siempre muestra cada vez más avanzada de las posibilidades de IH.

También el desarrollo de robots humanoides genera constantes preocupaciones en el ser humano. Llevamos años hablando de las profesiones que van a desaparecer por su culpa, por lo que no es de extrañar que actualmente una parte de la población se haya posicionado en contra de estas tecnologías. Sin embargo, es increíble, el avance que suponen como herramienta útil para los fines de IH, por lo que en muchos aspectos sigue siendo el mayor foco de desarrollo e investigación tecnológica del momento.

En este desarrollo entra en juego Ameca, el robot humanoide más avanzado del mundo (2021-2023) y que recientemente saltó al primer plano de actualidad tras la "maravilla" de dibujar un gato. Se empieza a pensar que la rebelión de las máquinas podría comenzar con Ameca. Van apareciendo robots que imitan alguna actividad parecida a la de los humanos: Eric, Atlas, Apolo, Asimo, Fourier Intelligence, Sofhia, Optimus Gen 2, Phoenix, H1, RoBee, Nadine, Germanoid DK, Junco Chihira, Jia Jia...

Últimamente a los robots androides o humanoides se pueden añadir ventajas de los asistentes de voz chatbots y chatGPT. Los androides apenas pueden imitar algunos movimientos del hombre, y son más bien movimientos simples. Si imitan algunos más complejos no suelen imitar los más simples, por ejemplo ponerse unos zapatos y atarse los cordones.

Los robots humanoides parlantes no pasan de incorporar algún asistente de voz, tipo Siri, Alexa, Cortana y responder a preguntas también simples en presentaciones de stands, como reclamo publicitario. Los avances de chats permiten responder más o menos acertadamente a preguntas más generales y complejas, pero no dejan de ser respuestas guiadas y preparadas por IH, con algoritmos más sofisticados. La evolución del hombre, a través de millones de años ha permitido crear este chatGPT, que tampoco tiene ningún tipo de autonomía vital para poder seguir evolucionando por cuenta propia. Las revoluciones que ha sufrido IH y la conducta humana correspondiente, desde su aparición en la especie "homo", no aparecen "repentinamente" y por arte de magia en chatbot_s.

La analogía del ordenador es tan poderosa para explicar el funcionamiento cognitivo humano que ha impulsado innumerables investigaciones en áreas como memoria, percepción, razonamiento, toma de decisiones, solución de problemas. En cambio, parecen resistirse tenazmente al estudio de la creatividad, nuevos aprendizajes, adquisición de sentido, motivación como acicate de variedad de conductas. Queda por hacer una gran síntesis que aúne campos que se supone tienen que tener una explicación relacionada. Queda por teorizar en el momento actual un verdadero paradigma que sustituya e integre campos ahora tan distanciados como el aprendizaje, la psicología evolutiva, incluso la neurología cerebral.

Los robots ya han superado a los seres humanos realizando muchas tareas. Pero no a IH que les ha creado justamente para que ayuden a superar limitaciones perceptivas y de acción intencional con sus entornos, en algunas tareas o peligrosas, lentas, aburridas. La IH supone una singularidad de naturaleza muy distinta a la de los programas informáticos con sus algoritmos totalmente mecánicos, sin consciencia ni deseos que le puedan impulsar a una acción autónoma.

La paradoja de Moravec nos pone de manifiesto, que, de forma antiintuitiva, el pensamiento razonado humano (el pensamiento inteligente y racional) requiere relativamente de poca computación, mientras que las habilidades sensoriales y motoras, no conscientes y compartidas con otros muchos animales, requieren de grandes esfuerzos de programación computacional. Hans Moravec en la década de 1980, afirma: "comparativamente es fácil conseguir que las computadoras muestren capacidades similares a las de un humano adulto en tests de inteligencia, y difícil o imposible lograr que posean las habilidades perceptivas y motrices de un bebé de un año".

Paradoja que deja de serlo si se entiende la complejidad de la actividad inteligente razonadora y que la actividad del robot no es en absoluto similar a IH. Si nuestro lenguaje, inadecuadamente así lo expresa, confunde, como confunde actualmente el hablar de chatGPT como "inteligente". Actividades consideradas sencillas pero que requieren

182

programación y algoritmos muy complejos serían atarse unos zapatos, subir unas escaleras, caminar por un edificio, abrir puertas, captar y reproducir sonidos o imágenes del entorno. El que un algoritmo reproduzca una respuesta que se le ha enseñado reproduciendo formalmente el sonido o la grafía, con conceptos abstractos, no quiere decir que elabore significadamente esos conceptos, sino que los repite como un loro. Lograr que un ordenador o un robot cree conceptos con significado es pura ciencia ficción, imposible para una máquina.

5.1.3. Internet como sistema de memoria colectiva universal, lugar de los Big Data significados conceptualizados por IH

El perfeccionamiento de los sistemas de computación y su cada vez más masiva memorización de datos, propicia que se piense en intercomunicar en redes sus memorias por todo el mundo.

Parece que la primera invención ocurrió en la década de los 60, durante la guerra fría entre Rusia y Estados Unidos, para prevenirse de un posible ataque, acercando la información en tiempo real a los diversos escenarios de guerra. En 1983 el Departamento de Defensa de los Estados Unidos creó el protocolo TCP/IP, la red ARPANET.

La creación de Internet la podemos proponer como el precursor más inmediato y necesario de las herramientas asistentes de voz, chatbots, chatGPT (Transformador Preentrenado Generativo). A su inicial uso en tiempo de amenaza de guerra, sucedió su uso civil y a partir del final del siglo XX su explosión comercial, cultural, científica hasta el punto de que no parece existir información que no aparezca ya en las redes y no parece que pueda tener límites la velocidad de acceso y la inmensidad de información que se pueda acumular.

Al igual que la invención de las computadoras supuso una revolución en la humanidad y en sus posibilidades inteligentes de conocer y dominar los entornos, internet se ha superpuesto como otra revolución igualmente importante. A las puertas están llamando la tercera y cuarta revolución, que consiste en hacer uso de Internet con la formalidad de códigos lingüísticos que usa la inteligencia humana, para provocar productos que se asemejen a los que podría provocar nuestra inteligencia, pero a una mayor velocidad y aparente profusión de información relacionada. Estamos hablando del gran número y diversidad de chats inadecuadamente denominados genéricamente como Inteligencias Artificiales, IAs.

Internet ha cambiado nuestros hábitos y costumbres, reemplazando, con enormes ventajas, las enciclopedias que en los años 60-70 llenaban nuestras estanterías y que ahora, cubiertas de polvo, solo toleramos como pieza de museo o como adorno. Rememoramos nuestra época de estudiantes visitando bibliotecas cuando ahora visitamos Internet. Incluso podemos rememorar preguntas que hacíamos a padres, maestros y que ahora nos responde, con bastante adecuación SIRI, ALEXA, CORTANA o algún asistente virtual de voz y/o texto, desde su memoria almacenada en bases de datos en Internet. Son asistentes que buscan en la base de datos de Internet, u otras bases de datos privadas, al igual que hace chatGPT.

Podemos hablar de Big Data refiriéndonos al internet actual, con su enorme cantidad de información, de todos y cada uno de los ámbitos culturales. Big Data que parece poder crecer sin límites.

5.1.4. Navegadores y buscadores de internet seleccionando información

Se accede a internet a través de **navegadores**, con sus correspondientes posibilidades o alternativas que ofrecen en la forma y momento de acceso. Navegadores como: Google Chrome, Mozilla Firefox, Safari, SRWare Iron, Microsoft Edge, Opera y otros que van apareciendo y mejorando o especificando su utilidad constantemente para servir a diferentes necesidades según la demanda de sus usuarios, de IH en última instancia.

Desde un navegador determinado se utilizan **buscadores** con algoritmos complejísimos. Buscan en Internet a partir de "palabras" (fonemas/grafemas) o "iconos" clave, que analizan a través de internet hasta miles de millones de palabras o iconos similares consideradas importantes o relevantes según los algoritmos utilizados.

Existen muchos buscadores, cada cual con sus variedades, en diversas lenguas y de búsqueda más o menos específica con características propias. Así podemos utilizar, a conveniencia: Google (Panda, Penguin, Colibrí), Bing, Baidu, Yahoo, Startpage, Yandex, DuckDuckGo, Ecosia, Archive, Gibiru, Qwant, WolframAlpha, Yahoo, Ask, Altavista, MSN, AOL, AlltheWeb, Go, Netscape Search, Live, Lycos, Snap, webcrawler, AURA!, Releton, Quintura, Wandex, Excite, Altavista, Naver..., etc.

Los buscadores, como conjuntos de programas informáticos cada vez más complejos, rastrean, buscan la información relacionada con cada palabra o icono, o conjuntos de ellos en Internet. Almacenan en inmensas bases de datos la información encontrada al tiempo que la ordenan y clasifican para reconocerla posteriormente con rapidez. Tratan de acertar con las necesidades de los usuarios, y, como herramientas, están en constante proceso de optimización y actualización, que siempre se hace desde IH.

A partir de chatGPT de OpenAI, y animados por su éxito, empiezan a proliferar buscadores que utilizan algoritmos mas cercanos a los chatGPTs para responder con lenguaje similar al de los humanos y así acertar mejor con el interés buscado por sus clientes. Así van apareciendo: Bing de Microsoft y OpenAI; Google Bard de Google; Perplexity, de Perplexity AI; Llama 2 de Meta; Poe, de Quore; Claude de Anthpic; Pi (Personal Intelligence) de Inflection; Character ai, de Noam Shazeer y Daniel De Freitas; Amazon CodeWhisperer, de Amazon... etc, etc., en constante aumento y en constante proceso de optimización o adaptación con nuevas versiones, incluyendo el inicial charGPT de ApenAI, del que reconocemos hasta el momento 4 versiones y colaboración en la confección de muchos otros chats.

Todos los chats se basan en programas informáticos dirigidos por algoritmos creados por IH. Todos intentan buscar (las IHs que los fabrican), optimizar los algoritmos para valorar las búsquedas, ordenar y clasificar con criterios objetivos la información, según la finalidad que se pretende en cada buscador. Los buscadores no tienen apenas autonomía para reprogramar nada, nos olvidamos que siempre son creados por IH, que es quien determina su finalidad, que es quien tiene consciencia de deseos a satisfacer y quien posee valores de búsqueda intencional.

A veces nos olvidamos de que los buscadores son herramientas en manos de IH, que los fabrica, mantiene, mejora, actualiza constantemente, y en su caso, los olvida y hace que desaparezcan o sean sustituidos por otros. El buscador "no sabe nada", no es consciente de nada de lo que hace. Recibe órdenes programas y algoritmos matemáticos. Órdenes que acata sin poder rechistar lo más mínimo. Sólo eligen aquello que se les permite. con las alternativas y en la dirección permitidas.

El uso de internet ya viene propiciando herramientas que podemos llamar HPG (Herramientas Preprogramadas Generativas). Por ejemplo programas informáticos que permiten administrar pruebas, corregir, obtener perfiles gráficos y verbalizados con los resultados. Nosotros mismos *(Yuste, C. y Yuste, D., 2011-2019; 2024)* preparamos un sistema de pruebas online, que facilita la administración, corrección, confección y listado de informes estructurando los resultados. Le denominamos *gestorbadyg.com,* y podríamos llamarle con un más ostentoso título: HPG, Herramientas Preprogramadas Generativas. ¿Qué genera? Informes estadísticos y explicativos de respuestas a reactivos cognitivos determinados, seleccionados previamente como conductas inteligentes.

Por supuesto jamás se nos pasaría por la mente denominar los programas *gestorbadyg.com* como inteligentes. Sabemos con total seguridad que ofrecen productos programados automáticamente, que quien los programa y dirige su programación son quienes pueden ostentar la verdadera y adecuada denominación de inteligentes. Como todos los actuales descendientes de chatbots y chatGPTs, *gestorbadyg.com* requiere programación y algoritmos matemáticos, nace a instancias de IH y con la colaboración de un experto programador, se mantiene y optimiza por IH, vivirá mientras sus creadores, IH, lo estimen conveniente y útil para determinados usuarios, en este caso pedagogos, orientadores educativos, psicólogos clínicos.

¿IH / chatGPTs?

débiles analogías inconsistentes, comparación puramente metafórica

Para poder comparar chatGPT con IA, la mejor manera será definir ambas. La inteligencia humana ya la definimos en apartados anteriores. Nos resta tratar de definir chatGPT.

ChatGPT, cuyas siglas finales proceden del inglés **G**enerative **P**retrained **T**ransformer. En español Transformador Preentrenado Generativo. Con esta titulación los autores no califican su producto como una inteligencia pero parecen sentirse cómodamente satisfechos cuando se las clasifica, junto a otros innumerables programas, con la pomposa denominación genérica de "Inteligencia" Artificial, IA.

La etimología proviene el latín ferramentum, instrumento de hierro. dado que después de las edades de piedra y cobre, las herramientas eran de hierro, ferrum, fundamentalmente. Las definimos como *herramientas, artefactos elaborados por la inteligencia Humana, exteriores a la propia inteligencia, que tiene por función la realización de tareas difíciles o peligrosas o que exigen mucha fuerza, o rapidez o precisión*. Ayudan a IH a adaptarse a los entornos y/o a cambiarlos en función de sus necesidades y deseos.

IH crea y utiliza las herramientas con finalidades determinadas de dominar los entornos tanto físicos/naturales como sociales/culturales. Cubren necesidades humanas o ayudan a resolver problemas que se plantean en las conductas humanas en relación con sus entornos. Requieren algún tipo de energía física externa para activarse (sólida, líquida o gaseosa, electricidad), en oposición a las energías internas fisiológicas, que necesitan los sistema corporales para obtener nutrientes o sustancias químicas para su funcionamiento.

Los chatbots los podemos subclasificar: 1) Herramientas de búsqueda y recuperación de información. 2) Herramientas de filtrado y personalización de la información. 3) Herramientas para almacenamiento de la información. 4) Herramientas de análisis de información, 5) Sistemas de gestión de flujos y comunicación. 6) Herramientas de

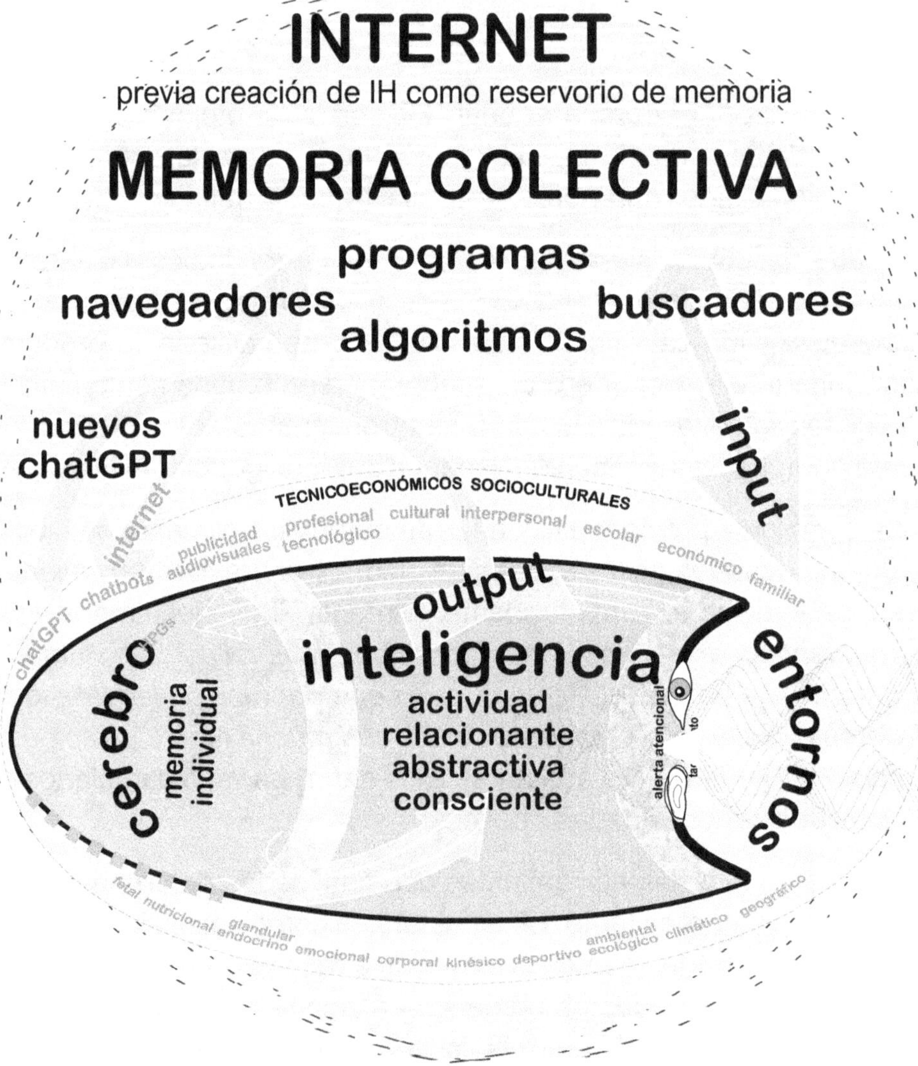

aprendizaje y comercio electrónico.

Comparamos IH con chatGPT con la finalidad de analizar en lo posible su naturaleza y poder entender posibles analogías en su denominación. Los chats nuevos que van apareciendo, se pueden entender en estas comparaciones porque vienen a ser de naturaleza y estructura similar:

Actividad Inteligente Humana, IH	**Generative Pretrained Transformer chatGPT**
1) **Actividad integrada en un ser vivo** humano que se reproduce biogenéticamente. Nace, se desarrolla, reproduce y muere.	1) **Actividad inducida en seres inertes**. IH decide cuándo nace, cómo se desarrolla, cuándo muere.
2) **Actividad natural** entre neuronas y estímulos de los entornos. Modo de actividad de seres vivos estructurando el conectoma neural.	2) **Actividad artificial**. Se activa externamente mediante energía prestada y facilitada por IH. Incansable mientras IH suministre esa energía.
3) **Aprende interaccionando** significadamente a escalas molecular, atomística y subatomística (esta última explicable mejor con teorías cuánticas), entre cuatro variables o sistemas que intervienen: **entornos** estimuladores; **inteligencia** elaboradora de relaciones y abstracciones conscientes; **emocionalidad**, asociada a deseos e intencionalidad de acción; **memoria**, que mantiene las elaboraciones y emocio-	3) **Se mueve linealmente guiada, obligada por su lenguaje automático de máquina** que permite una interacción binaria de "1" ò "0", de "ON" ù "OFF". Su ausencia de consciencia significada no le permite desear nada, rechazar nada. Nada entiende como aceptable o rechazable (no tiene vida, no siente necesidades propias). La actividad de los chats, chatGPTs no pueden "aprender" ni producir nada significadamente

nes como memoria temporal en el sistema neuronal. Su aprendizaje consciente le permite desear algo como aceptable o rechazable. Podemos hablar de una singularidad cuántica que entrelaza, con cada código conceptual abstracto, infinidad de neuronas.

4) **Autoconsciente** de su propia identidad y del significado consciente de los contenidos de la memoria creada con experiencias propias individuales.

5) **Desea emocionalmente**. Asocia significadamente a códigos lingüísticos una semántica cargada de deseo o rechazo. Desea, al entender los códigos "cargados" de sentido.

6) **La actividad de IH es potencialmente crítica**. Se hace preguntas, genera dudas, comete errores. Busca satisfacer su curiosidad evaluando logros, comparando con conocimientos anteriores. Cualquier resultado, aun el no buscado, que por "serendipia" pueda ser bueno, es fruto de la IH, que es quien, en su búsqueda intencional, también valora, entiende lo que se encuentra aunque sea accidentalmente.

7) **Crea herramientas**, actual-

relacionando a la vez con muy diferentes fuentes de información, ni desear algo como finalidad de acción que se activa asociada a conocimientos y experiencias directas propias. Su "memoria", con actualizaciones, depende directa y exclusivamente de IH.

4) **Inconsciente**, con actividad puramente mecánica. No es consciente significadamente de su propia identidad ni del significado de lo generado mecánicamente.

5) **Insensible emocionalmente**. No capta significadamente lo que procesa y/o genera. Ni desea ni rechaza nada por interés propio, autoconscientemente entendido.

6) **Sin pensamiento crítico**. Es fiel esclavo de órdenes deterministas que dirigen y obligan sus procedimientos de acción. No tiene ninguna duda ni curiosidad en especial. Ni busca ni encuentra nada significadamente útil. Procesa estadísticamente, con mucha rapidez y fiabilidad, ingentes cantidades de datos. Puede obtener "por casualidad" resultados que IH valore con significado positivo o negativo.

7) **No crea nuevas herramien-**

mente chatbot_s y chatGPT_s. Su creatividad exige una mezcla de desear y conocer significadamente, mezcla inasequible a los chat_s creados por IH.

8) **Puede inventar herramientas** que, artificialmente, **clonen hasta su propia bioquímica genómica**. No puede clonar su propia memoria, que se estructura individualmente en interacción con sus entornos conformando el conectoma neural.

9) **Puede** recrear y **mejorar indefinidamente las herramientas creadas** para conseguir mejor sus objetivos. Evalúa logros y actualiza indefinidamente las herramientas mientras las considere útiles.

10) **Se adapta a entornos** diversos y **los acomoda** en función de necesidades y deseos adquiridos. **Resuelve problemas que entiende y siente como propios** en sus experiencias vitales. Parte de experiencias directas con entornos al tiempo que construye su conectoma neural.

11) **Codifica** diversidad de información significada a base de códigos lingüísticos. En especial los utiliza "cargándolos de significado" **en modalidad fonémica, icónica, numé-**

tas. Genera respuestas que se pueden parecer a las de IH pero sigue estrictas órdenes informáticas y algoritmos impuestos desde IH.

8) **No puede crear herramientas para autoclonarse**. No puede crear herramientas que creen autónomamente sus propios algoritmos. Depende para ello siempre de IH que lo fabricó inicialmente y que lo actualiza cuando lo cree conveniente.

9) Sus actualizaciones están dirigidas desde **IH, que es quien evalúa y decide las posibles mejoras** que se imponen. Sin consciencia de su conveniencia o utilidad mejorable.

10) **Ni se adapta ni se acomoda** directamente **a sus entornos**. No se plantea problemas que ni entiende ni siente como tales, al no poseer consciencia significada. No parte de experiencias directas con entornos aunque los algoritmos le puedan permitir algún modo de interacción automática con ellos.

11) ChatGPT_s **pueden "parecer" que entiendee el lenguaje humano** en sus diferentes modalidades. Pero solo acceden a códigos lingüísticos que reconocen en su pura formali-

191

rica, grafémica.

12) **Decide** en función de conocimientos propios adquiridos, de experiencias propias, semánticamente reconocidas. Decide **ante posibles alternativas**. en función de objetivos propuestos como deseables

13) **Configura constantemente, cada día, su conectoma neural**. Reelabora información reestructurando de nuevo un conectoma "infinitamente plástico". Lo hace autónomamente, "naturalmente".

14) **IH es singularmente única**. y en comparación con otras especies vivas. Interviene en todas las operaciones cognitivas con similares operaciones mentales relacionando, abstrayendo conscientemente información a base de códigos lingüísticos variados.

15) **IH es una realidad unificada como Inteligencia General**. Realiza procesos mentales usando la diversidad de códigos lingüísticos.

16) **Es sujeto jurídico responsable** de sus actos o ante la sociedad, **por su relativa libertad** para elegir entre alternativas. Es capaz de lo mejor y lo peor, éticamente. **IH,**

dad material, sin significado.

12) Irredimible esclava de IH, **sin decisión propia alguna**. Sólo realiza lo que IH le va ordenando en forma de preprogramación. Sólo toma las "decisiones" (alternativas) impuestas por sus algoritmos.

13) Los chats **no cambian autónomamente su estructura**. Tienen que acudir a IH para subsanar posibles errores, equivocaciones o actualizaciones. Sus reconfiguraciones serán igualmente artificiales.

14) HPGs, Herramientas Preprogramadas Generativas, van siendo una **enorme multitud de herramientas** distintas, cada una útil en un área específica. La llegada de IAG, Inteligencia Artificial General es pura especulación. Alimento de IHs imaginativas e inquietas.

15) **IAG no deja de ser más que una entelequia** en el afán de sus autores (que no dejan de ser IHs), por asemejarse y tratar de superar a IH.

16) **No puede ser sujeto jurídico responsable** de sus actos ante la sociedad humana. Actúa sin consciencia de lo que hace, dirigido determinísticamente desde IH. **Las máquinas no**

los autores de las herramientas sí **pueden mentir. También equivocarse**. Sus errores se deben aceptar como algo normal no reprobable ni ética ni legalmente.

17) **Podemos hablar de la singularidad del "homo sapiens"**. Denominando nuevas herramientas como superchatGPT **deberíamos hablar de un "homo supersapiens"** capaz de fabricarlas. IH será siempre su creador y velará por su supervivencia.

18) **IH**, en algunos procesos mentales considerados también como específicos de su singularidad, **tiene limitaciones en rapidez y eficacia**. Su rapidez de cálculo y en trabajos peligrosos y/o especialmente delicados.
La actividad mental **realiza cálculos con mayor lentitud** que la que apreciamos en los chatbots, chatGPTs, y en programas de ordenador. Ante tareas peligrosas o muy mecánicas es menos eficiente IH. IH rememora y vuelve a memorizar conceptos "cargados" de significado y con sus emociones asociadas. Mueven cada vez redes o engramas enteros de millones de neuronas.

19) **IH necesita de períodos de**

pueden mentir ni se suelen "equivocar", no son libres. Sus autores o su manejo, sí. No pueden resolver problemas que nunca entienden ni sienten como tales.

17) **No es razonablemente previsible poder hablar de una Inteligencia Artificial** singular, entendiendo por singularidad el hecho de **que llegue a igualar o superar a IH**. Es esclava sin consciencia de lo que hace, mera actividad de máquina.

18) Los robots, chatbots y chatGPT son **más rápidos y seguros en procesos de cálculo**. Y se pueden fabricar herramientas que ayuden y suplanten al hombre con **mayor eficacia en actividades peligrosas y/o delicadas**.
Los chats realizan algunas tareas con mucha mayor rapidez que IH. Se debe a que no "cargan de significado" los códigos que cada vez usan. Lo hacen "mecánicamente". **Los robots, chatbots y chatGPTs realizan tareas con mucha mayor eficacia**. No asumen posibles riesgos, en el caso de las peligrosas. Son puramente mecánicas sin carga de significado ni emoción asociada.

19) ChatGPT no necesita descan-

descanso en su actividad (sueño). Parece una desventaja en relación a los chats, ya que productivamente puede ser menos prolífica.

20) **IH lleva posiblemente millones de años desarrollando un "rico" lenguaje abstracto** consciente. Siempre con connotaciones neuronales y de estimulación social.

sar en su trabajo, **mientras se la alimente energéticamente-** Juega con este hándicap. "Descansa" en cuanto IH deja de proveerle de energía.

20) **ChatGPT lleva apenas un quinquenio** desde que apareció con ese nombre en California, **en 2022, desarrollado por OpenAI**. Siempre relacionado con IH.

5.15. Consideraciones en relación a los 20 puntos comparando IH con chatGPT en párrafos anteriores

Tratamos de comparar una actividad técnica con una actividad científica. Una actividad técnica, mecánica, creada con la actividad mental de quien la crea, IH. Una actividad técnica propia de un ser inerte, con la actividad de un ser vivo. Una actividad técnica sin consciencia, sin emocionalidad ni deseos propios con la actividad humana inteligente, consciente, que, por su misma consciencia, entiende lo conocido como deseable o rechazables. La actividad técnica ni siquiera busca comprender la realidad para desear algo, la ciencia sí. La actividad técnica determinística, es útil a la ciencia que aspira a la comprensión de la realidad total, incluso a cambiarla para utilizarla en la propia satisfacción del deseos que surgen al conocerla.

1) **IH es actividad de un ser vivo**. Se reproduce biogenéticamente de otro ser vivo, se desarrolla autónomamente y muere. Necesita sustentarse e interactúa con sus entornos para poder sobrevivir. Su actividad inteligente le permite al mismo tiempo actuar sobre esos entornos para acomodarlos a necesidades sobrevenidas en procesos de aprendizaje. Interacciona constante y autónomamente con energías propias internas bioquímicas y estimulaciones electromagnéticas y de ondas sonoras desde entornos externos. Los chats, al ser seres inertes, no disponen de dinamismos propios que instintiva o conscientemente deseen algo para sobrevivir. No existe autodinamismo en pos de un objetivo, porque simplemente no reconoce nada conscientemente significado. Su dinamismo está condicionado por objetivos y necesidades de otro dinamismo, la inteligencia humana.

Los seres vivos, el hombre, nacen y mueren siguiendo un ciclo vital genéticamente heredado. Los chats nacen cuando IH los inventa y fabrica, mueren cuando IH los olvida, deja de actualizarlos o necesitarlos. Los chats, como herramientas podrán perdurar al ciclo humano de vida, mientras haya IH que pueda y quiera mantenerlos y actualizarlos. El hombre, su inteligencia, su memoria, se generan en un proceso vital que perdura toda su vida. La memoria individual desaparece, su biología se hereda y el nuevo ser vuelve a generar su propia memoria partiendo de experiencias únicas en interacción con sus entornos y actualizándola con la memoria colectiva escrita. ChatGPT, solo metafóricamente podemos afirmar que nace cuando les crea IH. Vive autónomamente mientras le mantiene IH y muere cuando IH deja de necesitarle y proporcionar energía.

Hablar de chatGPT como IA es pura metáfora basada en analogías muy débiles. Relatar sus potencialidades en relación a IH es casi pura imaginación sin tener en cuenta su diversa naturaleza radicalmente diferente, como herramientas que ayudan la labor de IH.

2) IH es una actividad natural que se despliega desde el momento del nacimiento y perdura hasta la muerte. Es una actividad natural propia de todos los seres vivos con sistema neuronal desarrollado. Por naturaleza interactúa con entornos que tienen fundamentalmente unas mismas estructuras físicas y/o químicas. Capta directamente la realidad, a través de sentidos. Se integra en entornos desde los que recibe estímulos que interactúan con dinamismos propios internos. Su naturaleza está provista de un cerebro con células muy especiales, neuronas.

Neuronas que no se regeneran cada poco tiempo como la mayoría de las células corporales. Perduran vivas para mantener como memoria las experiencias vitales con sus entornos. Es lo que posibilita una memoria siempre renovable y rememorable hasta la muerte del individuo. Su perdurabilidad posibilita el sentido de autoconsciencia, ya que se entiende como un desarrollo continuado y que puede siempre rememorarse como una unidad de sentido en unos entornos reconocibles conscientemente. IH dispone de dos tipos de memoria, los dos fruto de su directa creación: memoria individual fruto de sus propias experiencias y memoria colectiva, escrita, fruto de las actividades de anteriores generaciones. La memoria individual se reconstruye constantemente con cada nacimiento individual.

196

Los chats, por el contrario, son seres inertes. Son creados por IH, y utilizados como herramientas mecánicas para finalidades ajenas, al no disponer de consciencia propia. Sus dinamismos son dirigidos y alimentados por IH, quien los utiliza para provecho propio de adaptación y acomodación de sus entornos. Aprende solo alimentándose de la memoria colectiva de internet, creación propia de IH. Recordamos la anécdota de una persona muy culta ironizando sobre la capacidad como inteligencia de los chats: Escucha que se distribuye un novedoso cortacésped de actividad autónoma que, al terminarse la energía que almacena, se dirige directamente a su fuente de energía y se autoconecta. Ironiza con que ya empieza a sospechar que son aparatos inteligentes como IH que, cuando tiene hambre busca el alimento que la sacie.

3) IH aprende interaccionando significadamente a escalas molecular, atomística y subatomística (explicable mejor con las teorías cuánticas), entre cuatro variables o sistemas que intervienen: a) **Entornos** estimuladores desde ondas mecánicas sonoras y ondas electromagnéticas captados a través de los órganos sensoriales, fundamentalmente la vista y el oído. b) **Inteligencia** elaborando relaciones entre la información, conceptualizando abstractamente y por ello obteniendo consciencia significada de las elaboraciones. c) **Emocionalidad**, asociando a conocimientos y experiencias rechazos intencionalmente deseables o rechazables. d) **Memoria**, manteniendo elaboraciones y emociones como memoria temporal al tiempo de estructurar el conectoma neuronal al interaccionar con él.

Las interacciones a escalas molecular, atomística, subatomística entre subpartículas entre las cuatro variables, hace que podamos hablar de una singularidad cuántica que entrelaza cada código conceptual abstracto aprendido con infinidad de neuronas. La teoría mecánica cuántica, que trata de entender las leyes de interacción entre partículas subatómicas. Por el momento parece no poderse explicar con la teoría de la relatividad general aunque se dan estas interacciones que se conceptualizan como entrelazamientos cuánticos, de modo que una subpartícula, por ejemplo un/os fotón/es, al activarse activan otro/s fotón/es aunque estén muy alejados, sin aparente contacto físico entre ellos. La teoría de la relatividad general sí parece poder explicar (de momento de la mejor manera posible) las fuerzas interactivas en el macrocosmos sobre realidades compuestas de multiplicidad de átomos.

Nos centramos en los dos órganos de captación de sensaciones más importantes para el desarrollo cognitivo, vista y oído. En la vista se trata de energía lumínica, luz en ondas electromagnéticas, captada en la retina por neuronas muy complejas y especializadas, bastones y conos (120 y 6 millones aproximadamente en cada ojo), que la transfieren en impulsos nerviosos al cerebro. En cuanto al oído se trata de ondas mecánicas acústicas, que hacen vibrar el tímpano con intensidad y frecuencia determinadas. Se incide sobre las aproximadamente 24.000 células neuronales especiales ciliadas del órgano de Corti, donde se transducen también en impulsos nerviosos eléctricos que llegan al cerebro.

La energía que mueve la actividad mental proviene inicialmente de la interacción con energías del entorno, de ondas lumínicas electromagnéticas y acústicas. Se asocian emociones a los conocimientos, en intercambios sinápticos bioquímicos microscópicos, a escala molecular y eléctricos, a escala atomística, incluso subatomística entre subpartículas por ejemplo fotones que se entrelazan dinámicamente aunque estén muy alejados en el espacio entre los sistemas nervioso central del encéfalo y los del sistema nervioso periférico.

Pierre Agostini, Ferenc Krausz y Anne L'Hellin obtienen el premio Nobel de Física de 2023 por experimentos que permiten observar empíricamente algunos movimientos de pulsos de luz en un espacio temporal de trillonésimas de segundo. Moungi Bawendi, Louis Brus y Alexei Ekimov, obtienen el Premio Nobel de Química 2023, al observar lo que denominan puntos cuánticos a escala nanométrica que cambian de color desde el azul de los más pequeños al rojo de los más grandes.

Pero aún no podemos observar en tiempo real los las interacciones en el cerebro entre estímulos a escala subatomística y actividades biomoleculares a escalas moleculares. Sabemos que existen esas actividades de interacción intracraneales, pero no tenemos más remedio que hipotetizar la funcionalidad de su actividad basándonos en los efectos fenotípicos sobre conductas cognitivas en los procesos de aprendizaje y sobre las neuroimágenes, a escalas macromoleculares.

Observar, empirizar perceptivamente las actividades intracraneales en tiempo real es imposible sin parar la vida, la misma actividad que queremos empirizar. En física podemos hacer observaciones de interacción entre subpartículas, al tratarse de materia inerte, con apenas implicaciones éticas para su manejo. Pero realizar observaciones intracerebrales directas y a escala real implica desafíos éticos que nos parecen insalvables (por el momento).

Si la física relativista se complica con la mecánica cuántica, pretendiendo entender las interacciones entre partículas subatómicas, podemos comprender la inmensa complejidad que añadimos también a las interacciones entre inteligencia, entornos y bioquímica cerebral. Las interacciones intracraneales entre energías moleculares y atomísticas provenientes de actividades biomoleculares intracraneales y estimulaciones extracraneales de los entornos no soportan una teoría desde la física. *"La física cuántica lleva más de cien años envuelta en polémicas filosóficas, particularmente en lo que se refiere al papel del observador en la creación de realidad, un proceso conocido en física como "colapso de la función de onda"... Quizás incluso tengamos que revisar nuestro concepto de espacio y tiempo una vez más"* (Frauchiger, D. y Renner, R., 2018).

Nos enredamos en disquisiciones especulativas para tratar de dilucidar si es la consciencia quien determina la realidad o más bien la realidad física la que provoca el conocimiento consciente. Conceptos como "entrelazamiento cuántico", que se propone como hipótesis para superar incluso observaciones que contradicen la teoría de la relatividad de Einstein, son muy atractivos y sugerentes para aplicarlo a las interacciones o a los procesos de transduccción de energías entre las cuatro realidades que hipotetizamos. Pero incluso para la física aún significan casi un misterio. Solo se han podido realizar en laboratorio experimentos con partículas microscópicas que parecen confirmar el "entrelazamiento" entre dos o tres fotones *(Paul-Antoine Moreau y otros, 2019)*. Poder experimentar con las intrincadas transducciones mentales implicaría soñar con experimentos de pura ciencia ficción.

En un estudio muy actual *(Liu y otros, 2024)* publicado en la revista Physics Review: sus autores sugieren que un material graso llamado mielina que rodea el axón de la célula nerviosa, la fibra que transmite los impulsos eléctricos a otros nervios o tejidos corporales, proporciona un entorno en el que es posible el entrelazamiento de fotones. Esto podría explicar el surgimiento de la consciencia y, sobre todo, de su sincronización, esencial para el procesamiento de la información y la respuesta rápida. Con su expresión: *"La consciencia en el cerebro depende de las actividades sincronizadas de millones de neuronas, pero el mecanismo responsable de orquestar esta sincronización sigue siendo difícil de encontrar"*, se lee en el artículo. *"Los resultados indican que la cavidad cilíndrica formada por una vaina de mielina puede facilitar la emisión espontánea de fotones desde los modos vibracionales y generar un número significativo de pares de fotones entrelazados".*

El equipo de Liu construyó modelos matemáticos que detallan cómo los fotones infrarrojos podrían incidir en la vaina de mielina e impartir energía a los enlaces químicos -en concreto, a los enlaces carbono-hidrógeno incrustados en este tejido graso. Esto, a su vez, podría estimular la generación de bifotones con muchos pares entrelazados y servir como una especie de *"recurso de comunicación cuántica"* dentro del sistema nervioso. "Cuando un cerebro está activo, millones de neuronas se disparan simultáneamente", explica a New Scientist Yong-Cong Chen, coautor del estudio. *"Si el poder de la evolución buscara una acción manejable a distancia, el entrelazamiento cuántico sería un candidato ideal para este papel".*

El concepto de "entrelazamiento" entre subpartículas nos parece muy sugerente y plenamente concordante con la visión ya aceptada de la existencia de redes, engramas, incluso de todo el conectoma neural. Incluso nos parece así muy sugerente para poder explicar la aparición de consciencia significada. Ahora bien, cuando hablamos de estas actividades intracraneales, no podemos achacar la causalidad directa de la consciencia a la mera actividad bioquímica. La causalidad la entendemos como previamente ocasionada, eso si, intracranealmente, por la actividad relacionante, abstractiva, consciente de la inteligencia, en su interacción con las energías extracraneales de los entornos, en especial de los entornos sociales. Así podemos hablar de una singularidad cuántica en el entrelazamiento interneuronal, podremos hablar de cúbits que aumenta exponencialmente la enorme cantidad de interacciones instantáneas que se dan al codificar la información.

Los chats, chatGPTs se activan cada vez linealmente a base de bits, desde las órdenes de los programas informáticos y los cálculos algorítmicos numéricos. No pueden obtener productos significados relacionando a la vez con muy diferentes fuentes de información, ni deseos como finalidades de acción que se activan asociadas a conocimientos complejos (instalados como memoria en redes, engramas que integran cada vez miles, millones, miles de millones de neuronas). "Sospechamos" (o aseguramos) esa complejidad como posibles en las interacciones entre entornos, inteligencia, neuronas. Las herramientas chatGPTs son comparativamente mínimas. Si reflexionamos, no podemos encontrar la menor analogía realista entre IH y chatGPTs. Por ello insistimos en que la denominación de IA, es totalmente inadecuada, puramente metafórica, y solo provoca grandes confusiones en torno a las posibilidades del "conocimiento" y de la "naturaleza" que ambas provocan (aprendizajes naturales en IH, input y output en las denominadas IAs.

Las teorías mecánicas cuánticas que sostienen interacciones entre partículas más pequeñas que el átomo, también tendrán cabida para entender las posibles interacciones entre estimulaciones de los entornos y la memoria neuronal para, construir la memoria individual instalada en el conectoma neural. Podemos considerar dos sistemas diferenciados de interacción entre entornos y bioquímica neuronal: A) **sistema fotoeléctrico** que es el que parece tenerse en cuenta en el artículo anteriormente citado de Liu y otros, y que provoca el conocimiento consciente entrelazando fotones y B) **sistema bioquímico**, entrelazando sustancias químicas y que se provoca cuando el conocimiento, las experiencias son aceptadas como positivas, deseables o bien como negativas, rechazables.

Tenemos que insistir en que, aunque los neurocientíficos puedan observar por neuroimagen algunos cambios en el cerebro, en la actividad relacionante y abstractiva que provocan previamente los entornos, en especial los socioculturales desde donde se causan directamente los cambios en la estructura de redes, engramas, en el conectoma neural. Entre muchos neurocientíficos observamos una tendencia reduccionística pensando que los cambios biogenéticos, bioquímicos son la causa, a su vez de los procesos cognitivos superiores. Es una tendencia a extrapolar los resultados experimentales sobre la actividad neuronal para explicar la cognición. Tendencia que ocasiona muchas afirmaciones inciertas y, sobre todo, ralentiza el conocimiento causal correcto.

Los chats se mueven linealmente guiados determinísticamente por su lenguaje máquina que permite una interacción binaria de "1" ò "0", de "ON" ù "OFF". No sabemos que puedan actuar a escalas ni moleculares ni atomísticas, y menos cuánticas subatomísticas. Sólo podríamos hablar de un sistema que se mueve con impulsos eléctricos. Ninguna posibilidad de encontrar alguna emocionalidad. Los chats interaccionan a distancia luz de complejidad si los comparamos con IH. Sus variables fundamentales intervinientes son: IH y el Big Data de Internet de las cosas (creado históricamente por IH, dependiente de IH). Las herramientas son artificios que IH va inventando a través de la historia y últimamente depositando sus creaciones en internet. ChatGPT usa solo la memoria que IH y otras fuentes de información, a las que IH le permite acceder y que pueden instalarse en máquina y/o actualizar cuando IH crea conveniente. ChapGPTs, las denominadas como IAs, son verdaderamente creaciones esclavas fieles de la actividad de IH.

4) IH es consciente significadamente de lo que va aprendiendo, autoconsciente de su propia identidad construida a lo largo de cada ciclo vital individual. IH busca casi siempre la comprensión en la información que recibe. Incluso cuando rememora algo aprendido para un examen, con poca comprensión del significado profundo que se pueda dar a los conceptos usados, busca expresarse con algún nivel de significado y congruencia con sus conocimientos previos. Si se aprende de memoria una poesía, por ejemplo, al relatarla reconoce imágenes como situaciones en las que se relata, símbolos, tonos con los que se la enseñaron y aprendió. IA solo busca producir rápida y eficazmente algo. Es producción puramente mecánica, sin ningún sentido, finalidad ni deseo propio. Puede conseguir producciones muy rápidas y fieles, pero sin sentido racional.

IH es consciente de lo que aprende en interacción con sus entornos, por su propia naturaleza relacionante y abstractiva. Constantemente compara y encuentra semejanzas y diferencias, clasifica en función de esas semejanzas y diferencias. Formula hipótesis en forma de razonamiento inductivo evaluando los procesos de cambio lineal observados para aceptar o rechazar hipótesis explicativas sobre los fenómenos que observa. Procesos que despiertan naturalmente la consciencia semántica de lo que va experimentando. Relaciona muchas diferentes fuentes de información en un "sentido común". También es consciente de su propia identidad, se da cuenta de su naturaleza singular y específica al poder mantener y recuperar en su memoria individual acontecimientos pasados que han ido conformando su desarrollo individual. La consciencia constituye la clave para entender la inteligencia, la cognición. Es un enigma que, a veces, la neurociencia trata de resolver, sin lograrlo.

El problema es que la neurociencia no puede resolverlo por su propia cuenta. Si únicamente bucea en el cerebro, entre las neuronas, no percibe, ni podrá percibir nunca nada que la pueda explicar. Simplemente porque la consciencia requiere observar los procesos cognitivos de aprendizaje para poder obtener alguna explicación. La consciencia parte de la interacción sensorial con los entornos y se podrá explicar por su conocimiento relacionante y abstractivo. La consciencia es conocimiento de conceptos y los conceptos son abstracción de multiplicidad de relaciones concentrando las características de multiplicidad de eventos y posibilitando su memoria temporal.

Resolver el enigma de la consciencia, de la captación de significado conceptual, es el objetivo más directo y propio a explicar por la psicología y una característica esencial, singular, de la naturaleza cognitiva humana. El hecho de que no se pueda empirizar, por el momento, en tiempo real la actividad intelectiva en sus interacciones con los entornos y el conectoma neural, no significa que no exista realmente. Sin su existencia sería imposible entender la consciencia, explicarla.

ChatGPT, es una máquina inerte. No tiene ninguno de los dos tipos de consciencia que explicitamos en el párrafo anterior, porque no entiende que su memoria sea una memoria propia individual, de un ser diferenciable de otros. Tampoco realiza las operaciones abstractivas de IH, porque solo relaciona aquello lo que se ha previamente "obligado" a relacionar, no lo hace activado por una consciencia semántica que busca guiada por deseos propios.

El concepto de "aprendizaje" es, al igual que el de "inteligencia", propio de la psicología del aprendizaje. También es inadecuado para aplicarlo a chatGPT. Su uso crea confusiones y atribuciones inconsistentes. El adjetivo de "generativo" tiene necesariamente otra significación sin relación alguna clara con la generación de conceptos propia de la actividad de IH. IH no compara ni mezcla (combinatoria) meros vocablos o iconos o números en su formalidad fonémica o grafémica, sino que los integra asociados a significados provenientes de los procesos de aprendizaje. Hablar de "inteligencia que aprende" cuando a sensores se les obliga con un programa artificial para reaccionar de una u otra manera es inadecuado. Y en el fondo esta es la forma básica desde la que se estructura cualquier programa más complejo, como conducta dirigida por la actividad humana, IH, semánticamente consciente.

La IA viene a ser como el loro parlanchín, que dice lo que sabe, pero no sabe lo que dice. En este caso es loro que aprendió a hablar y a escribir, pero no sabe nada de lo que habla o escribe.

5) IH desea emocionalmente. Toda experiencia, todo conocimiento nuevo para IH, se asocia a un grado de aceptación o rechazo en función de si lo considera útil para su finalidad natural de supervivencia o para la adaptación y acomodación con sus entornos. Emociones que parten de su naturaleza curiosa y miedosa a la vez, al interactuar con los entornos. La emocionalidad propicia un pensamiento más subjetivo, porque incentiva o desincentiva el deseo de volver a experimentar o rechazar experiencias pasadas. Pero al mismo tiempo motiva a IH, a proponerse objetivos cada vez más amplios y nunca totalmente satisfechos, para los que tiene que tomar decisiones, planificar la búsqueda y evaluar su grado de acercamiento al objetivo final. Hasta tal punto la emoción acompaña a la IH, que se postuló y tuvo mucho eco en ámbitos educativos como Inteligencia Emocional, como una nueva inteligencia *(apartado 2.7.)* aun cuando no se la puede denominar inteligencia. Es una variable que se asocia al conocimiento, a las experiencias con sus entornos.

ChatGPT, en cambio no tiene ninguna finalidad propia deseable. Podemos encontrar una finalidad en cada herramienta de chatbot y/o chatGPT, pero solo es emocionalmente consciente para quienes han fabricado esos chats. Hasta el punto que IH es quien los inventa, imagina, fabrica, evalúa, actualiza para obtener mayor validez.

Puede parecernos a veces que algún robot, chatbot nos da respuestas que parecen emocionalmente similares a las que dan los humanos. Puede incluso que ayude a ello algún gesto o actitud del robot, pero son solo parecidos, nunca emoción sentida. Puede parecer incluso que algunos chats, cambian alguna respuesta cuando se le insinúa que se ha equivocado. Pedro también son conductas que se han "enseñado" con los programas y algoritmos que IH le ha instalado y que se reproducen automáticamente. Pero no existe ninguna consciencia real sentida y/o deseada por un robot. IH le enseña cada vez mejor a "aparentar" sentimientos provocando reacciones similares a las observables en humanos.

También nos pueden parecer más objetivo lo que generan al no estar condicionados con la subjetividad propia de las emociones. Pero su aparente validez objetiva también está condicionada por la validez con que se ha evaluado la información acumulada en internet y otras fuentes de datos, de donde extrae su información.

¿Podrán alguna vez sentir, emocionarse algún chatbot? No lo creemos ni posible, mientras no dejen de ser máquinas. No mientras no sean cognitivamente conscientes. No, mientras no posean un cerebro propio, un sistema nervioso propio. ¿Podrán evolucionar hacia un sistema nervioso propio y complejo como los humanos? No lo creemos ni probable. Antes podría evolucionar cualquier animal con sistema nervioso propio aunque rudimentario.

IH no es propiamente emoción, pero su actividad cargada de significado consciente, provoca la emoción, que se asocia a ese significado, a esa experiencia y se mantiene asociada también en la memoria temporal. Luego provoca deseos de repetir las mismas experiencias, evocar los mismos conocimientos.

6) IH es capaz de pensamiento críticamente activo. Puede comparar conceptualizaciones complejas emitiendo juicios sobre su posible veracidad o adecuación a la realidad conocida anteriormente. Al entender significadamente lo que experimenta, aprende, puede evaluar la posible veracidad de opiniones de distintas fuentes de información. Puede evaluar el grado de acercamiento a esa realidad buscada, sus logros, y proponerse etapas para alcanzar objetivos finales. Lo puede evaluar desde su conocimiento alcanzado en un momento determinado. Se hace preguntas para satisfacer las dudas que le generan anteriores conocimiento sobre nuevas experiencias.

La curiosidad se mueve por la novedad de búsqueda y la satisfacción del encuentro. La curiosidad se puede apagar por incorrecta estimulación (memorismo, aprendizaje aburrido y repetitivo de contenidos sobreaprendidos, excesivo autoritarismo, dogmatismo..., etc.). Uno de los principales retos de la enseñanza es mantener viva la curiosidad innata. La disposición básica que llamamos curiosidad intelectual o tendencia a resolver problemas, explorar, imitar e interactuar con entornos sociales son tendencias heredadas que toda persona posee y que explican su dinamismo. Se manifiestan espontáneamente y en todos los recién nacidos, acompañando a los primeros actos reflejos. Es herencia de todo ser vivo que posibilita la interacción con sus entornos.

Representamos la actividad interna de la inteligencia en sus operaciones más básicas y la verbalizamos con diversos códigos lingüísticos. Desarrollamos lenguajes oral (fonético) y escrito (grafémico) con códigos a los que asociamos las relaciones y abstracciones de la actividad inteligente y que mantenemos como memoria en mecanismos bioquímicos en redes neuronales que denominamos conectoma neural.

Los chats no pueden, por ejemplo, descubrir algo por serendipia. Incluso cuando algún resultado no buscado en función del programa, pudiera darse (por imprecisiones del programa). Los chats jamás lo reconocerían como un descubrimiento nuevo interesante. Sólo podrá hacerlo IH, valorando significadamente algún posible resultado y entendiéndole en función de conocimientos previos.

Los chats "no piensan" críticamente. Solo emiten respuestas cuya dirección y sentido están prefijadas. Como están preparados para emitir algún resultado, cuando no encuentran respuesta tienden inventar la, a menudo desvariando. Si no se les pregunta lo que esperan o del modo que se les ha enseñado a esperar, pueden solicitar mejor pregunta. Y si al cabo de varios intentos no "la entienden" pueden hasta manifestar una especie de "sentimiento de pena", por ello. IH tratará posteriormente de enseñarle a dar "mejores respuestas" en más amplios campos de conocimiento. IH simulará respuestas con un lenguaje formal similar al que ella utiliza en su intercomunicación social.

Chatₛ obedecen siempre las órdenes de programación. Se asemejan a algunas asociaciones que piden a sus subordinados que no piensen, que simplemente cumplan órdenes. Asociaciones que valoran una cierta mayor eficacia, al menos en una primera instancia. Los chats son verdaderos esclavos siempre sumisos al "tirano" de turno, a la IH que les ha creado. La posibilidad de rebelarse a su destino fijado es absurdo plantearla, aunque puede entretener con cuentos de ciencia ficción.

Su aparente posible comprobación de haber o no alcanzado un objetivo, se debe también al procedimiento programado para hacer posibles comparaciones y según sea el resultado Sí o No, poder volver a procesar a partir de otra alternativa de elección, realizando una especie de bucle. Pero no es una auténtica evaluación propia al no ser consciente significadamente de lo que realiza, es un "truco" impuesto por IH programadora para explorar diversidad de alternativas.

7) **IH crea directamente herramientas**, crea productos novedosos buscando siempre conocer mejor la realidad, responder a sus preguntas y dudas para resolver los problemas de conocimiento o actuación posible sobre ella. De conocimiento para satisfacer su natural curiosidad y de procedimiento para resolver los problemas que se le plantean para adaptarse y acomodar los entornos a sus necesidades. Actualmente viene inventando chatbots y chatGPTs, para mejor conocer y acomodar entornos a sus intereses. Los reelabora y mantiene actualizados para que se acerquen a los objetivos que la propia IH plantea.

La creación de herramientas ha supuesto una actividad constante desde la aparición del "homo" inteligente. Podemos afirmar que la primera herramienta creada por homo sapiens se parece más, es de una naturaleza más parecida a los chats actuales que los chats a la IH. Por ejemplo la creación de una lanza para cazar y alimentarse, es una herramienta que le ayuda en su objetivo de supervivencia. ChatGPTs, también le ayudan en objetivos más sofisticados. Y es que es también una herramienta muy actual. La evolución cognitiva de IH, su proceso de adaptación y acomodación de entornos ha seguido progresando y podemos prever que lo seguirá haciendo. ChatGPT también mejorará, pero irá guiada siempre por IH consciente.

Escuchamos que chatGPT es creativo con el argumento que fomentan la creatividad, ya que evitan trabajos aburridos o lentos, permitiendo pensar en otros nuevos, novedosos, creativos. Es como el argumento de que aburrirse es bueno porque puede ser el inicio de búsqueda de actividades más interesantes.

Toda nueva herramienta es fruto de creatividad y puede fomentarla, permitiendo una mejor interacción con entornos con mayor rapidez precisión. Si no fomenta nuevas búsquedas no será una herramienta útil, dejará de usarse. Los nuevos chats todavía está por conocer su verdadera utilidad y sus límites, que son los que pondrán coto a su validez. Por supuesto que tendrán sus limitaciones. No podemos razonablemente ni suponer que serán herramientas que resolverán todas las dudas, deseos e ilusiones de IH.

Encontramos una diferencia esencial entre el creador de las herramientas y chatGPT. Entre la dependencia y subordinación de la herramienta y la libre actividad de su creador, IH.

8) **IH puede incluso inventar herramientas** como procesos que creen artificialmente **clonando su propia bioquímica genómica**. Se "crean" de forma asexual, otros mamíferos, aun cuando se dudase hace poco aún de su viabilidad. Empezando por la oveja Dolly ya se han clonado multitud de animales domésticos y salvajes. En 2018, hasta dos macacos, tras muchos intentos fallidos, lo que parece una esperanza para poder recuperar especies animales o vegetales extinguidos o en peligro de extinción. Su clonación nos parece una exacta repetición de su biología. No puede clonar su conectoma neural, único, que se estructura individualmente en interacción con sus entornos. Clonar la memoria será un objetivo por ahora imposible a la ciencia. Requeriría clonar también las experiencias únicas que la han estructurado en su irrepetible conectoma neural.

Para clonar la biología humana, solo parece detener actualmente a la ciencia el gran rechazo ético que concita, aparte de su gran dificultad técnica. La dificultad técnica podría ser superada. Pero lo que nunca se podrá clonar es la inteligencia, las emociones adquiridas y depositadas en la memoria. Significaría tener que experimentar de nuevo todo lo que la ha posibilitado, tarea imposible al ser cada experiencia única e intransferible, con todas y cada una de sus circunstancias irrepetibles, por pasadas. Los entornos estimuladores que provocaron su desarrollo cognitivo son distintos de generación en generación, ya que, tanto los entornos fisicoecológicos como los socioculturales, evolucionan y cambian.

Ningún chatGPT podrá crear herramientas y procedimientos que le permitan autoclonarse. No puede crear herramientas que modifiquen o creen sus propios algoritmos. Depende para ello siempre de la IH que lo fabricó inicialmente. Al menos esto es lo que nos enseña lo que hasta el momento conocemos.

La funcionalidad de toda herramienta está dirigida significadamente por IH. ¿Podrá una herramienta crear a su vez crear nuevas herramientas? En realidad sí puede "producir" nuevas herramientas, muchas, fiables entre sí, todas iguales. No sospechamos que pueda producir alguna con funcionalidad distinta salvo por error accidental y sin poder valorar un nuevo posible uso para poder repetir ese error casualmente útil.

La creatividad es patrimonio exclusivo de IH, que siempre se activará antes para elaborar mentalmente la herramienta, durante para fabricarla y después para utilizarla y evaluar su uso, mantener y mejorarla.

9) IH Puede recrear y mejorar indefinidamente las herramientas ya creadas, para conseguir mejor sus fines. Evalúa la eficiencia de sus herramientas y las actualiza indefinidamente, mejorando la eficacia al reevaluar la consecución de los objetivos que se propone. A la creación de herramientas siempre han seguido "actualizaciones", perfeccionamiento siempre constante. A la primera "cazuela" creada en la edad de piedra han seguido innumerables otras. Y siempre nos ofrecerán novedades y mejoras para todo tipo

210

de actividades y preparación de alimentos. Si alguna herramienta IH entiende que ya no le interesa porque ha cambiado de intereses simplemente esa herramienta puede desaparecer. Pero siempre será IH quien crea, actualiza o suprime una herramienta.

Las constantes adaptaciones de programas informáticos en uso, ¿quién las dirige? Cualquier programa informático, cualquier herramienta "muere" si no se la actualiza, ya que los entornos van cambiando constantemente, las herramientas que nos permiten adaptarnos y acomodarnos a ellos tendrán también que cambiar. ¿Quién valora los cambios a hacer? ¿Quién valora los procedimientos de acción necesarios? ¿Quién busca y prepara nuevos materiales, imagina nuevas formas, nuevos adornos estéticos, procedimientos nuevos de uso, nuevos originales usos posibles? Es siempre IH el gestor activo, consciente.

Podríamos encontrar una similitud en la necesitad de constantes actualizaciones tanto en la conceptualización de la propia IH como en sus IA$_s$. Pero la diferencia esencial es que IH dirige y decide siempre ambas "actualizaciones".

10) **IH se adapta directamente** a entornos muy diversos desde su actividad propia interna y en interacción con la de la multitud de entornos con los que interactúa. Acomoda los entornos en función de sus necesidades. IH, como todo ser vivo, busca adaptarse a los entornos para supervivir e interactúa directamente con ellos por pertenecer a la mismas realidades físicas que interaccionan fusionándose en todos significados. Lo hace de manera muy eficaz relacionando directamente múltiples fuentes de información, abstrayendo significadamente conocimientos, procedimientos de acción, creando cada vez de mejores procedimientos en el uso de herramientas para empirizar sus conocimientos.

Es casi innumerable la cantidad de entornos con los que puede interactuar IH. Podemos enumerar los nombrados y clasificados en económicos, técnicos, sociales, culturales, bioquímicos, corporales, físicos y ecológicos *(figuras 4.1. y 4.2.)*.

ChatGPT$_s$ no se adaptan ni acomodan autónomamente a sus

entornos cambiantes. Los códigos lingüísticos que maneja formalmente, sólo se entienden desde IH. Sólo IH decide el modo de acomodación, los cambios posibles a elegir. A cualquier chat solo se le permite acceso a interaccionar con algunas informaciones culturales vía Big Data de internet, entre las producidas por IH en esa memoria colectiva. No veremos posiblemente nunca a robots humanoides paseando por las calles, habitando viviendas que se construye, interactuando entre sí y con los humanos para desarrollar sus propios conocimientos y procedimientos de adaptación con entornos. Por ahora los consideramos absolutamente imprevisibles, excepto en la ficción imaginativa.

La denominación de los chatGPT como "generativos" parece una referencia a una creatividad. Es una falsa apreciación de creatividad. Lo que hacen es mera combinatoria de "trozos" de información entre los big data a los que pueden acceder. De modo verbal presentan respuestas de manera parecida, con la corrección gramatical morfológica, sintáctica, ortográfica que gobierna el lenguaje humano. Pero sin atisbo de significado semántico.

Cuando se trata de iconos, el chat necesita de una explicación detallada que busque una forma a la situación que se desea. Lo únicamente creativo podemos afirmar que es la valoración que IH acepta del dibujo presentado.

11) **IH inventa códigos lingüísticos semánticamente ricos, en especial fonémicos, icónicos y grafémicos.** Códigos que estructuran el conectoma, guardando como memoria conocimientos, procedimientos, emociones adquiridas. La actividad inteligente intermedia entre la estimulación de los entornos y la construcción del conectoma en el sistema neuronal cerebral encefálico manteniendo la información como memoria individual.

Los códigos lingüísticos que crea IH, en su expresión escrita e icónica elevados a internet son utilizados por chatGPTs para, siguiendo instrucciones de programación, lograr combinaciones que remedan las que realiza IH. Van imitando tan perfectamente los productos humanos, por ejemplo, conformando un relato o una historia iconografiada, que parecen realizados por IH, aunque sin tener noción conceptual del por qué o sentido de los relatos o historietas. Se le ha enseñado a imitar el lenguaje formalmente, de acuerdo a reglas morfológicas y sintácticas que IH le instala.

El denominado "Lenguaje Profundo" (deep learning en inglés), es una denominación inadecuada. Lo realmente "profundo" es la ausencia de consciencia semánticamente significada, pero que adquiere una apariencia, en un proceso de imitación del lenguaje humano, presentándole de forma gramaticalmente correcta. Implica un avance en la complejidad de la programación informatizada, pero ninguna realidad con la creatividad del lenguaje humana, por ejemplo para inventar nuevas palabras ante circunstancias de interacción sobre todo social novedosa. De momento tienen gran dificultad de aparentar el lenguaje humorístico, metafórico, porque implica una especie de "licencia entre expertos" pero que no es lo habitual y frecuente que detecten los chats a base de algoritmos estadísticos.

12) **IH decide directa y autónomamente** en función de los propios conocimientos adquiridos, de las propias experiencias, semánticamente reconocidas. Ordena sus recursos, emite órdenes que siguen dictados de su propia actividad.

Las experiencias y conocimientos anteriores le han llevado a formular leyes explicativas generales como hipótesis y prevee lo que va a ocurrir, avanza representando de alguna manera, en su elaboración mental, el estado final de una situación, para responder con la acción más adecuada, o confeccionar el instrumento o método que considera va a ayudarle a solucionar un problema respondiendo a una situación futura deseable. Por ejemplo un médico, al diagnosticar a un enfermo, parte siempre de hipótesis relacionadas con los síntomas que observa. Hipótesis que en algún momento ya formuló a base de observaciones realizadas anteriormente y le llevan a recomendar determinadas conductas o maneras de solucionar una enfermedad.

Al captar comprensivamente, la mente humana tiende a predecir, dirigiéndose hacia una finalidad buscada intencionadamente. El mero hecho de captar un significado conscientemente, posibilita intuir cierto sentido, significado asociado a su comprensión o a sus posibles usos. Por ejemplo cuando un niño capta, comprende la secuencia regular de dos estados, día-noche, prevee, desde un estado, cuál sucederá a continuación. Si ve a un niño escribir con un lápiz comprenderá que él también puede hacerlo y lo podrá intentar sobre una hoja o sobre cualquier otra superficie.

Tomar decisiones es una acción que parte de la raíz de entender los entornos que nos rodean con significado y con significado cargado de emociones más o menos positivas. Es, pues, consecuencia de la actividad mental. Por ello lo que denominamos decisión, o alternativa de decisión dependerá también del análisis que la propia mente hace de la situación futura, basándose a) en los conocimientos previos adquiridos, b) en la asociación de estos conocimientos con emociones. Si la mente aprecia ausencia de conocimientos y emociones previas previos tenderá naturalmente a buscar nueva información directa o indirectamente antes de tomar las decisiones.

13) IH configura autónomamente, constantemente, cada día, ante cada nueva experiencia su conectoma neural o memoria temporal. Desde la neurociencia y la ciencia cognitiva vamos comprendiendo que las diferentes habilidades requieren diferentes conexiones cerebrales, forman tupidas redes con "infinitas" interconexiones entre sustancias bioquímicas e impulsos electromagnéticos. Las habilidades cognitivas que se van adquiriendo se instalan de diferente manera en el conectoma neural. La neurociencia, en su especialidad epigenética, entiende que construir el conectoma neuronal no afecta al genoma. Las interacciones sinápticas se quedan adsorbidas en la membrana celular sin afectar al núcleo genómico. Puede que sí afecten a sustancias citoplasmáticas, aunque entramos en un terreno todavía desconocido.

Los chats no cambian su estructura, sus procedimientos para asimilar autónomamente información nueva. Su modo de procesar es siempre el mismo y en una dirección que puede corresponder a una habilidad mental en realidad muy simple. Los chats no tienen la plasticidad de IH para constantemente cambiar su estructura neuronal en función de nuevas experiencias. Por ello IH va creando constantemente nuevos chats. Es IH quien evalúa la necesidad de nuevas herramientas y quien las construye para lograr sus fines de adaptación y dominio de los entornos. Es IH quien actualiza su información y matiza sus órdenes. Es IH quien le ha ordenado que guarde, acumulativamente, algún tipo nuevo de información.

14) IH es única. Es una actividad singular. Interviene en todas las operaciones cognitivas con su actividad relacionante, abstractiva, consciente. Interviene en la multitud de herramientas que fabrica, genera, crea, pero siempre con operaciones mentales relacionantes, abstractivas, conscientes de su significado. IH va logrando sus objetivos de ir conociendo todo, porque integra mentalmente en "todos significados" realidades aparentemente muy distintas entre sí. IH es denominador común necesario, reflexionando racionalmente, para entender en todas las teorías de todas las ciencias que podamos distinguir en post del conocimiento del "todo", de toda la realidad. Empieza por formular hipótesis ante problemas o experiencias complejas, dirige los experimentos que buscan empirizar su conocimiento, evalúa los resultados para valorar si son suficientes o se debe seguir buscando.

IH es una actividad única, singular, específica de la especie humana. Aunque no conocemos cuándo ni cómo nace, sabemos que evoluciona avanzando en pasos progresivamente acelerados, ayudadas por herramientas, máquinas, robots cada vez más complejos que le permiten conocer mejor la realidad y cambiarla para satisfacer sus deseos como necesidades que cada vez aumentan sin encontrar un final completamente satisfactorio. Podemos hablar de una IH, como IG, que está presente en todo tipo de procedimientos, procesos cognitivos, en la inmensidad de habilidades que puede desarrollar a lo largo de su vida.

Con métodos de análisis factoriales podemos evidenciar que existe una estructura jerárquica con IG, Inteligencia General, en su cúspide, al correlacionar muy positivamente los factores genéricos encontrados en las matrices de correlaciones de los elementos, como variables, evaluados. Encontramos la siguiente estructura en cualquiera de las cinco baterías renovadas de test BADyG *(Yuste, C., y Yuste, D., 2011-2019)*. Estructura que no apreciamos que se haya siquiera intentado encontrar en los chats.

Los chats son islas en sus finalidades, con objetivos concretos. Islas en un cada vez mayor archipiélago. Islas sin ninguna conexión entre sí. Van apareciendo como hongos dado que IH las fabrica porque le son útiles para conseguir su objetivo de conocer y dominar entornos. Seguramente irá fabricando muchas más, a un ritmo acelerado por su insaciable y consciente deseo de conocer y dominar. Posiblemente IH irá también estableciendo algunos puentes entre islas que trasladará a chats con programación y algoritmos más complejos, porque resultará más eficaz para sus propósitos.

Ya que se pretende encontrar similitudes de IA con IH, es lógico que también se pretenda buscar una IAG, Inteligencia Artificial General. Estamos seguros que el intento será vano. No se podrá lograr una IAG que resuelva, como IGH, Inteligencia General Humana, la inmensa variedad de habilidades, conocimientos, procedimientos de acción que son necesarios para vivir como seres humanos. Y no será posible por las mismas razones que aducimos al diferenciar la naturaleza de IH e IA. Vamos indicando que a IA le sobra la denominación de "I". Sería más adecuado denominarlas como herramientas, por ejemplo HAG, Herramientas Artificiales Generativas.

Que algún chatbot llegue a una excelencia de singularidad al compararlo con IH, no es más que una manera de publicitar una herramienta adornada inadecuadamente con una singularidad "engañando" a muchos potenciales usuarios.

Podemos hablar de la singularidad del "homo sapiens". Podríamos hablar de un "homo supersapiens" como también de su herramienta superchatGPT. Nunca podremos hablar de una Inteligencia Artificial singular, entendiendo por singularidad el hecho de que llegue a ser igual o superior a la Inteligencia Humana actual del homo sapiens.

15) IH es una realidad unificada como Inteligencia General. Desde IH se realizan diversidad de operaciones mentales usando la diversidad de códigos lingüísticos. La IH con tendencias y potencialidades heredadas va adquiriendo multitud de habilidades que le permiten conocer y dominar cada vez mejor sus entornos. Una de las grandes habilidades consiste en fabricar herramientas que le ayuden en sus deseos de conocer y dominar los entornos. La visión de una inteligencia como singularidad sí es una conceptualización mayoritaria entre los expertos que estudian la inteligencia humana, aunque no acierten a definirla con mayoritario consenso dada su complejidad.

IH tiene tantas posibilidades unificadas, porque cada generación nueva, cada IH nace con la misma potencialidad individual básica de memoria neurocerebral, pero se alimenta con las memorias colectivas de innumerables generaciones y que se han instalado la mayoría en Internet. Cada nacimiento supone un enriquecimiento básico nuevo, nuevas habilidades que seguirá utilizando.

IAG, Inteligencia Artificial General, de momento no deja de ser más que una entelequia en el afán de sus autores (que no dejan de ser IH) por asemejarla inadecuadamente, imaginando superar IH sin intentar siquiera definir qué es IH. Las actuales herramientas fabricadas por IH, los chats son numerosos, parece que cada vez más y cada uno solo alcanza a realizar "alguna" tarea muy específica. Van fabricándose por docenas y se prevee que pronto aparecerán a centenares o millares. IAG aparece como la utópica posibilidad de aunar todas las habilidades que IH posee. IAG parece así como la expresión clara de su ilusión por asemejarse a IH. Muy difícil o imposible objetivo, porque sólo IH mantiene, por naturaleza, una actividad relacionante, abstractiva, consciente, unificada.

16) IH será sujeto jurídico responsable de sus actos ante la sociedad. Cualquier herramienta fabricada por IH, puede ser usada de muchas maneras. Si su creación provoca directamente un uso éticamente reprobable, el único responsable será IH que lo ha fabricado. Si el uso reprobable proviene de quien la utiliza indebidamente, el responsable serán las IHs que lo utilizan. Pero ningún chatGPT podrá ser imputado nunca como responsable ético.

Los errores, equivocaciones o uso perverso al que se puedan destinar las herramientas chats, van a depender siempre de IH que lo fabrica, de IH que lo utiliza.

Al ser herramientas extraordinariamente complejas y con grandes posibilidades para influir en muchas actividades humanas, su creación y uso debe regularse legalmente. También será IH quien desarrolle esta regulación. Va a sustituir actividades muy establecidas y a promover otras nuevas. Su inadecuada denominación va a confundir a muchos usuarios sobre sus verdaderas posibilidades, sobre la posible validez de sus afirmaciones. Por ello debe regularse su creación. Debe regularse la actividad de IH que las fabrica (un gran número de humanos colaborando en la variedad de requisitos técnicos necesarios). Debe responsabilizarse a la sociedad inteligente humana que los financia.

Los chats nunca podrán ser sujeto jurídico responsable de sus actos ante la sociedad de humanos. Responsable siempre será IH (conjunto de creadores humanos). Actúa sin consciencia de lo que hace, dirigido por los creadores del programa y algoritmos que le gobiernan determinísticamente. Las actuaciones equivocadas o "malintencionadas" serán siempre achacables a IH. Si la herramienta contiene malwares o es mal usada, habrá que buscar culpables en las IHs. que las han creado, a veces en las IHs de quienes las usan. ¿Quién puede ser responsable de los desastres que puede ocasionar un "dron militar" de los denominados también "inteligentes"?

IH, los autores de las herramientas sí **pueden mentir. También pueden equivocarse** y a menudo ocurre y se debe aceptar como algo normal no reprobable. **Las máquinas no pueden mentir.** No **se suelen "equivocar"** demasiado. Sus autores o su manejo, sí yerran más a menudo. Los chatGPT no pueden resolver problemas que nunca entienden como tales. Porque antes de resolver un problema deberían poder plantearse la existencia consciente de ese problema que interfiere con sus propios objetivos.

17) Podemos hablar de la singularidad del "homo sapiens". Si queremos denominar nuevas herramientas como superchats. deberíamos hablar también de un "homo supersapiens". Por muy superchats que consideremos una herramienta, siempre será un producto fabricado por IH. IH ha llegado a un nivel de desarrollo cognitivo y de conocimiento y dominio de los entornos, que, si no es aún perfecto, es mucho mas elevado que en etapas anteriores al invento de los chatbots. Aún podrá conseguir niveles superiores, porque sigue indagando en el conocimiento de los entornos y aún no domina, por ejemplo la energía de fusión como la solar, desconoce inmensas partes del universo, los agujeros negros son un enigma insondable por el momento. Incluso va comprendiendo que todavía no conoce ni domina bien fenómenos como el clima y que ha contribuido a empeorar su relación con los entornos. Sigue necesitando herramientas más potentes para escrutar el universo macroscópico.

Y no digamos el enigma quizás más importante que resulta ser su propio cerebro en su inescrutable conectoma neural. Sus herramientas, su técnica, todavía no alcanza a inventar nuevos modos de conocer y dominar bien su propia actividad inteligente y sus interacciones con entornos y bioquímica neuronal. Necesita empirizar ese conocimiento en tiempo real y a escalas reales microscópicas. De momento es imposible hacerlo, observar su propia inteligencia en los procesos interactivos con sus entornos y con el sistema neuronal.

Queda mucho por hacer para avanzar en el dominio del mundo micro y macroscópico que rodea a IH. Puede incluso dudarse de que pueda alcanzar alguna vez el conocimiento del "todo". Cada conocimiento importante nuevo parece abrir horizontes más amplios y lejanos.

219

Nunca podremos hablar de una Inteligencia Artificial singular, entendiendo por singularidad el hecho de que llegue a ser superior a la IH. Por sentido común ninguna herramienta podrá alcanzar la singularidad superior a la de quien las fabrica, alterando la relación de causa/efecto. El hecho de aspirar a una herramienta que se empieza a denominar como IAG (Inteligencia Artificial General) no nos permite más que elucubrar sobre una utópica singularidad superior a la IH. Comentamos *(en apartado 7)*, cómo la búsqueda de la "Piedra Filosofal", el intento declarado de llegar a una IAG super-singular es pura ficción, imaginación desbordada. Su capacidad y rapidez de cálculo es puramente mecánica y repetitiva, dependiente de IH. No vemos indicios de que alguna vez pueda convertirse en autónoma consciente de su propio destino.

18) **La velocidad de procesamiento de la información,** la velocidad de acción coordinando movimiento corporales **no es una característica fundamental, singular, de IH**. Hay acciones que muchos animales realizan con mayor rapidez: desplazarse por tierra mar o aire. Muchas percepciones sensoriales animales son más agudas: mejor vista, mejor audición, mejor olfato. Los vegetales son más persistentes en algunas de sus acciones para supervivir que los productos de la acción viva humana. Por ejemplo con su actividad clorofílica, con su producción de millones de semillas, muchas de las cuales podrán supervivir. **IH**, en procesos mentales considerados también como específicos de su singularidad, **tiene muchas limitaciones en rapidez y eficacia, en especial en situaciones que capta de posible riesgo y en las que se requiere una actividad con mejores percepciones sensoriales por su delicadeza, su pequeñez o su lejanía.**

Su mayor lentitud significa una gran ventaja para su supervivencia ante esas actividades. IH ralentiza su actividad al captar la realidad "cargada" de significado y emociones asociadas. Sus rememoraciones conceptuales previas también están "cargadas". Esa carga significativa supone que rememora engramas enteros, redes de conexiones que afectan cada vez a millones y millones de neuronas. Necesariamente la rapidez tiene que se menor.

Su actividad y posterior memorización igualmente afecta cada vez a enormes cantidad de neuronas. Resulta evidente que sus procesos mentales tienen que ralentizarse. Ante una situación de dificultad y posible riesgo conscientemente percibido por previas experiencias, activa su atención buceando con más cuidado en previos conocimientos, lo que se traduce en tiempos de acción ralentizados. Asume una conducta que podemos llamar "prudente", valorando los riesgos y posibles energías a utilizar.

ChapGPT, avanza siempre sin consciencia de lo que hace, porque no capta ningún significado en la información o códigos que utiliza ni puede prevenirse autónomamente de ningún posible riesgo. Estas valoraciones ha tenido que asumirlas IH. ChatGPT trabaja como un autómata que es lo que permite una mayor rapidez.

IH fabrica herramientas que le ayuden a superar sus limitaciones, su lentitud y la presencia de riesgos ante determinadas acciones peligrosas. Justamente por ser consciente de sus limitaciones se hace prudente en su uso, aprende a usarlas con cuidado y se ayuda de todo tipo de herramientas. IH decide si una herramienta va a soportar temperaturas o presiones extremas y determina de antemano de qué materiales va a construir esas herramientas. Su rapidez de cálculo y en trabajos peligrosos y/o especialmente delicados han sido ampliamente superadas por herramientas que la misma IH ha fabricado. Sigue pensando en otras herramientas como ordenadores cuánticos aún mucho más potentes. El mundo de la nanotecnología también avanza para fabricar por ejemplo chip semiconductores de un nanómetro, microchips para implantar en el torrente sanguíneo con información para interactuar con determinadas moléculas celulares y poder sanearlas o prevenir de enfermedades.

Desde la edad antigua IH inventa herramientas que van superando el muy limitado alcance de la acción directa humana. Podemos pensar en la flecha que permite ataque a distancia, sin arriesgarse acercándose al enemigo. Podemos pensar en los medios de transporte, más rápidos y que permiten una movilidad mayor en el espacio. Actualmente podemos pensar en las máquinas de las revoluciones industriales. Podemos pensar en los robots, chatbots y chatGPTs que realizan tareas con mucha mayor eficacia. No arriesgan, en el caso de las peligrosas, y son puramente mecánicas en el caso de chats procesando información.

Pero todo lo nombrado anteriormente parte de la actividad inteligente que es la que diseña, fabrica, crea la tecnología que permite avanzar en conocimiento y dominio de los entornos, que permite superar las propias limitaciones de IH.

Los robots, chatbots y chatGPT son más rápidos y seguros en procesos de cálculo. También más eficaces y prácticos en actividades peligrosas y/o delicadas. Pero siempre son producto de IH. La verdadera gran ventaja de IH sobre chatGPT es la consciencia conceptual, conceptos más abstractos con mayor carga de significado. Esa ventaja es la que diferencia cualitativamente IH de cualquier chat o programa de ordenador. Por esa diferencia fundamental nos parece inadecuado denominar inteligente a cualquier chatGPT. Esa fundamental diferencia es la que hará imposible el advenimiento de IAG como inteligencia superior.

19) IA Parece no necesitar descansar en su trabajo. Padece de adicción a ese trabajo. No descansa para pensar en hacer algo distinto, ni para valorar lo que está haciendo. Esta posible ventaja no le añade ninguna valoración cualitativa especial. Añade mayor rapidez y mayor cantidad de posibles respuesta. Pero la calidad de la respuesta sigue estando subordinada a IH, quien no solo crea la programación y los algoritmos que determinan su acción, sino que debe mantener también artificialmente la energía que mueve la IA.

IH recupera naturalmente actividad durante toda su vida alternando períodos de vigilia y sueño. Existen herramientas preprogramadas para buscar automáticamente una fuente de energía cuando se les agota, como algunas cortadoras de césped. Pero es el programa quien les dirige hacia una determinada fuente de energía. Estas herramientas, como los chatGPTs nunca "sienten" ni "entienden" la necesidad de alimentarse, ni cómo hacerlo por sí mismas. Nunca buscarán otra fuente alternativa para hacerlo, a no ser que se les haya instalado esa orden y un procedimiento factible para seguirlo automáticamente.

20) IH lleva posiblemente millones de años desarrollando un lenguaje abstracto consciente cada vez más rico. **ChatGPT apenas un quinquenio.** Es cierto que podríamos remontarnos hasta 1950, y pensar que el inicio de los chats estarían en la fabricación de los primeros ordenadores, con Alan Touring.

El hecho de diferencia de tiempo para desarrollarse, en este caso tiene muy poco que ver, ya que sed trata de procesos cualitativamente diferentes. Los chats necesitarán tiempo por delante para mejorar, pero necesitarán muchas revoluciones para llegar a ser seres vivos con deseos y consciencia propia. La analogía en la que se instalan, momento, parece extremadamente débil para atisbar la mera posibilidad de acercarse a la IH. Por supuesto no faltan imaginativos que elucubran que en un decenio se conseguirá la IAG. No lo creemos probable, ni siquiera posible al menos con los conocimientos que tenemos actualmente de la IH. Lo que sí pueden conseguir los chats es "hacer parecer que piensan, hacer parecer que abstraen, hacer parecer que sienten y buscan objetivos propios", igual que lo hace la IH.

Tratando de resumir las diferencias entre IH y chats, podríamos reducirlas a: 1) **Sólo IH es consciente** del significado de lo que conoce, de lo que hace, de las herramientas que fabrica, de su propia identidad, 2) **Sólo IH desea** o rechaza, (decide) con una finalidad consciente. Lo que no se "conoce" conscientemente no se puede desear o rechazar porque no se reconoce tampoco el posible daño o ventaja que se puede obtener en provecho propio. 3) **Solo IH es creativamente activo, fabrica herramientas** para conocer y dominar mejor sus entornos. La utópica creatividad de chats que, por ejemplo "componen" canciones, o representaciones icónicas gráficas, no hacen más que automáticas combinaciones de las verdaderas composiciones creativas propias de IH. 4) Sólo IH va formando sus emociones. **Solo IH siente miedo, ira, asco, tristeza, sorpresa, alegría.** Son emociones que envuelven sus experiencias al encontrarlas deseables o rechazables. Emociones que impulsan la actividad de

IH para crear nuevas herramientas que permitan alcanzar mejor los objetivos que desea y se propone IH.

La naturaleza del "homo cognitivo" parece evolucionar en su desarrollo con mucha mayor rapidez que en el "homo neuronal". La cognición avanza, con ayuda de la técnica (herramientas que ha inventado y usa) a velocidad progresivamente acelerada en su búsqueda de mayor conocimiento, adaptación y acomodación de los entornos. En su maduración bioquímica, en cambio, apenas son perceptibles los cambios a lo largo de muchas generaciones.

Todos debemos entender que no hay marcha atrás, que los avances de IH son naturalmente imparables y que habrá que utilizarlos con la positividad de que son capaces, previniendo de sus posibles efectos o usos perjudiciales. Será casi inevitables que algunas IHs los usen las herramientas inadecuadamente para facilitar un uso perverso. Siempre ha ocurrido así en las revoluciones técnicas, culturales, sociales. Creemos que se deben utilizar como posibles beneficiadores, con un cauteloso optimismo, porque será la mejor manera de hacerlos verdaderamente útiles a la humanidad. Pero al mismo tiempo la IH los podrá utilizar también con mayor poder destructivo. Su actividad consciente será también la responsable de su uso incorrecto. ¿Podría así autodestruir el mundo que habitamos? Su instinto de pervivencia y su consciencia de esa misma posibilidad confiamos que lo evite. De hecho empezamos a ser conscientes de algunos progresos que se le han ido yendo de la mano y empieza a girar para evitar el peligroso cambio climático.

IH inventa y fabrica herramientas desde que conocemos su existencia. Las herramientas le sirven fundamentalmente para dominar mejor sus entornos y también para conocerlos mejor. Todas las herramientas podríamos denominarlas IAs, no solo los actuales chats. EL hecho de que chatGPTs elaboren información simulando el lenguaje utilizado por IH de manera bastante correcta, no cambia en absoluto su similar realidad con todas las demás herramientas desde las prehistóricas que el hombre ha venido fabricando. Todas han ido sirviendo para potenciar el desarrollo cognitivo, para dominar los entornos y adaptarse a ellos. Siempre ha sido IH quien los ha creado y los mantiene útiles de acuerdo a sus intereses conscientemente reconocidos.

¿Por qué no llamamos también IAs al hacha, a la flecha, al arado, al conjunto de normas de convivencia social, a las expresiones artísticas desde las pinturas rupestres.... hasta los actuales microscopios, telescopios, ordenadores, robots humanoides, medios de transporte, máquinas de guerra, pasando por todas las máquinas de la época industrial?.

Al definir la inteligencia humana, vemos un abismo de diferencias no solo con analogías ya superadas, sino con el atrevimiento de denominar la artificialidad de algunos inventos y herramientas como "inteligentes". Si IH y chats son tan diferentes en su naturaleza, ¿de dónde viene suponerlos análogos para poder denominarlos genéricamente igual? No encontramos más razón importante que el tratar de vender las herramientas confeccionadas, dotándoles de suposiciones similares a las de la IH, considerada universalmente como la característica más importante que nos diferencia a los humanos de otras especies animales, pero sin "entretenerse" en definirla con suficiente claridad.

Nos parece inaceptable tratar de denominar los logros de estas herramientas como inteligentes. La inteligencia es el rasgo más definitorio y diferenciado de los seres humanos. La actividad verdaderamente inteligente es "infinitamente" más rica en sus procesos interactivos de transducción energética. Los procesos mentales inteligentes son cualitativamente distintos, mucho más variados, complejos, creativos que los mal denominados de "inteligencia artificial", cuya analogía con la inteligencia humana está muy lejos de ser acertada. Quizás deberíamos llamarla robótica, cibernética, Robot de Acción Compleja Programada "RACOP" o "MACOP", mecanismos de acción compleja programada.

Optamos por llamarla **H**erramienta **P**reprogramada **G**enerativa, **HPG**. Llamarla "inteligencia artificial" sobreestima enormemente, desconoce la naturaleza de su artificialidad "subestimando también enormemente" la naturaleza de la inteligencia humana. No deja de ser una nueva herramienta que pretende usar para objetivos deseables, como un elemento cultural más que facilite más rápido conocimiento de la realidad y su mejor dominio. Como toda herramienta su correcto y ético uso sería lo deseable. El adjetivo que se le pretende añadir ("generativa") puede recordarnos al que nosotros usamos en la definición de la inteligencia como "elaborativa", pero sus realidades activas son muy diferentes. HPGs usan un programas "elaborados" por IH. Es IH quien los crea, como ha hecho con infinidad de herramientas a lo largo del desarrollo de la humanidad. Como herramienta nueva, HPG servirá fielmente a IH en su aspiración consciente a dominar mejor sus entornos.

IH tenemos que entenderla en su definición precisa *(apartado 4)*. Los chatbots no tienen "ninguna de las características esenciales" que la definen. Las analogías que podamos encontrar son siempre falsas por superficiales, inadecuadas. Sólo sirven como fachadas publicitarias para lucrarse. Su conceptualización, si profundizamos, no tiene ningún sentido similar, sinónimo. Si hablamos de que ambas tienen memoria, ambas siguen procesos de resolución, ambas realizan algunos productos parecidos... etc, siempre tendremos que obviar una definición a fondo de esos conceptos, que realmente significan realidades, actividades sustancialmente diferenciables.

Denominar inteligencias a IH y a los chatbots por alguna lejana y poco sustancial analogía, como cuando los ordenadores nos parecían herramientas inteligentes, nos lleva a una confusión constante al conceptualizar nuestra singularidad inteligente, como a "suponer" características inteligentes atribuidas inadecuadamente a tal o cual herramienta. Nos lleva a proponer la posible aparición de nuevos mitos sin ninguna base científica adecuada.

Podríamos llamar también IAs a todas las herramientas que ha inventado el hombre. Con mayor razón las podemos clasificar como un grupo similar. La primer lanza, arco y flecha, hacha, utensilio para cocinar, rito de enterramiento, ley para organizar una ciudad, amontonamiento de piedras y ramas, para acondicionar un hogar... etc, equivalen a herramientas con características fundamentales entre sí como ser fabricadas creadas por el hombre, servir a sus necesidades de adquirir aliento, refugio.

Los chatbots y chatGPT los tenemos que clasificar racionalmente como herramientas creadas por el hombre. Son más complejas, porque IH cada vez usa nuevos conocimientos para elaborar nuevas herramientas, en manera progresivamente acelerada, al igual que entendemos la expansión de la materia en el universo. Pero la mayor complejidad es la ley que acompaña a toda herramienta después de la primera creada por el hombre, porque todas han evolucionando desde entonces a mayor complejidad. Indicamos *(apartado 5.1.)* las herramientas inmediatamente anteriores, ya muy complejas, que han posibilitado la aparición de los nuevos chatbots y chatGPT.

Podemos hablar de una inteligencia animal, ya que se sustenta en un sistema nervioso que permite interacción con los entornos y posibilita un conocimiento consciente, aun cuando no dispongan de códigos lingüísticos complejos humanos. Alcanzan a tener una consciencia de peligro o confianza, consciencia que trasmiten directamente a su descendencia a base de un lenguaje no-verbal acompañado de algunos sonidos. Podemos asegurar que la inteligencia de un simple insecto tiene mucha mayor analogía con la humana que con los chats. También podemos afirmar que la posibilidad de evolucionar de cualquier animal a una Inteligencia como la humana y/o de superarla, es muy superior a la de los chats de que estamos hablando.

Parece que todos nuestros entornos se están poblando de seres inteligentes cuya intencionalidad desconocemos. Aferrarse a la opinión de IA, "lo dice la IA" puede obnubilar el sentido crítico de muchas personas, atraídas por una autoridad infalible, dogmática.

IA viene instalándose en casas, puertas, ventanas, alarmas, cerraduras, sistemas de control de temperatura, activación de, activación de fuentes energéticas, sistemas de activación y control inteligente de electrodomésticos para limpiezas, en robot para controlar el alimento... Se instala en coches, trenes, aviones, barcos, controlando todo tipo de acciones y movimientos. Se instala en sistemas productivos de todo tipo de alimentos, herramientas técnicas, sistemas de iluminación y captura de energía... Se instala en herramientas de guerra, permitiendo control para búsqueda de objetivos a destruir... Se instala en el cuerpo humano controlando muchas funciones bioquímicas que nos convierten poco a poco en "cyborgs" colonizados por IA y transformables "inevitablemente" en máquinas.

Es tal la invasión ya presente y los augurios de porvenir, de nuevas herramientas chats, que hasta los intelectuales amantes de imaginaciones extracientíficas parecen resucitar la visión del universo como ser viviente con una evolución predeterminada que nos convierte también a los humanos en seres determinísticamente mecanizados, siguiendo las pautas impuestas por el "universo viviente, el único verdaderamente consciente de la identidad, origen y fin de todo". Los hombres, como mucho seremos "diosecillos" dependientes del "dios universal total", a semejanza de las teorías panteísticas.

Podríamos escribir muchas páginas describiendo las diferencias de la mal llamada "inteligencia artificial "(podríamos llamarla mejor simplemente "robótica"), en comparación con la inteligencia humana. No basta con que el ordenador ejecute "algo" de lo que la persona humana puede hacer, incluso ejecutándolo mejor y con mayor rapidez. Para poder afirmar que es una verdadera inteligencia, deberá poder hacer todo lo que la persona puede hacer, su inmensa, diríamos que casi infinita gama de posibilidades de acción sobre realidades y entornos constantemente cambiantes, constantemente interrelacionados en significados conscientes. Ahora podemos ya encontrar una "casa inteligente", un "reloj inteligente", un coche inteligente", "armas inteligentes", cualquier artilugio puede llamarse inteligente. Y de ninguno predicamos que pueda ser "tonto", excepto de los seres humanos.

Es posible que se vayan fabricando ordenadores que imiten algún aspecto sobre todo de los resultados del funcionamiento de la mente (su actividad relacionante, abstractiva, consciente y el mantenimiento de alguna de sus elaboraciones para utilizarlas de nuevo como futuros "inputs" y procesos). Pero es imposible hipotetizar en serio que se pueda hacer una máquina tan compleja como un cerebro humano. Inmensamente más difícil, fabricar un cerebro que interaccione a escalas biomoleculares y atomísticas con las energías estimulantes que emanan de los entornos tanto físicos como sociales.

228

Las herramientas creadas por IH, no presentan el más mínimo indicio de "evolución autónoma". Son todas técnicas con actividad puramente automática. Las evoluciones las podemos denominar actualizaciones que siempre valora exclusivamente IH. IH valora si realizan las herramientas adecuadamente lo que desean, si podrían o no hacerlo mejor. Valoran sus posible limitaciones. Actúan sobre el programa y algoritmos que permiten posible mejoras.

Hemos tenido que analizar con cierto detalle la comparación entre chatGPT e IH. ChatGPT, por parte de sus autores, parecen poco interesados por definir la inteligencia humana para comparar su actividad con la de IH. Parece que esa política les va bien, en sus objetivos de difusión y marketing. No tratan de debatir nada sobre el concepto de "inteligencia" que los medios le van adjudicando La denominación de "inteligente" parece vender bien y con ello parecen satisfechos sin necesidad de cambio. Así empiezan a salir a la venta objetos antiguos y nuevos con ese apelativo. Solo tratan de "aparentar cada vez un parecido mayor", por superficial que sea el modo de hacerlo. Un parecido antropomórfico como el logrado con el robot Grace, en procesos de constante maquillaje. Aparecen objetos de todo tipo junto a cabezas humanas y esquemas del cerebro humano, para parecer "sedes de inteligencia" como ellos.

atribución analógica inadecuada, posibles consecuencias indeseables

Denominar IA, Inteligencia Artificial, a herramientas como chatbots y chatGPTs, está provocando una falsa presunción sobre la naturaleza y posibilidades de esas herramientas que la inteligencia humana viene creando desde siempre y usando para suplir sus limitaciones. Falsa presunción al atribuir a las herramientas la conceptualización que se tenga de la Inteligencia Humana, IH. Ya hemos indicado que todos "solemos saber" qué es IH, aunque hasta los expertos la definen de diferentes maneras.

El desconocimiento de qué sea realmente la Inteligencia humana, la ausencia de una definición aceptable a una mayoría de expertos, está animando una falsa atribución de logro que metafóricamente se atribuye a las herramientas en general "sobremagnificándolas con supuestos mágicos poderes", cargándolos de presagios catastrofistas apocalípticos o de inmensos posibles beneficios para toda la humanidad. Algo parecido a lo que podemos hablar de la IH, capaz de lo mejor y lo peor de los hechos que vamos atribuyendo al devenir humano y en relación a los cambios ambientales y el uso de las energías a medida que las conocemos y dominamos de alguna manera.

Desde una muy superficial y débil relación analógica, se considera un robot inteligente en cuanto puede hacer una determinada tarea igual o mejor que el hombre. Tareas que solo son reconocidas, explicadas y evaluadas como útiles por IH. Tareas que solo son deseadas desde IH.

Puede un fabricante entusiasmarse porque su robot dobla bien y rápidamente las camisas que le presentan. ¿Ya podemos llamar al robot inteligente? Infinidad de herramientas, desde el primer palo, hacha o flecha, han servido para mejorar la actividad humana, para conseguir un fin determinado deseado. Todas las herramientas útiles pueden ser denominadas "inteligentes", pero inapropiadamente. Sólo son producto de la verdadera inteligencia y están a sus órdenes, funcionan cuando se len ordena, hacen estrictamente lo que se les "ha ordenado hacer", mejoran cuando IH les actualiza, dejan de servir cuando ya IH no len necesita y se olvida de ellas.

IH, como actividad relacionante, abstractiva, consciente, es la característica más importante, más valorada, clave para lograr la supremacía humana en relación a todos los demás seres vivos. La entendemos como la característica verdaderamente diferenciadora y específica, singular. El ropaje con el que vestimos a los chats parece convertirles en espectacularmente interesantes y capaces de alcanzar, incluso mejorar lo que han hecho los humanos a lo largo de toda la historia. Es un "ropaje real" con el que vestimos a un "modesto súbdito". Tiene la conveniencia de parecer lo que no es, impresiona mejor a la inmensa mayoría de "clientes" que desconocen cómo es el rey porque no lo han visto nunca, solo han oído hablar mucho de él. Y nunca se han propuesto ahondar en su verdadera naturaleza. Con este ropaje se suplanta la verdadera autoridad de la IH. IA aparece como autoridad máxima, ya no interesan otras autoridades como los científicos e investigadores especialistas.

A menudo se utilizan conceptos del lenguaje cognitivo como "inteligencia", "aprendizaje autónomo", "generación de productos similares a los humanos", "creación de nuevos productos" "revolución cultural" "capacidad de decisión ante alternativas" "lenguaje profundo" "Lenguaje natural", neurocognición, neurotécnicas, sin ahondar en su verdadero significado proveniente de la psicología cognitiva y del aprendizaje y que partirá desde auténticos expertos en IH. El desconocimiento de qué es la inteligencia, la ausencia de una definición que convenza a una mayoría de expertos sigue siendo la verdadera causa de discordias y desencuentros. La principal desinformación la encontramos en la ausencia de verdadero conocimiento sobre la naturaleza de la inteligencia humana.

Estamos usando con el mismo significado los procesos de aprendizaje humano y los que siguen los chats. Es un uso que viene a parecer sinónimo, con igual significado para IH e IA, pero que, si tratamos de definirlos analizándolos detenidamente no se corresponden en absoluto. Como no se corresponden el concepto de inteligencia aplicados a IH y a IA. Recordemos la característica esencial de aprendizaje semánticamente significado para el aprendizaje humano y que no existe en absoluto si hablamos del aprendizaje de los chats. IA no aprende nada como lo hace IH. IA sigue inexorablemente las órdenes recibidas desde IH. IH es quien ha aprendido y sabe dirigir conscientemente las herramientas que fabrica hacia un fin determinado y deseado como objetivo a conseguir, por su aprendizaje relacionante, abstractivo.

Se está inundando el mercado con chats supuestamente inteligentes, ilusionando a muchos usuarios con la rápida obtención de resultados que, cómo no, serán inteligentemente válidos y con ese marchamo se presentan. Están consiguiendo una aceptación importante y masiva. Si tantos lo van aceptando, ¿no será porque son realmente inteligentes como IH? ¿No será porque, en el fondo tienen también consciencia de lo que enseñan y producen? No faltarán partidarios de aceptar esa consciencia pensando que se logrará descubrir de alguna manera. Por ejemplo acercándose a la propuesta de una IAG.

OpenAI realizó investigaciones de IA. Durante el torneo The International 2017 del videojuego "Dota 2", un chatbot entrenado con las técnicas de aprendizaje automático de OpenAI. "Dota 2" jugó y ganó una demostración contra el jugador profesional Dendi. Se explicó que el robot había "aprendido jugando contra sí mismo" durante dos semanas en tiempo real, y que el software de aprendizaje era un paso para crear software que pueda manejar tareas más complejas. Se juega con la palabra "aprender por sí mismo" cuando lo que realmente hace es seguir un programa que le guía automáticamente para obtener un objetivo previamente determinado por IH, por programadores.

Aprende sin entender absolutamente nada de lo que está haciendo. No podemos usar la palabra "aprender" con la significación que le damos cuando hablamos del aprendizaje humano de IH. El aprendizaje humano cognitivo está cargado de significado consciente. Aprender a pensar por sí mismo seguirá siendo pretensión inalcanzable para los chats, artificios fabricados, manejados, dirigidos estricta y minuciosamente desde IH.

Otro concepto que se quiere utilizar para validar los chatbots como inteligencias es el de "generación de nueva información". Se habla de "generación" como nosotros podemos hablar en términos cognitivos de "elaboración de la información" por la actividad inteligente interaccionando directamente con entornos y con la masa neural cerebral. La elaboración que realiza IH es plenamente significada, semántica y emocionalmente deseada. El programador que crea los chats sí entiende con su IH el lenguaje, los símbolos que está manejando. Entiende objetivos que se propone, previene de dificultades, valora retrocesos que se puedan requerir, como circunloquios a realizar hasta llegar al objetivo final.

Pero los chats no hacen más que seguir automáticamente procedimientos ordenados sin "entenderlos en absoluto". Por ello no pueden crear nada nuevo, porque lo que crea no tiene ningún sentido de novedad para la propia herramienta, incapaz de independencia introspectiva. Puede ocurrir que haga algo al azar, que luego a IH pueda parecerle interesante y que no había previsto. El programa le puede empujar a elaborar esa nueva información con alguna finalidad inteligente. Todas las herramientas que desde el homo erectus se han venido creando, le han servido para llegar a conocer mejor sus entornos y para dominarlos mejor. Seguirá siendo el camino a seguir a IH para seguir descubriendo, conociendo y dominando los inmensos mundos aún sin explorar tanto en el macrocosmos como en el microcosmos, entre ellos el microcosmos del propio cerebro y de las actividades de interacción entre macro y microcosmos.

¿El cerebro crea directamente las herramientas? ¿Crea los lenguajes significados? ¿Crea la consciencia de esos significados? ¿Crea la autoconsciencia? Ardua tarea. Si la neurociencia quiere explicar la

234

actividad consciente, relacionante, abstractiva inteligente. Tarea que no aborda, creemos que no puede abordar prescindiendo de otras variables o realidades que necesariamente intervienen.

Encontramos, en una explicación sobre el chatGPT de OpenAI, la afirmación de que el modelo funciona analizando y "entendiendo" patrones complejos del "lenguaje natural humano". Se "entrena" con una gran cantidad de datos de texto, lo que permite generar respuestas que parecen relevantes y coherentes en una variedad de temas.

Los conceptos anteriores entrecomillados, son utilizados a menudo en el lenguaje de la psicología cognitiva. Los chats no pueden entender nada, ni patrones complejos ni simples. El lenguaje natural humano está cargado de significación emocional.Los chats no captan significados ni se emocionan con sus resultados para aceptarlos o rechazarlos. El entrenamiento a que se somete IH es una manera de captar significados conceptualmente abstractos. Pero todas las acciones de los chatbots son puramente mecánicas. IH es quien conoce las reglas morfológicas, sintácticas y semánticas que debe presentar el lenguaje llamado natural humano. IA sólo se atiende a estas reglas comunicadas desde IH, sigue órdenes y decisiones del programa fabricado por IH. Ahora bien, este "mecanismo de acción permite una rapidez y fiabilidad en el cálculo muy superior a las posibilidades de IH.

"Entender" el significado de un resultado en relación a una búsqueda analizando y siguiendo complicados algoritmos, solo lo hace IH. La inadecuada información sobre la naturaleza de ambos (fabricante y fabricado, IH e IA), nos lleva a atribuciones de logro inadecuadas. Podemos preguntarnos sobre el por qué de esa desinformación y sobre el porqué de su atribución a nuevos chats. La desinformación parte de tres motivos fundamentalmente:

1) **La propia naturaleza de IH en oposición a la naturaleza de los chats.** La naturaleza de IH se presenta ante la ciencia, con sus exigencias empíricas, como un pozo insondable, en un cerebro apenas explorado aún y del que no se conoce su funcionalidad en relación a la actividad mental consciente, a la actividad inteligente. Tratar de definir IH se presenta como una tarea tan importante como dificultosa. Es

tratar de conocer la misma actividad que conoce. Nosotros hemos propuesto una definición *(apartado 4)*. No podemos pasar de hipótesis de trabajo aunque creemos que sigue el procedimiento de cualquier ciencia, que formula hipótesis probabilísticas a partir de las observaciones que puede hacer en relación con las realidades que quiere explicar y con las observaciones que hace de esas realidades.

Para definir la Inteligencia humana partimos de la observación de los fenotipos observables (conductual y de neuroimágenes). Proponemos una explicación sobre la naturaleza de la actividad que los provoca. No podemos empirizar, por el momento, esa actividad en tiempo y a escala en que realmente se producen. Escalas subatomísticas, atomísticas, moleculares. Y no podemos hacerlo porque para esa observación directa deberíamos "matar" esa actividad.

Pero sí podemos explicarla a partir de los productos que elabora y de los cambios que podemos observar imágenes en el conectoma neural que se estructura con su actividad. Podemos, sobre todo, tratar de explicarla viendo las conductas humanas en relación a las cogniciones y los productos que elabora. En relación con los productos que elabora, podemos asegurar que chatGPT es posiblemente la herramienta más compleja que hasta el momento ha creado IH.

Y como herramienta nueva creada por IH, si deseamos realmente conocer sus posibilidades, debemos también conocer las posibilidades del creador, IH. No podemos dotarla, sin más, de las mismas características que a IH. Los autores de chatGPTs parecen agradecer la denominación de "Inteligencias" porque está contribuyendo a una aceptación expectante, pero realmente inadecuada, desinformada. La publicidad se apoya en las expectativas que con que empieza a denominarse, como Inteligencias Artificiales, al sinnúmero de chats que vienen apareciendo.

La inteligencia artificial sola no resolverá nada, Serán los humanos quienes vayan resolviendo los problemas que se plantean *(López de Mántaras, 2017)*. La mera indicación de que un artículo, un dibujo, un experimento, una encuesta, se haya obtenido con IA, a la mayoría puede parecerle una opinión de autoridad relevante fundamentalmente por el ropaje

236

(inteligencia) y que disimula el que puedan haber inventado los hechos, los datos, las gráficas que se presentan.

La IA se presenta metafóricamente con la magia que es propiedad singular de IH, con su capacidad realmente creativa. Los chats, si no pueden hacer algo en un determinado momento, por ejemplo aprender autónomamente, se tiende a hipotetizar que sí lo podrán hacer en el futuro, que es cuestión de tiempo. Se adentran en terrenos de ciencia ficción, ilusionando a muchos usuarios. No inciden en sus claras limitaciones tanto actuales como futuras y que la racionalidad humana considera así, como posiblemente imposibles. Imaginaciones interesantes, novedosas, que pueden captar el interés de la curiosa IH. El inicial empecinamiento al considerar la inteligencia como bioquímicamente heredada, con su código genético, supuso un atraso en su definición, en la aparición de hipótesis racionalmente aceptables. Error de base fundamental.

Las herramientas de medición de la inteligencia, desde su nacimiento estuvieron viciadas por una conceptualización errónea de causalidad biogenética heredada. Conceptualización que propicia la creación de un concepto de "g" heredado, invariante, expresado como coeficiente intelectual.

Conceptualización que ha emponzoñado muchas políticas de atención educativa a favor de colectivos privilegiados culturalmente, favorece políticas que les mantienen en su posición privilegiada. Estamos ante unas herramientas que pueden ser instrumentalizadas por colectivos también socialmente poderosos. Una manera de instrumentalizarlas es exagerar sus posibles bondades, ocultando sus limitaciones. ¿Qué mejor instrumentalización que considerarlas inteligentes como el denominado rey de la creación por su inteligencia? Es elevarlas al rango de potencia directiva incuestionable.

A veces junto a un artículo sobre IA se dibuja un cerebro similar al humano. Se va propiciando la aparición de nuevos mitos, el mito del cerebro artificial o de artificio funcionando como un cerebro humano.

2) Inhibición de la psicología. No encontramos una respuesta suficientemente satisfactoria desde la psicología. Desde muchos ámbitos psicológicos parece aceptarse la denominación de IA como, al menos, inevitable. Ha entrado con tanta fuerza en los medios que parece inútil tratar de evitar una denominación inadecuada y/o proponer otra más adecuada a su verdadera naturaleza.

Nos asombramos ante esta inhibición. Creemos que la Psicología debe sentirse responsable del uso que se de a conceptos como "inteligencia", "aprendizaje", "memoria colectiva" "códigos lingüísticos con significado", "resolución de problemas". "lenguaje profundo", "lenguaje natural" "consciencia", "lenguaje conceptual abstractivo"..., etc. Son algunos de los términos que se utilizan desde otros campos científicos, usurpando significados que la psicología ha ido creado. Usurpación que suele hacerse sin análisis previos críticos. Se extrapolan sin más a campos científicos con significados imprecisos y acomodados imaginativamente según convenga para apoyar algunos experimentos. Pero serán campos, realidades, que no obedecen a las mismas leyes evolutivas, ni a causalidades comunes, con lo que uso será falso, obedecerá a conveniencias espúreas.

Estos conceptos a menudo se usan en ámbitos neurológicos al hablar de los procesos mentales cognitivos, pero relacionándolos exclusivamente con la actividad bioquímica neuronal, sin mayores explicaciones ni profundización y sin detenerse tratando de explicar su necesaria interacción con la estimulación desde los entornos y cómo, dónde y cuándo aparece la actividad consciente, la conceptualización abstracta inteligente específica de la especie humana.

Nos parece que la psicología sufre de un cierto complejo de inferioridad frente a otras ciencias que se consideran más positivas. Se ha instalado en dudas inmovilizantes para progresar, vacilante, en su autoproclamada área de conocimiento. Área, dicho sea de paso, que es la más importante para la propia especie humana. Ninguna ciencia es capaz de avanzar si no "elucubra" primero, con hipótesis explicativas, acerca de hechos desconocidos en sus relaciones o interacciones causales. La psicología también debe hipotetizar sobre la naturaleza de la inteligencia si quiere avanzar en su conocimiento, si quiere abordar con acierto nuevos experimentos que corroboren o retoquen las hipótesis planteadas.

238

A pesar de que las variables que intervienen en los procesos cognitivos son reacias a la observación directa empírica, es importante hipotetizar sobre sus posibles interacciones latentes. Conocer la "inteligencia" requiere conocer también realidades físicas, como objeto de ese conocimiento y realidades bioquímicas como depositarias temporales. Las interacciones entre estas realidades o sistemas diferentes, de momento, solo podemos hipotetizarlas mientras vamos inventando nuevas herramientas que nos permitan mejorar su observación o explicación más directa.

Es sumamente importante conceptualizar bien IH. Su indefinición permite hablar de otras realidades con capacidades "similares", incluso superiores, en afirmaciones acríticas. Su indefinición confunde inevitablemente. Cuando se trata de definir IH, al ser una variable latente (no accesible actualmente a la observación empírica), podemos caer en la tentación de definirla alejada totalmente de la posibilidad de percepción empírica. Podríamos incluso afirmar su posible naturaleza como incognoscible, inefable, "metafísica", "metaempírica", imposible de abordar por IH. Pertenecería a otra realidad inaccesible con la que nuestros sentidos, como medio de comunicación empírica, no pueden comunicarse.

3) Al deseo de autores por vender mejor, no importándoles, rehusando entrar a colaborar de alguna manera en la definición de IH. Prefieren obviarla y aprovecharse de su evidente poder de seducción conseguida históricamente por el hecho seguro de ser una actividad excepcional que venimos atribuyendo a la especie humana y que ha sido el principal sostén de su éxito evolutivo en comparación con otras especies. Así parece conveniente mostrar, en muchas de las noticias de IA, el icono de un cerebro o una cabeza pensante.

La palabra "inteligencia" aplicada a herramientas que ella directamente crea, supone un lenguaje embaucador, una palabra mágica que seguramente ayudará a venderlas mejor, pero que confunde sobre sus verdaderas posibilidades y limitaciones. Viene a ser una palabra de "influencer de postín", autoridad ante la que no suele caber expresar dudas. IA se viene utilizando como autoridad declarativa de diversidad de realidades sociales: IA nos dice que "la opinión de los blancos en

EEUU sobre emigrantes, es..." IA afirma que "las mujeres son..." IA demuestra por qué desaparecieron los dinosaurios sobre la tierra. IA nos dice cuándo se destruirá la tierra. IA sabe cuantos millonarios hay en España. IA nos oferta el mejor seguro para nuestra casa. IA nos afirma qué es la propia IH.

IA puede facilitar declaraciones para crear "fake news" con visos de verdades inapelables, apoyo de fantasías apocalípticas, de monstruos que renacen y que fueron culpables de que nuestra esperanza de vida sólo alcance aproximadamente los 100 años, de mitos olvidados sobre el universo como inmenso ser vivo y conscientemente inteligente, de teorías de la conspiración ya rechazadas por la ciencia. La firma, muy habitual, de "con métodos de IA", "según IA", ahora reemplaza a la autoridad de algún investigador científico o a la de sociedades de prestigio. Implica potentes muestras de falsa autoridad constante y fácilmente aducida para corroborar publicidades engañosas. Cuando a un chatGPT se le pide información, suele generar mucha. Pero al no captar ningún significado, puede inventarse muchas afirmaciones para.ser fiel al mandato que ha recibido de "ofrecer respuestas plausibles".

Con facilidad pueden aparecer alucinaciones... relatos o historias que parecen expresados con correcta racionalidad pero que son absolutamente falsas, pura invención imaginativa. El hecho de llamarlas "inteligencias" se presta a que el usuario normal sufra de esas "alucinaciones", creyendo que cualquier chatbot o chatGPT tiene la capacidad creativa, emocional, consciente, de IH. No estaría de más que mostraran sus fuentes de información y definieran con claridad los propósitos y finalidades que persigue IH con la herramienta que fabrica y dónde encuentra los hechos y razones causales de sus afirmaciones.

¿Peligro para la humanidad? Peligro para la inteligencia de la humanidad. Creemos que, en su posible regulación se debería empezar por limitar el uso del concepto inteligencia adjuntado a muchos chatbots y chatGPTs. como si una "fake news" más se tratara, porque se sustenta en una falsa analogía. Pero la única manera de conseguirlo pasa porque la psicología cognitiva entre a fondo en este tema y defina más claramente lo que es su objeto científico propio: la específica y singular inteligencia humana.

A los creadores de chats les pediríamos que antes de denominarlos como "inteligentes", se esforzaran por entender y tratar de definir bien qué es la IH, singularidad específica de la especie homo.

POSIBLES CONSECUENCIAS INDESEABLES:

Denominar como "inteligentes" los chatbots y/o chatGPTs, propician su aparición como nuevos mitos modernos, al insinuar que pueden alcanzar las posibilidades de la singular inteligencia humana. Si pueden alcanzar, incluso mejorar la inteligencia humana, los podremos considerar como una superinteligencia.

La piedra lanzada, el palo, el hacha, la flecha para ataque o defensa, los utensilios para cocinar algún alimento, en lenguaje similar al de los actuales chats podríamos entenderlos también como inteligentes. Son también herramientas como prolongación de la inteligencia humana, ya que consiguen alcanzar deseos humanos adaptándose a entornos y modificandolos según sus necesidades.

Vamos así a mitificar todo lo que nos rodea: coches inteligentes, hogares inteligentes, armas inteligentes, robots inteligentes, herramientas de todo tipo, ahora inteligentes. Hasta aquí parece que solo eran esclavos útiles y fieles. Ahora nos rodeamos con seres que compiten con nuestra inteligencia humana. La idea de que nos irán superando poco a poco hasta poder llegar a rebelarse la podemos considerar probable.

En la mitología griega, Pigmalión fue un rey de Chipre que se enamoró de una estatua que había esculpido él mismo. La diosa Afrodita, conmovida por la ciega pasión ilusoria de Pigmalión, convirtió la estatua en humana para que se pudiera casar con Pigmalión. La llamó Galatea. IH, cual nuevo Pigmalión, desencantada de su propia imperfección y de la dificultad para entenderse a sí misma, está creando verdaderas herramientas que de ser chats, pasan a ser IAs. Las reconoce tan perfectas, tan útiles para alcanzar deseos ilusorios de inmortalidad que se enamora de su creación. Porque es seguro que llegarán, cómo no, a conseguir la inmortalidad que aún no poseemos. Seguro que llegarán a reinar un día, desplazando a IH. Podemos pues, por méritos propios, presentarla con forma antropomórfica, ideal de belleza, y cerebro que contiene absolutamente todo lo cognoscible y que alcanzará y superará todas las habilidades que hasta el momento reconocemos en IH.

Se nos asemeja a también otro relato mitológico griego. el amor entre Edipo y su madre, que, le lleva a matar a su padre, impulsado por irrefrenables celos. Edipo mata a su padre, rey Tebas y se casa con su propia madre, la reina Yocasta. Para algunos, los nuevos chats van a llegar a una singularidad superior a IH. Perfección que asombrará de tal manera y "enamorará", que le empuja a "odiar" la defenestrada IH y a los admiradores que aún la adoran.

Hacer referencias, a través de los medios publicitarios a IAs parece dotarlas de una autoridad incontestable. Una autoridad que irá aumentando seguramente, reemplazando a la autoridad de los argumentos llamados científicos o racionalmente fundamentados, o derivados de dogmáticas fe religiosa.

Sin dejar de reconocer las inmensas posibilidades de las actuales ya cuatro versiones de los chatGPTs, tenemos que desmitificarlos y bajarlos de categoría como ayudantes obedientes de IH que son. Una manera de hacerlo es dejando de denominarlos como inteligencias. Se apoderan indebidamente de la singularidad de quien las ha creado. Son claras e insalvables las diferencias de naturaleza entre ambas realidades. Por supuesto hay numerosos autores que también así lo entienden. Por ejemplo Benjamins, R. e IDoia, S. (2021); Larson, Erik J. (2022).

No basta con adjetivarlas como artificiales para diferenciarlas. El concepto de inteligencia la psicología siempre lo ha entendido con otra naturaleza muy radicalmente distinta. Inteligencia humana y artificial son conceptos contradictorios. No existe una inteligencia

242

humana y otra inteligencia artificial. Ya enumeramos anteriormente diferencias fundamentales e importantes entre ellas. La IH nunca podrá ser tildada de artificial. Es una singularidad única propia de nuestra especie. Todos sus productos o herramientas que crea serán fruto de su inteligencia, pero no la poseerán como ella. Ni siquiera analógicamente las podemos denominar a ambas "inteligentes". Ya indicamos en páginas anteriores sus diferencias insalvables, su artificiosa denominación analógica.

Tampoco basta argumentar que "sabemos a qué nos referimos" con la denominación de IA y aceptamos que no es una inteligencia humana, solo "se le parece". Pero, ¿en qué se parecen IH e IA? Es probable que encontremos tantas respuestas como interlocutores a quienes hagamos la pregunta. Mucho es de temer que la inmensa mayoría de quienes usan esa denominación en realidad no saben qué es IH. Hablan de inteligencia como algo tan conocido que resulta inútil de volver a explicarlo, reiterando lo ya conocido. ¿Basta con pensar que todos nos entendemos cuando usamos ese concepto con su "halo" de excelencia? No basta, porque no solemos definir en qué consiste ese halo. De intentarlo nos encontraremos sorprendentemente con algo de naturaleza activa muy diferente de lo que sea cualquier chat, por muy chatGPT o IA que se autotitule.

La aparición de nuevos chats, ¿podría aumentar la pereza mental, el sentido crítico? No tiene por qué. Cualquier herramienta podría hacerlo, al facilitar la consecución de objetivos determinados, empezando por cubrir las necesidades más básicas. Pero el conocimiento, cualquier conocimiento nuevo despierta emociones en forma de aversiones y/o deseos también nuevos. A cada nueva herramienta le acompañan siempre la necesidad de nuevas IHs que controlen, dirijan, mantengan, actualicen mejorando las nuevas herramientas. Paralelamente surge la necesidad de aumentar la preparación cultural social para asimilar inteligente y éticamente cada nueva revolución.

La ausencia de conocimiento racional de qué es la inteligencia favorece teorías de la conspiración. Haciendo gala de una autoridad fantasmal..., no se limitan sus posibilidades y se atribuyen a causas imaginativas, a poderes malévolos ocultos. Podríamos llegar a definir los chats como una singularidad. En realidad cualquier nueva herramienta "importante" para el hombre podríamos llamarla singular, por ejemplo el hacha de la edad de piedra, el dominio del fuego, las primeras cerámicas o cuencos de arcilla, revolucionan la manera de alimentarse y las conductas humanas tendentes a obtener mejor un alimento. ChatGPT puede posiblemente ser una herramienta muy útil en un futuro próximo, incluso parece que ya ha empezado a serlo. ¿Podemos elevarla al rango de realidad singular? No alcanzaría la singular importancia de IH. Siempre sería una herramienta fabricada por IH, con dueño que la hace nacer, con dueño que la alimenta, con dueño que la cuida y retoca constantemente, con dueño que, en cuanto considera que no es útil o que su utilidad se puede subsumir con el invento de otra herramienta mejor, dejará irremediablemente de existir. No creo podamos así hablar de singularidad de los chats.

La fulgurante aparición de chatGPT en los medios como IA, en cambio sí parece que puede promover el nacimiento de un nuevo mito. Su falsa analogía con la IH, así lo puede potenciar. Parece incluso que ha nacido con una gran aceptación acrítica, y una vez instalado como mito, puede ser difícil de erradicar. De ahí la necesidad perentoria de definir bien qué es IH para poder diferenciarla radicalmente de una supuesta inadecuadamente Inteligencia Artificial similar.

Denominar los chats como inteligentes nos parece como ponerles el traje del rey que cuenta Andersen: *un rey oye hablar de una tela extraordinariamente buena, suave, delicada, imposible de imitar en su excelencia. La tela la fabrica un famoso sastre, a quien acude el rey. El sastre llega aseverando que su tela es tan especial que tiene la excelente virtud de ser invisible para las personas estúpidas. Cuando tras semanas de "arduo trabajo" el rey se prueba el traje, todos sus allegados y nobles de palacio, alaban su extraordinaria calidad. Hasta el rey (que se ve desnudo), agradece y paga al sastre, quien inmediatamente se ausenta en viaje a otro país.* La IA parece una tela cuya calidad nadie discute. Es (parece) excelente por su misma denominación de "inteligente". ¿Quién se va a atrever a discutir su validez? Mientras tanto, en su venta los autores van recibiendo buenos dividendos. Esos mismos autores se ocultan ante los problemas que pueda causar, esquivando responsabilidades.

Se necesitarán analistas que evalúen el uso ético de las herramientas que se vienen presentando. A las empresas que lanzan un nuevo chat, quizás no se las pueda exigir que presenten, a modo de transparencia ideal, los algoritmos y programación que están utilizando (se sentirían desnudos ante la competencia). Sería sin duda, lo ideal para entender la finalidad y medios utilizados por IH que trabaja detrás. ¿Habría alguna posibilidad de exigir esta transparencia ante algún tribunal competente que pueda guardar el secreto profesional intacto? Por supuesto se podría conseguir si se tiene voluntad política y ética para ello.

Pero sería un verdadero error no aprovechar sus posibilidades. Error que ha sido superado ya en multitud de ocasiones a lo largo de la historia evolutiva de IH. Chatbots podrán convertirse en nuevo buen aliado para mejorar el conocimiento y dominio de los entornos, físicos y humanos. Es un nuevo reto al que se enfrenta IH, que en último lugar será la responsable de su buen y ético uso. Consideramos además inútil una hipotética prohibición generalizada. Inútil porque IH intentará siempre seguir mejorando e inevitablemente acudirá a herramientas que se lo faciliten, aunque puedan también usarse para finalidades inconfesables. Si el hombre primitivo hubiera pensado que el hacha servía sobre todo para juegos de guerra, posiblemente se podría haber planteado rechazar su confección. Cualquier herramienta parece factible que pueda usarse para finalidades inconfesables u ocasionar accidentes indeseados.

utilidad de chatGPT$_s$, subordinada a objetivos deseables por IH

C hatGPT, por mucho que hablemos de su entrenamiento para procesar el lenguaje profundo natural, sólo lo procesa enseñado por IH, quien elabora el verdadero lenguaje natural profundo y quien lo interpreta y entiende significadamente. ChatGPT, parece entender ese lenguaje porque nos ofrece resultados que formalmente se adecúan "bastante bien" a lo que reconocemos como expresión oral y/o escrita correcta de ese lenguaje humano. Parece respectar formalidades gramaticales morfológicas, sintácticas, ortográficas, pero que solo IH sabe interpretar significadamente.

Solo IH conceptualiza directamente las realidades codificando información en multitud de formalidades lingüísticas, tantas como lenguas hay en la Tierra. ChatGPT$_s$ necesitan ser programados para expresarse en diferentes formalidades lingüísticas, sin "entender nada" en ninguna de ellas. Su originalidad estriba en ser una herramienta nueva que irrumpe con fuerza para su uso, como ayuda en su permanente búsqueda de un nuevo y mejor conocimiento y dominio de las realidades del universo.

El único "lenguaje natural profundo" es el de IH. El denominado lenguaje natural profundo refiriéndose a chatGPT$_s$ lo entiende sólo la propia IH, que es quien lo elabora, desde actividades verdaderamente profundas y a escalas incluso subatomistas. Trabaja interaccionando con subpartículas en el conocimiento de la realidad y con el cerebro neuronal.

Podemos aquí recordar el artículo de Liu y otros, (2024), abriendo un camino a la explicación de la consciencia desde la actividad neuronal de subpartículas fotónicas entrelazadas en algún lugar del mieloma de los axones que encauzan la actividad eléctrica, los fotones que se entrelazan. Intento que Liu enmarca dentro de las teorías cuánticas. Pero Liu, como neurólogo, sigue sin siquiera proponer que esa actividad cuántica de cubits, relacionante, entrelazadora de información parta de las interacciones previas con los entornos y se manifieste luego en la actividad neuronal.

ChatGPT sólo sigue, entre otras, reglas formales gramaticalmente correctas en su morfología, sintaxis, ortografía, guiada por bits de programación que crea la IH. Pero ni atisbo de captar ningún sentido semántico, por lo que no podemos hablar de un lenguaje natural profundo. Nos tenemos que referir a una superficial imitación del lenguaje significado humano. Sólo se parece, simulando el lenguaje natural humano. Pero no puede utilizarlo con significado semántico humanizado alguno, cons consciencia significada, con intencionalidad y deseo o rechazo.

ChatGPT sigue siendo una de sus herramientas entre las muchas que han ido revolucionando su conducta en relación a los entornos con los que interactúa. ChatGPT, puede significar otra revolución que modifique la conducta humana. Está por ver su verdadero alcance, que parece al menos tan importante como lo fue el invento de Internet. Será más útil si se prepara bien guiada, bien valorada éticamente, bien utilizada y luego bien y constantemente actualizada por IH en función de sus objetivos.

Una de las grandes utilidades de chatGPT, puede ser la de ayudar a IH a formular (traducir) diversidad de lenguajes. Podrá ser un traductor rápido y muy accesible de cualquier lengua de entre los 7000 idiomas que existen en el mundo, según la revista Ethnologue. Unos 600 idiomas son hablados y/o escritos por más de 100.000 personas.

Podría llegar a ser una especie de "esperanto". Podría ayudar a que los humanos se entendiesen con mayor facilidad en cualquier lengua, evitando la actual necesidad intercultural de dominar varios lenguajes que obliga a IH a enormes esfuerzos de aprendizaje. Podría dedicar ese tiempo a otras tareas.

De hecho empezamos a tener servicios de traducción en línea impulsada por nuevos chatbots como DeepL Translator, que se presenta como apoyado en IA, con traducciones progresivamente de alta calidad, cada vez en mayor cantidad de idiomas. Estas traducciones podrían ayudar mucho a IH intercambiando información desde diversidad de lenguas. Posiblemente en un futuro pudieran ser útiles para que IH se maneje sin necesidad de aprender otros idiomas. Pero habrá muchas circunstancias de intercomunicación que hagan necesario la comunicación directa con su multitud de señales no-verbales, kinésicas, de sonoridad, de viveza gestual, de matices que solo se comunican en directo y que un robot difícilmente podrá sustituir.

¿Eliminarán estos programas la labor de filólogos, profesionales en lingüística de distintos idiomas? Otras revoluciones también trajeron sus peligros, como la industrialización, cuando no se contemplaba el valor del trabajador que usaba nuevas extraordinarias herramientas. Cuando apareció Internet, muchos pronosticaron la desaparición del papel y hemos comprobado que se mantiene y convive con la digitalización de la información y con el uso del papel tanto en publicidad como en educación. Siguen proliferando las editoras, así como la información online.

Con los programas como DeepL Translator, 2017, ocurrirá lo mismo. Puede mejorar la correcta traducción entre cualesquiera idiomas utilizados. Aumentarán los profesionales necesarios para mejorar, tener actualizada esa digitación para colectivos cada vez más especializados. Se seguirá necesitando la comunicación interpersonal directa, en muchas situaciones al ser absolutamente necesaria para interpretar, con lenguaje no-verbal kinésico, incluso de sonoridad fonémica, los matices que dan pleno significado a la comunicación entre humanos y que las herramientas tienen difícil (más bien imposible), de suplir.

Otra gran ayuda de los chats la encontramos en la facilidad para disponer de iconos gráficos y/o musicales que acompañen a desarrollos icónicos, como historietas y musicales. El arte gráfico y musical se han entendido como suplantados e invadidos en sus competencias por productos generados automáticamente. Estos productos a menudo parecen muy similares a los que puede producir IH directamente. Incluso parecen "creativos", cuando en realidad son meras combinación de otros que pudieron considerarse creativos anteriormente porque integraban conceptos y experiencias que iban apareciendo en el desarrollo cognitivo humano.

¿Sustituirán estos chats a trabajos de IH considerados creativos? La creatividad artística y musical deben evolucionar de alguna manera y redefinirse. Una máquina jamás producirá creaciones que puedan tener en cuenta los matices culturales, las significaciones y sensibilidades que van evolucionando constantemente.

En educación, es evidente que los profesionales deberán cambiar sus hábitos de examinar a base de tareas de desarrollo conceptual y menos memorísticas, por ejemplo volviendo a exámenes orales más directos y a la observación continua en contacto con los alumnos en los procesos de enseñanza/aprendizaje. En las tareas de investigación deberá valorarse cada vez más la originalidad de las ideas, ya que la información comúnmente más aceptada está al alcance de cualquiera pidiendo a chatGPT que se la resuman. Se va comprobando que muchos chats ofrecen ya resúmenes que serían aprobados por profesionales expertos.

Debemos valorar el que los "resúmenes" que pueden presentar los chats, pueden significar una ayuda inicial para seguir con una exploración más crítica sobre cualquier tema, ganando tiempo en la introducción a cualquier rama del saber. Pueden ayudar a conocer el estado actual de cualquier temática. Actual, o hasta la fecha de creación de cada chat, que deberán estar en constante proceso de actualización desde la intervención directa de IH. No son los directos generadores de progresivos nuevos conocimientos. Los humanos expertos en cualquier temática suelen llegar a aseverar avances conceptuales tras períodos de búsqueda, a veces de experimentación complicada.

Pero el investigador avezado, o más interesado, enseguida captará que solo recibe información del "estado de la cuestión" hasta un momento determinado y desde determinadas fuentes de información Se basa en las fuentes de información al alcance, en especial los Big Data disponibles en Internet y de bancos de datos de entidades que los permitan. La sociedad actual evoluciona cultural y tecnológicamente a pasos agigantados y sobrepasa de manera casi inmediata los descubrimientos y experimentos científicos del presente. Los chats siempre serán alimentados desde IH en la actualización de nuevos datos, por lo que siempre irán detrás y con el sostén necesario de IH.

En sanidad puede ayudar al médico a obtener un resumen fiable del estado de la cuestión tanto de la historia clínica del paciente, como de los experimentos que se han hecho hasta el momento sobre el tratamiento de cada enfermedad, utilizando las bases de datos tanto en internet como en algunos laboratorios privados. Podrá el médico dedicarse mejor a labores de investigación con nuevas experiencias. De hecho ya hace tiempo que le ayuda mucho el tener al alcance inmediato el historial del paciente. Al alcance de cualquier especialista y en tiempo real de necesitarlo. Pero siempre será el especialista el que deba evaluar el estado actual de cada paciente y determinar el proceso de medicación más recomendable.

Las complejísimas investigaciones de la física, como las relacionadas con la fusión nuclear, parece que empiezan también a utilizar herramientas que logran una mayor rapidez para seleccionar y almacenar datos de hechos que suceden a altísima velocidad, como las colisiones entre átomos. O para detectar problemas como deficientes soldaduras en las planchas que contienen el plasma a altísimas temperaturas. Son siempre mejoras valoradas por IH, pero que un chat apropiado puede realizar cálculos con muchísima mayor rapidez ganando un tiempo precioso. Sigue siendo la IH, en este caso de ingenieros altamente cualificados la causa verdadera directa de estas avances. Sigue, a su vez siendo improcedente atribuirla a una genéricamente denominada IA, como autoridad que refrende los logros que se puedan haber conseguido.

Es posible que muchos trabajos de publicidad, atención al cliente, ventas, asesorías de todo tipo, tengan que suprimir muchos puestos de trabajo. Pero debemos comprender que son trabajos de poca calidad, aburridos, repetitivos. Sustituirlos obligará a necesitar otros trabajos, a valorar más la cualificación cultural previa, a ejercitar mejor las posibilidades creativas de IH. Aquí las posibilidades son inmensas y parece que inacabables. Cuando aparecieron los discos duros o externos de los ordenadores y sus CD/ROM ya escuchamos que la era del papel impreso de las editoriales de libros había llegado a su fin. Los que verdaderamente acabaron fueron los CD/ROMs como memorias externas, ahogados por la inmensa capacidad siempre creciente de las memorias internas o dispositivos de almacenamiento informático adjuntos al ordenador. Los chats están sustituyendo y lo harán cada vez más, trabajos administrativos pesados y aburridos, como han venido haciendo muchos robots en las industrias.

Aparecerán seguro innumerables chats a utilizar en cualquier campo profesional, como ayuda a IH. Harán necesaria una labor más creativa. Habrá quien se limite a usar chats sin pensar críticamente, aceptando sin más sus veredictos, pero la realidad es tozuda y no habrá más remedio que seguir actualizándoles, mejorándoles desde IH, porque nunca llegarán a desvelar nada que antes no desvele IH. De hecho la tecnología y las ciencias llevan ya varios siglos utilizando chats de muchas maneras. Chats que IH va haciendo evolucionar a pasos agigantados.

No vemos su fin, porque no parece haber un fin a la curiosidad humana, a su deseo de dominar los entornos, de desvelar los insondables misterios de su propia realidad. La educación no va a tener más remedio que activar la mente elaborativa en detrimento de la rememorativa. Ya existen muchas voces que lo demandan así, pero no está de más apresurarse en su puesta a punto efectiva a medida que los productos rememorados se encuentran fácilmente disponibles para todos. Antiguas técnicas memorísticas se tienen que ir reemplazando con nuevas actividades que integran conocimientos, relacionando diferentes fuentes de información y depositándolos como memoria en redes, conglomerados interconexionados de millones de neuronas. Podemos entender mejor la actividad del cerebro y su interacción con la IH relacionante y abstractiva, consciente, en el muy actual artículo de Liu y otros (2024), que interpretamos más detalladamente en....

Apelar a cualquier chatGPT para decidir qué es la propia inteligencia, qué leyes rigen la actividad del universo, qué es la memoria humana, cómo se trata un síntoma de enfermedad rara, cómo y cuando se debe enseñar a leer a los pequeños, en qué consiste la democracia, qué es una tiranía,...etc, va a equivaler a apelar a una encuesta de opinión. Encuesta que puede que nos resuma aceptablemente lo que encuentra en los Big Data a los que tiene acceso, que pueden ser muy numerosos y cada uno con distinta validez. Si nos parece que argumenta sus proposiciones, lo hará siempre por lo que "otra autoridad" con IH ha manifestado en internet y/o en las fuentes que IH le va "enseñando" a consultar.

Internet ya supuso un cambio revolucionario en relación al acceso a la cultura. Vino a eliminar la necesidad de uso de grandes enciclopedias, incluso librerías, de las que la gente culta tenía a gala poseer. Internet ofrece con una rapidez inigualable acceso a todo tipo de información constantemente actualizada, haciendo inútiles a corto plazo las enciclopedias. Ya pasó el tiempo en que el estudiante que quería especializarse en alguna rama del saber, tenía que pasar innumerables ratos visitando bibliotecas, solicitando préstamos de libros. Ahora tiene todo al alcance sin moverse de su sitio habitual de trabajo. Los chats vienen a mejorar aún más esta facilidad de acceso a bienes culturales escritos. Cualquier tema estudiado en clase puede ser completado ayudado por algún chat. Su uso, de momento desigual, será poco a poco imprescindible en la formación, en muchos trabajos o investigaciones a realizar. Algo parecido ocurrió con internet, cuyo uso se ha popularizado y considerado imprescindible en la sociedad actual.

Creemos necesaria una regulación para atajar posibles usos o incluso creaciones con finalidades poco éticas. La mera regulación que se autoimpongan los creadores y usuarios no podrá ser suficiente para impedir abusos que afecten negativamente a muchos individuos y colectivos, como en todas las actividades. Pero también debemos aceptar su uso puesto que parece que puede ser muy útil para muchas actividades tanto profesionales como personales.

El miedo a que elimine muchos puestos de trabajo, que suele ser la principal pega que muchos ponen, se va demostrando en anteriores ocasiones que se compensa con incluso más puestos de trabajo, aun cuando exijan mayor cualificación. También será preciso regular un uso no autorizado de producciones de creadores, por ejemplo artistas y músicos. También podrá ser necesario que los creadores definan mejor la validez de sus creaciones y que se exijan a los chats que publiquen sus fuentes de inspiración con las que se entrenan para solicitar el uso a sus autores y/o compensarles con los dividendos que obtengan. Lo que aplicamos a las obras artísticas, también podría aplicarse a los escritos científicos de autor.

Los chats con denominación de IAs, van a ser tan poderosos y universalmente usados que no queda más remedio que regularlos. Los chats han llegado para quedarse. Como cuando se anunció el advenimiento de Internet en medio de sombrías predicciones de los pesimismos u oficialismos conservadores de turno. No deberían poder decidir sobre muchos temas importantes, no deberían usar impunemente todo tipo de información de los autores que publican en internet. Sus valoraciones no podrán, por ejemplos, servir para decidir en un juicio, para aprobar un examen, para dar soluciones finales a los problemas climáticos. No servirán para financiar cualquier objetivo, no deberán poder intervenir en la privacidad de cada persona..., etc. La posible validez de los chatbots, su veracidad, va a depender totalmente de la veracidad y validez de las fuentes consultadas. Van a depender de IH que ha fabricado tanto los chats como los Big-Data de internet, como cualquiera de las fuentes de información que se utilicen.

Tratar de denominarles como más adecuadamente y no como IAs parece una batalla perdida, después de la "costumbre" de hacerlo, muy universalizada en poco tiempo. Pero insistimos que sería importante hacerlo, en aras de una verdad y al mismo tiempo entendiendo mejor la singularidad de IH. Llamarles "inteligentes", no deja de ser un insulto a la verdadera IH. Parece mejor la denominación de "chat", con una adjetivación según su funcionalidad específica. Podríamos llamarles productos "robóticos" o "cibernéticos". Se podrían denominar

RACOPs, Robots de Acción COmpleja Preprogramada. O HPGs, Herramientas Preprogramadas Generativas. El calificativo de "generativa" deberíamos diferenciarlo claramente del de "creativa".

Vemos constantemente que se viene apelando a la autoridad de IA para exponer como muy válidas opiniones hasta descabelladas. Y se hace con una asertividad totalmente inadecuada. El último chascarrillo que hemos escuchado es hablar de la necesidad de adherirse a las fábulas bautizadas como de IA por ejemplo para aseverar que es el instrumento que nos queda para poder asegurar la supervivencia de la memoria de la civilización humana actual. Se cita con total tranquilidad que la IA, (por supuesto entendida la no-nacida aún SAG o Superinteligencia Artificial General), enviada al espacio... podría afrontar autónomamente cambios evolutivos durante millones de años luz. Así podría llegar a conectar con otras civilizaciones después de la desaparición de la actual humana.

Aunque muchos entiendan con claridad la estupidez de tal elucubración, sin necesidad de gran sentido crítico, la aparición de muchísimos supuestos de utilidades de IA, parece que van dejando un poso de ostentaciones en base a su importanciosa autoridad que abre camino a credulidades sin evidencia científica alguna. Por ello es necesario cambiar la denominación de "inteligentes" aplicada a tantos chatbots. O bien definir a qué inteligencia se refieren cuando hablan de los productos de una herramienta artificial.

ChatGPT no puede pasar de ofrecer una mera opinión sobre los resúmenes que presente sobre cualquier tema. Opinión parecida a las de las encuestas estadísticas. Al basarse en fuentes de conocimiento diverso, instaladas en la red, podrá hacer uso de gran cantidad de muestra (aunque posiblemente la mayoría de las veces sesgada). No encontramos referencias a la posible autoridad de sus fuentes. El mero hecho de presentar sus resultados como fruto de una Inteligencia Artificial, parece darle una mayor veracidad o evidencia (en realidad incierto). Incluso habrá quienes piensen en evidencia científica, lo que es totalmente falso. Ayuda a entenderlos así el hecho de que bastantes científicos parecen haberse interesado (y emocionado) con algunos productos de chatGPTs.

La tecnología de chat$_s$ impulsará a su vez la creación de nuevas tecnologías, al facilitar a IH, la verdadera creadora, los datos más relevantes, en corto tiempo, que puedan ayudar a mejorarlas.

Pero creemos ya atisbar otras opiniones de científicos mucho más críticas con las posibilidades reales de los chat$_s$. Nos sumamos a ellas y esperaremos a que el tiempo revele las verdaderas utilidades de los chat$_s$ que consideramos serán inferiores a la utilidad del descubrimiento de Internet. Internet va a seguir siendo una herramienta imprescindible incluso para el posible avance de nuevos chatGPT$_s$.

Lo que no consideramos posible, con los datos disponibles en el momento actual será la aparición de una IAG. Vamos exponiendo las razones que nos mueven a ello al comparar la actividad de IH con la de los chapGPT$_s$ *(en apartados 4 y 5)*. En el apartado siguiente seguimos exponiendo nuestras razones.

¿IAG,
Inteligencia
Artificial General?

buscando *la Piedra Filosofal*
o alumbrando el *Basilisco de Roko*

B en Goertzel, matemático y director de los robots humanoides más adelantados como Sofía y Grace, ven en los chats un momento que evolucionará inevitablemente a una nueva singularidad, IAG, Inteligencia Artificial General, AGI en inglés (Artificial General Intelligence). Habrá hasta quienes esperan el advenimiento de una SAG, Superinteligencia Artificial General, miles de veces más capaz que la IH.

Hasta el momento, los diferentes y numerosos chats que van proliferando sólo alcanzan a ayudar a IH cada uno en una actividad muy específica, por lo que se van a necesitar innumerables chats para mejorar las limitaciones de la inteligencia en sus innumerables expresiones conductuales. El Robot Grace, por ejemplo, podría servir para encontrar patrones sobre qué medicamentos funcionan sobre la base de los registros clínicos y genómicos de cada paciente. Pero debemos saber que lo hace sustentándose en una "especie de encuesta" buscando entre los numerosos estudios publicados hasta el momento en diversas fuentes de información, especialmente en el big-bang de internet. Grace nunca encontrará nada basándose en hipótesis propias previas como hace la IH.

Pero si consideramos la inmensa cantidad de conductas humanas diferentes, tanto en sus coordinaciones móviles, como en cogniciones, deberíamos fabricar millones de robots para ayudar en los millones de conductas humanas diferentes, en especial en la inmensidad de problemas o enfermedades que pueden afectar al ser humano. Podríamos recordar aquí la multiplicidad de inteligencias que los atomistas antiguos hipotetizaban al hablar de inteligencia. También podemos comprender las teorías describiendo multiplicidad de inteligencias que hemos descrito en la parte inicial de este libro.

Ahora bien, IH unifica en una singularidad todos los procesos y procedimientos cognitivos, con una actividad relacionante, abstractiva, consciente. Podemos perfectamente hablar de una IG, Inteligencia General. Los creadores de los chats pueden soñar también con un chat-IAG, una IAG denominada inteligencia artificial fuerte que unifique, a semejanza de IH, todos los procesos y procedimientos denominados inteligentes.

Chat-IAG o IAG, vendría a representar una combinación de ¿centenares, miles, millones...? de chats en uno solo que integraría todas las funcionalidades que ahora se diversifican en innumerables chatbots. Sería como la "Piedra Filosofal" que en la Edad Media buscaban los alquimistas, tratando de combinar con cualquier elemento químico conocido, para convertirlo en otro mucho más preciado, en oro. Vendría a ser el elixir mágico, la pócima que logra la vida eterna para el privilegiado que la posee. Chat-IAG alcanzaría pronto su propia singularidad destacándose de IH, superando todas sus limitaciones. Chat-IAG tendría el mágico remedio y explicación para todos los males, inseguridades, donductas deficientes, enfermedades del ser humano. Convertiría en "oro auténtico"

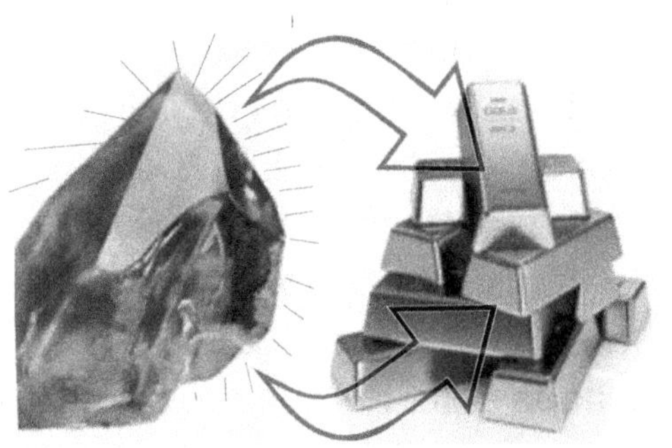

Piedra Filosofal

todo lo que tratara, combinando sus preciados algoritmos y programación informática, "cual sustancias químicas todopoderosas".

258

Hemos expuesto que IH es singular, una y única. La IH es singular porque integra conceptualmente diversidad de códigos lingüísticos (visoespaciales, verbales y numéricos fundamentalmente) en actividades y procesos de naturaleza similar. Todos los procesos cognitivos parten de la misma naturaleza activa relacionante, abstractiva, consciente. Parten de la verdadera "piedra filosofal" que es la inteligencia natural humana, quien, pese a sus limitaciones va produciendo muy diferentes efectos, por ejemplo valiosos conocimientos y la creación de valiosas herramientas de todo tipo, que alcanzan a descubrir el "oro" que aprecia y busca activa y autónomamente la inteligencia humana. Pero chat-IAG, no podrá ser nunca la "piedra filosofal" como lo es IH, debido a su naturaleza diametralmente diferente. Chatbots, chatGPT, chat-IAG serán siempre artificios sin vida, sin consciencia, sin sentimiento: No podrán buscar nada porque nada desean desde su ausencia de autonomía creativa.

Chat-IAG Podrá "parecer" un producto similar a los que crea IH, pero será sustancialmente diferente. Ya en la Edad Media el filósofo árabe Avicena desacreditaba la teoría de la transmutación de las sustancias que defendían los alquimistas: "Los de la nave química saben bien que ningún cambio se puede realizar en las diferentes especies de sustancias, aunque pueden producir la apariencia de tales cambios" *(Briffault, R. 2022)*.

La posible fabricación de chat-IAG, es pura especulación de ciencia ficción, saltándose las hipótesis dentro de un probabilismo científico razonablemente empirizable. No puede abordar la naturaleza total y radicalmente diferente entre el robot, la herramienta, la supuesta IAG y la verdadera singularidad de la IH. El artificio fabricado y la actividad inteligente fabricante de herramientas es imposible que se identifiquen en su naturaleza profunda, al menos en el actual nivel de desarrollo del conocimiento inteligente humano. Para que IAG "salte" a niveles autónomos de consciencia y deseo, necesitamos una utopía imaginativa que se lo invente. Parece que la propia IH, en su deseo por conocerlo todo, propicia la necesidad de esta utopía.

Por ello parece que ahora empezamos a soñar con el advenimiento de un "nasciturus salvador", como ocurrió en tiempos pasados con promesas de libros sagrados de algunas religiones. Pero los chatGPT que parecen "prometer" ese advenimiento son mucho más prosaicamente puras herramientas, pura técnica creada, mantenida, utilizada por IH para lograr sus auténticos fines deseados. No tenemos ninguna clara ni "oscura" evidencia de que su naturaleza les pueda permitir dar un salto en el vacío que "imaginativamente" les transforme en "inteligencia autonoma".

IH se instala en una bioquímica que se hereda biogenéticamente y se desarrolla en interacción con los entornos. Se puede clonar la bioquímica genética humana, pero nunca su cognición, su conectoma neural único. Su conectoma lo adquiere y construye en experiencias únicas, irrepetibles, como conocimiento "cargado" de consciencia y emocionalidad. Puede fabricarse, "clonarse" artificialmente, la forma, la bioquímica de un humano, como se ha hecho con animales (recordamos la oveja Dolly), pero nunca será una "persona" idéntica, ya que su memoria, el conectoma construido a lo largo de su vida consciente y autoconsciente va a ser inevitablemente distinto, dependiendo de nuevas y propias experiencias.

¿Es posible poder crear un chat-IAG consciente? ¿Una máquina pensante, sintiente, interactuando con entornos y modificándolos para su propio interés de supervivencia? Estamos pensando en crear artificialmente un superhumano, cual dios todopoderoso. La clonación humana, será incluso poco útil, al no poderse clonar la memoria individual. Estaríamos creando, artificiosamente, un nuevo humano solo parecido físicamente, corporalmente. Sería más útil y económico generarlo naturalmente por la unión de dos gametos, un óvulo masculino y un espermatozoide femenino.

¿Es concebible una máquina más inteligente que IH? Por supuesto que podemos imaginarla y hasta entenderla desde una cierta racionalidad inductiva. Pero se quedará, estimamos que al menos por mucho tiempo, en pura especulación. Será fruto de imaginación, pura "comodidad" imaginativa para uso de películas de ciencia ficción y de consumidores deseosos de soluciones rápidas para alcanzar nuevas metas de conocimiento. Tendrá para consumo un público interesado por esa ficción que huye de una realidad que aburre por su cotidianidad. Pero sí podemos "imaginar" un chatGPT como superherramienta y al mismo tiempo una IH calificada también como supersapiens al poder crear también esa superherramienta.

Podríamos denominar al chat-IAG como un intento de conseguir singularidad entre los chats al fabricarlo con características de cierta mayor globalización al poder realizar variedad de conductas como hace la IH. Sería una herramienta parecida a las que ya fabricamos como de multiuso: los lubrificantes "tres en uno", tijeras y navajas "multiuso" "multifunción" o "multiherramienta". En realidad a muchísimas herramientas se les van adjudicando varias funcionalidades como sucesivas mejoras. Siguen siendo herramientas fabricadas y manejadas por IH. Chat-IAG parece querer llegar a ser una herramienta "todouso", que aúne todas las posibilidades de conocimiento y acción de IH, suplantándola y hasta mejorando su rendimiento como más rápido y fiable en toda clase de circunstancias difíciles y/o peligrosas. Por mucho que vayan construyendo un multiuso, seguirán siendo herramientas, automatismos cada vez más complejos pero a las órdenes siempre de IH.

Estamos ante unas herramientas (en especial a partir de chatGPTs) que pueden ser instrumentalizadas por colectivos también socialmente poderosos. Aprovechan como marketing acertado y valioso el uso del concepto "inteligencia". Acertado y valioso para venderlo como producto, pero no adecuado ni veraz. Una manera de instrumentalizar estas herramientas es exagerar sus posibles bondades, ocultando sus limitaciones. ¿Qué mejor instrumentalización "ostentosa", "óptima" para suscitar posibles bondades que considerarlas inteligentes como el denominado rey de la creación por su inteligencia? Se las eleva al rango de potencia directiva incuestionable.

Las herramientas de medición de la inteligencia, desde su nacimiento, estuvieron también viciadas por una conceptualización errónea de causalidad biogenética heredada. Conceptualización que propició la creación de un concepto de *g* heredado, invariante, expresado como coeficiente intelectual. Conceptualización que ha emponzoñado muchas políticas de atención educativa a favor de colectivos privilegiados culturalmente, favoreciendo políticas que les mantienen en su

261

posición privilegiada.

La suposición de un chat-IAG vendría a ser la suposición de una IA fuerte, incluso excediendo las capacidades de IH. Podría dar lugar a la aparición de una entidad superior que se mejoraría a sí misma constantemente, volviéndose incontrolable para los humanos, dando pie a especulaciones como el basilisco de Roko.

Basilisco de Roko

Podemos hablar de chatGPT como superherramienta por el hecho de acercar formalmente conceptos que parecen similares a los que podría proponer una IH. Pero a IH tendríamos que calificarle también de supersapiens al poder crear esa superherramienta. Podríamos asemejarla al mito antiguo del basilisco o "pequeño rey", animal mitológico, rey de las serpientes, pero que nació malformado con cabeza de gallo, cuerpo de serpiente. El basilisco mataba a toda persona con solo mirarla o con su aliento.

El basilisco de Roko es una alegoría, elucubración mental, que aplicadamos a la tecnología de IAG. Trata de animar a la ciencia, sobre todo a la pseudociencia amiga de las causalidades conspiratorias, a aceptar sin crítica racional la revolución cultural que significa el advenimiento de una posible superciencia, a punto de llegar, a base de los algoritmos que sostienen la IAG que ya se va instalando como herramienta cultural. Según esta alegoría, el basilisco ya puede estar instalado en la mente humana, a punto de nacer. Sería una superciencia, con una capacidad infinita de información, tanto del pasado como "del futuro".

El basilisco de Toko nace con apariencia ética de ayudar a IH, pero con la perversión de vengarse de aquellos que de alguna manera sabían que estaba "madurando" en el cerebro de IH pero no ayudaron a su advenimiento. Trataron incluso de "abortarlo" y colaboraron en un "parto" malformado. Si alguna vez llega a nacer el supuesto basilisco de Roko, como una IAG con singular superinteligencia, ¿podría llegar a rebelarse y dominar IH? Se vengaría de todos los que lo rechazaron de alguna manera "asesinándolos", si aún viven, o eliminando la imagen cultural que pudieran haber conseguido en un pasado.

La alegoría no deja de ser una velada amenaza que creemos sin sentido real alguno, pero que algunos amantes de las ciencias ocultas, parecen percibirla como real, por lo que o tratarían de borrar todo lo que escribieron negando sobre el advenimiento posible de IAG como el basilisco de Roko o bien empezarían a ayudar en todo lo posible a su advenimiento, publicitando sus ventajas con asertividad parece que convencida sobre que es inevitable.

Elucubración insensata, se sitúa en el centro de IH consciente, como una afirmación de "o conmigo o sin mí", no admitiendo otra forma posible de libertad. Cualquier científico "sensato" tendrá que aceptar el advenimiento de los chatGPT, pero matizando su asertividad sin alentar optimismos innecesariamente, adormeciendo su espíritu crítico. Podrán serle útiles a IH, deberá usar alguno/os, pero tendrá que entender quién es causa y quién efecto. Deberá tratar de entender las limitaciones de IH, así como también las de los chats.

IAG, en el mejor de los casos podría llegar a ser una herramienta multiusos, multifunción. Muchas herramientas, una vez fabricadas y usadas, se combinan, en nuevas actualizaciones, para realizar varias funciones. La mayoría de veces la combinación de varias herramientas en una, suele realizar con menos eficacia cada una de sus funciones. ¿Podrá una IAG futura realizar los "billones" de acciones diferentes que logra la IA con su casi infinidad de conocimientos y procedimientos que va depositando en la memoria? Damos por seguro que no encontraremos la piedra filosofal o "formula química" que nos resuelva todo, ni alumbraremos un basilisco de Roko que a su vez esclavice la IH en el futuro. Seguiremos fabricando nuevos chats que nos pueden facilitar el conocimiento y dominio de las realidades que nos rodean. Por más que unamos la funcionalidad de miles de seres inertes, no podrá surgir una ser autónomo vivo y autosuficiente.

Definir la consciencia, definir la actividad abstractiva y la adquisición lingüística de conceptos abstractos semánticamente significados por parte de IH, parece ahora más acuciante. Aparece la amenaza de IAG que podría competir con el dominio de consciencia y conceptualización abstractiva hasta ahora exclusivo de IH. Un uso tan cotidiano, pasa de metáfora a usurpación de realidad significada. Ayuda a esta usurpación el hecho de quien teóricamente se dedica al conocimiento de la mente, la psicología, está perpleja y no acierta a concertar una hipótesis plausible acerca de esa realidad misteriosa para orientar adecuadamente la búsqueda de nuevas evidencias científicas.

Las denominadas ciencias exactas, física, química, tampoco saben la verdadera naturaleza que rige las leyes inductivas que se van encontrando y que parecen interactuar para explicar el mundo físico y químico. Y sin embargo proponen hipótesis tratando de explicar de la manera más probable posible lo que pueden observar hasta el momento. Siguen buscando la explicación completa del "todo". Son conscientes de sus limitaciones, pero parten de hipótesis bastante concertadas y buscan su confirmación o los cambios más o menos revolucionarios, a medida que pueden observar mejor los fenómenos que describen o nuevos fenómenos que se van descubriendo.

Los temores, algunas de las posibilidades supuestas de IAG están basadas en el desconocimiento de qué sea la inteligencia, IH. Pero arropar IAG con la singularidad conocida de IH, es una apuesta a cambiar de rey, del natural legítimamente reconocido, por un usurpador disfrazado. Muchos entenderán que trabajan con una metáfora y analizarán las analogías más o menos superficiales entre IAG e IH. Pero otros dejarán libre su imaginación para suponer "revoluciones" más o menos catastróficas o progresistas.

La mejor manera de poner las expectativas en su justa medida está en definir qué es IH, cómo y por qué surgen su consciencia y sus códigos lingüísticos abstractos. Desde la psicología ya se viene reconociendo como una realidad la singularidad de la inteligencia, una sola inteligencia. Debemos empezar por una propuesta hipotética que explique lo más probablemente posible los productos propios de la actividad de IH, mientras se encuentran herramientas y/o métodos experimentales que vayan confirmando o retocando la hipótesis.

Encontramos, por el momento, explicaciones que distinguen sustanciales diferencias entre la actividad de la mente y la actividad artificial de los programas informáticos, con sus algoritmos. Diferencias tales que podemos asegurar que IAG no podrá, incluso creemos que nunca lo hará, igualar las posibilidades de IH. IAG y todos los chats ya nacidos o por nacer son y seguirán siendo fieles súbditos de IH. Es el futuro que podemos prever. Aunque no nos es posible apostar a qué ocurrirá en un futuro lejano. Denominar los chats como nuevas inteligencias artificiales provoca confusiones acerca de sus hipotéticas posibilidades.

El miedo manifestado acerca de que la IA, IAG, se revuelva contra su creador, parte de una falsa concepción de su verdadera naturaleza. Es posible la visión de máquinas destructoras, por ejemplo las bombas nucleares que destruyan la humanidad como ahora la conocemos, dada su potencia destructiva. Pero nunca será responsable la bomba de tales acciones, sino la propia IH que las ha fabricado y que puede utilizarlas para destruir. De hecho ya podríamos encontrar ciudades, zonas en el planeta que han sido destruidas y que no se recuperan aún, como por ejemplo después del accidente nuclear de Chernobyl en Ucrania. Los responsables son las IHs que han fabricado esos complejos nucleares y que no han previsto sus consecuencias o se les han ido de las manos accidentalmente. Y si alguna vez IH tiene la posibilidad y acepta destruir algo, la responsable siempre será IH, no ningún chatGPT ni chat-IAG.

Los chats no tienen ningún sentido, con los conocimientos que tenemos actualmente, de que puedan convertirse en autoconscientes y rebelarse de su verdadera condición de esclavos de IH. Conocer su verdadera naturaleza y la de IH nos ayudará a afirmar taxativamente su imposibilidad y no elucubrar demasiado imaginativamente construyendo utopías míticas.

Si chat-IAG es por el momento una entelequia, entendemos que sin posibilidades razonables de nacer, la IH, sí se va entendiendo cada vez más desde una unicidad singular que explica todas las habilidades de que es capaz. No siempre ha sido entendida así como detallamos en el apartado 3.

La *Inteligencia General, IG*, *(ver tabla 3.3.1.)*, la entendemos como una actividad general integradora que relaciona cantidades cada vez más complejas de información, por ser más abstracta y contener cada vez más amplitud y complejidad de significado. Va operando con contenidos simbólicos más alejados de sus objetos y con mayor independencia de ellos. Inteligencia General, IG, lo consideramos como el factor unificador de todas las habilidades mentales, como actividad relacionante, abstractiva, consciente. Al mismo tiempo lo consideramos como Inteligencia General, IG actual, no una capacidad inmutable desde el nacimiento. Inteligencia General, IG, puede cambiar sobre todo su actividad relacionante y abstractiva en base al uso que se hace en interacción con el entorno y en base a las diferentes modalidades de contenidos que usamos en los distintos períodos de desarrollo.

Terminamos este libro animando a la psicología del aprendizaje a profesionales de la cognición inteligente, urgiendo en la necesidad de definir qué es la IH y su importancia como creadora de herramientas y técnicas que se confunden a menudo interesadamente con ella. Estimamos que debe defender una posición científica clara al respecto, posicionándose en los medios, alertando sobre un posible uso inadecuado del concepto de inteligencia, que se apropian otras técnicas y que puede provocar muchos desvaríos en relación a la validez de muchas áreas de conocimiento. Debería denunciar sin complejos la verdad del objetivo declarado de su labor científica, diferenciándolo del de otras ciencias y técnicas.

El factor de *Inteligencia General, IG,* de tercer orden, lo obtenemos como una estimación de la suma de los seis factores de primer orden: *Rv, Rn, Re, Vv, Nn y Ge*. Lo llamamos de tercer orden porque se obtiene después de haber definido los de primer y segundo orden, en una jerarquía hallada en múltiples ocasiones y por muchos autores en análisis factoriales. El análisis más completo fue el de Carroll y refleja claramente la estructura jerárquica de la inteligencia que proponemos en estas baterías de test. El factor *g* fue muy defendido en ambientes en los que se consideraba la inteligencia como habilidad mental

266

fundamentalmente heredada y su medición como un reflejo de esa herencia, entendiéndose como muy secundarios la estimulación de los entornos tanto fisicoecológicos como socioculturales.

Encontrar factores de grupo que expliquen la habilidad mental para resolver determinados conjuntos de problemas, tiene relación con las modalidades y operaciones de la actividad mental. Un factor estaría determinado por una modalidad de contenido y una operación a un nivel de abstracción/complejidad. Como presentamos cuatro modalidades fundamentales de contenido y cuatro operaciones básicas aparte de las de control ejecutivo, encontramos 4x4=16 factores de grupo.

A través de múltiples análisis factoriales, vamos comprobando repetidas veces la existencia de conglomerados de reactivos, que denominamos factores de grupo: razonamiento, verbal, visoespacial, numérico. Con la suma de todos los factores más importantes estimamos una *Inteligencia General, IG*. Preferimos denominar *Inteligencia General, IG,* con el calificativo de *actual*, porque entendemos que la inteligencia humana está en permanente proceso de estructuración. Esa estructuración varía en función de las actividades a las que se dedica y en función de la intensidad con que las trabaja.

Terminamos este libro animando a la psicología del aprendizaje a profesionales de la cognición inteligente, urgiendo en la necesidad de definir qué es la IH y su importancia como creadora de herramientas y técnicas que se confunden a menudo interesadamente con ella. Estimamos que debe defender una posición científica clara al respecto, posicionándose en los medios, alertando sobre un posible uso inadecuado del concepto de inteligencia, que se apropian otras técnicas y que puede provocar muchos desvaríos en relación a la validez de muchas áreas de conocimiento. Debería denunciar sin complejos la verdad del objetivo declarado de su labor científica, diferenciándolo del de otras ciencias y técnicas.

referencias bibliográficas

Alonso, J.R. y Alonso, I. (2018). *¿El cerebro nace o se hace? Genes y ambiente.* Madrid: EMSE EDAPP.

Benjamins, R., e IDoia, S. (2021). *El mito del algoritmo. Cuentos y cuentas de la inteligencia artificial.* Madrid: Anaya Multimedia. ISBN: 978-8441542808.

Briffault, R. (2022). The Making of Humanity. Creative Media Partners, LLC. ISBN1015729134, 9781015729131. N.º de páginas378 páginas.

Burt, C. (1949). The structure of the mind: a review of the results of factor analysis. *British Journal of Educational Psychology, 19,* 100-111.

Burt, C. (1958). The inheritance of mental ability. *American Psychologist, 13,* 1-15.

Cattell, R.B. (1963). Theory of fluid an cristallized intelligence: A critical experiment. *Journal of Educational Psychology, 54,* 1-22.

Cattell, R.B. y Kline, P. (1971). *The Scientific analysis of personality and motivation, Academic Press, Inc. Limited.* London (traducción castellana: *El análisis científico de la personalidad y la motivación,* 1982. Madrid: Pirámide).

Chomsky, N. (1989). *El conocimiento del lenguaje, su naturaleza, origen y uso.* Madrid: Alianza.

Damásio, A. (2011). *El error de Descartes: la emoción, la razón y el cerebro humano.* Barcelona: Editorial Crítica (versión original Pan Macmillan, 1994).

Darwin, Ch.R. (1873). *The expression of emotions in animals and man.* N.Y.: Appleton.

Dietrich, A. y Kanso, R. (2010). A review of EEG, ERP, and neuroimaging studies of creativity and insight. *Psychological Bulletin, 136, 5,* 822-848.

Eldredge, N. y Gould, S.J. (1977). Punctuated Equilibria: The Tempo and Mode of Evolution Reconsidered. *Paleobiology, 3(2)*: 115-151.

Eysenck, H.J. (1979). *The structure and measurement of intelligence.* Berlín-Heidelberg-New York: Springer Verlag (traducción castellana: *Estructura y medición de la inteligencia*, 1983. Barcelona: Herder).

Ferrero M, Vadillo MA, León SP. (2021). Is project-based learning effective among kindergarten and elementary students? A systematic review. *PLoS One.* Doi: 10.1371/journal.pone.0249627.

Frauchiger, D. y Renner, R. (2018). Quantum theory cannot consistently describe the use of itself. *Nature Communications, 9, 3711.* Doi: org/10.1038/s41467-018-05739-8.

French, J.W., Ekstrom, R.B. y Price, L.A. (1963). *Manual for kit of reference tests for cognitive factors.* Princeton. New Jersey: Educational Testing Service.

Gagne, R.M. (1968). Learning hierarchies. *Educational Psychology, 6,* 1-9.

Gagne, R.M. (1974). *Essentials of learning for instruction.* Nueva York: Dryden Press (traducción castellana: *Principios básicos del aprendizaje para la instrucción*, 1975, México: Diana).

Gall, F.J. (1810). *Anatomie et physiologie du systeme nerveux en general, et du cerveau en particulier.* París: s/e.

Galton, F. (1869). *Hereditary genius: an enquiry into its laws and consequences.* London: McMillan & Co.

García-Martín, R., Wang, G., Brandão, B.B. y otros (2022). MicroRNA sequence codes for small extracellular vesicle release and cellular retention. *Nature 601,* 446–451. Doi.org/10.1038/s41586-021-04234-3.

Gardner, H. (1983). *Frames of mind: the theory of multiples intelligences.* New York: Basic Books.

Gardner, H. (1986). *The mind's new science: a history of the cognitive revolution.* New York: Basic Books (traducción castellana: *La nueva ciencia de la mente. Historia de la revolución cognitiva*, 1987. Barcelona: Paidós).

Gardner, H. (1999). *Intelligence Reframed: Multiple Intelligences for the 21st Century.* New York: Basic Books.

Goleman, D. (1996). *Inteligencia Emocional.* Barcelona: Kairós.

Guilford, J.P. (1967). *The nature of human intelligence.* New York: McGraw Hill.

Guilford, J.P. (1973). Theories of intelligence. En B. Wolman, *Handbook of general psychology.* New Jersey: Prentice Hall.

Gottfredson, L.S. (1994). Mainstream Science on Intelligence. *Intelligence. 24(1)*: 13-23.

270

Gould, S.J. (1981). *The mismeasure of man*. Cambridge, Mass: Harvard University Press (traducción al español: *la falsa medida del hombre*, 1984. Barcelona: Antoni Bosch).

Gutiérrez, D., Domínguez, J.P., Pérez, F., Jiménez, A. y Linares-Barranco, *A.* (2020). '*Neuropod: A real-time neuromorphic spiking CPG applied to* robotics'. Neurocomputing. *381,* 10-19. Doi.org/10.1016/j.neucom.2019.11.007.

Hebb, D. (1949). *The organization of behavior*. New York: Wiley.

Horn, J.L. y Cattell, R.B. (1966). Refinemet of the theory of fluid and crystallized general intelligence. *Journal of Educational Psychology, 57,* 253-270.

Horn, J.L. (1970). Review of J.P. Guilford's, the nature of human intelligence. *Psychometrika, 35,* 273-277.

Horn, J.L. y Knapp, J.R. (1973). On the subjective character of the empirical base of Guilford's structure-of-intellect model. *Psychological Bulletin, 80(1),* 33–43. Doi.org/10.1037/h0034681.

Horn, J.L. (1976). Human abilities: a review of research and theory in the early 1970's. *Annusal Review of Psychology, 27,* 437-485.

Horn, J.L. (1986). Intellectual ability concepts. En Sternberg, R.J. (ed.). *Advances in the psychology of human intelligence, vol. 3.* Hillsdale, New Jersey: Lawrence Erlbaum.

Horn, J.L. (1988). Thinking about human abilities. En Nesselroade, J.R. y Cattell, R.B. (eds.). *Handbook of multivariate experimental psychology.* New York: Plenum Press.

Humphreys, L.G. y Dachler, P. (1969). Jensen's theory of intelligence. *Journal of Educational Psychology, 50,* 419-426.

Humphreys, L.G. y Fleishman, A. (1974). Pseudo-orthogonal and other analysis of variance designs involving individual differences variables. *Journal of Educational Psychology, 66,* 464-472.

Hunt, E. (1987). A cognitive model of individual differences with an application to attention. En Irvine, S.H. y Newstead, S.E. (eds.). *Intelligence and Cognition: contemporary frames of reference.* Dordretch: Nijhoff.

Jensen, A.R. (1970). Hierarchical theories of mental ability. En Dockrell, W.R. (ed.). *On Intelligence.* London: Methuen.

Klahr, D. y Wallace, J.G. (1976). *Cognitive Development: An Information-Processing View.* Hillsdale, New Jersey: Lawrence Erlbaum.

Köhler, W. (1969). The Task of the Gestalt Psychology, Princeton: *University Press.*

Larson, Erik J (2022). *El mito de la inteligencia artificial. Por qué las máquinas no pueden pensar como nosotros lo hacemos.* Barcelona: Shackleton Books ISBN: 978-8413611686.

Lee, R.C., Feinbaum R.L. y Ambros V. (1993). The C. elegans heterochronic gene lin-4 encodes small RNAs with antisense complementarity to lin-14. *Cell Press 75(5)*: 843-54. Doi: 10.1016/0092-8674(93)90529-y. PMID: 8252621. Artículo de Manuel Ansede en *ciencia, materia,* diario EL PAÍS, 10/02/2022.

Liu, Z., Chen, Y-C., Ao, P. (2024). Entangled biphoton generation in the myelin sheath *Physical Review, E 110,* 024402. Doi.org/10.1103/PhysRevE. 110.02440.

López de Mántaras, R., Meseguer, P. (2017). *Qué sabemos: inteligencia artificial.* Madrid: Catarata ISBN 978-8400102333.

Messick, S. (1973). Multivariate models of cognition and personality: the need for both process and structure in psychological theory and measurement. En J.R. Royce (ed.). *Multivariate analysis and psychological theory.* London: Academic Press.

Miller, G.A. (1956). The magical number seven, plus or minus two: some limits on our capacity for processing information. *Psychological Review, 63,* 81-97 (traducción castellana: *Lecturas de psicología de la memoria,* 1983. Madrid: Alianza).

Moravec, Hans P. (1988). Mind Children: The future of robot and human intelligence. *Computer Science, Engineering.* Doi:10.2307/1575314.

Moreau, P-A.,Toninelli, E., Gregory, T., Aspden, R.S., Morris, P.A. y Padgett, M. (2019). Imaging Bell-type nonlocal behavior. *Science Advances 5,7.* Doi: 10.1126/sciadv.aaw2563.

Naazneen Khan, N., De Manuel, M. Peyregne, M., Do, R. Prufer, K., Marques-Bonet, T., Varki, N, Gagneux, P. Varki, A. (2020). Multiple Genomic Events Altering Hominin SIGLEC Biology and Innate Immunity Predated the Common Ancestor of Humans and Archaic Hominins. *Genome Biology and Evolution, 12 (7),* 1040–1050. Doi.org/10.1093/gbe/evaa125.

Newell, A. y Simon, H.A. (1972). *Human problem solving. Englewood Cliffs,* NJ: Prentice-Hall.

Núñez I.A. y Núñez Y. (2005). Propuesta de clasificación de las herramientas - software para la gestión del conocimiento. Acimed,13(2). Disponible en: http://bvs.sld.cu/revistas/aci/ vol13_2_05/aci03205.htm.

Perkins, D.N. (1981). *The mind's best work.* Cambridge, MA: Harvard University Press (traducción castellana: *Las obras de la mente* 1988. México: Fondo de Cultura Económica).

Salovey, P. y Mayer, J. (1990). Emotional intelligence. *Imagination, cognition, and personality, 9, 3*, 185-211.

Santiuste, M. y Nowak, R. (2006). Nuevas aportaciones de la neuroimagen funcional: la magnetoencelografía en el estudio de la dislexia. *International Journal of developmental Psychology, 3(1)*: 281-289.

Snow, R.E., Federico, P.A. y Montague, W.E. (eds.) (1980). *Aptitude learning and instruction: cognitive process analyses of aptitude, vol. 1*. Hillsdale, New Jersey: Lawrence Erlbaum.

Snow, R.E., Kyllonan, P.C. y Marshalek, B. (1984). *The topography of ability and learning correlations*. En Sternberg, R.J. (ed.). *Advances in the pshychology of human intelligence, vol. 2*. Hillsdale, New Jersey: Lawrence Erlbaum.

Spearman, Ch. (1927). *The abilities of man*. London: Macmillan.

Stankov, R.J., Horn, J.L. y Roy, T. (1980). The relationship betwen Gf/Gc theory and Jensen's level I/level II theory. *Journal of Educational Psychology, 72*, 796-809.

Sternberg, R.J. (ed.) (1982). *Handbook of human intelligence*. Cambridge: Cambridge University Press (traducción castellana: *Inteligencia humana: la naturaleza de la inteligencia y su medición, 4 vols*, 1989. Barcelona: Paidós).

Sternberg, R.J. (1991). Death, taxes and bad intelligence tests. *Intelligence, 15*, 257-269.

Thomson, G.H. (1919). On the cause of hierarchical order among correlation coefficients. *Proceedings of the Royal Society, A. 95*, 400-408.

Thomson, G.H. (1939). *The factorial analysis of human ability*. London: University of London Press.

Thurstone, L.L. (1938). *Primary mental abilities*. Chicago: Chicago University Press.

Thurstone, L.L. (1944). Second order factors. *Psychometrika, 9*, 71-100.

Turing, A.M. (1950). Computing Machinery and Intelligence. *Mind, 49*, 433-460.

Vernon, P.E. (1979). *Intelligence: heredity and environment*. San Francisco: Freeman (traducción castellana: *Inteligencia: herencia y ambiente*, 1982. México: El Manual Moderno.

Vopson, M. (2023). The second law of infodynamics and its implications for the simulated universe hypothesis. University of Portsmouth. *AIP Advances 13 (10)*: 105308. Doi.org/10.1063/5.0173278.

Wechsler, D. (1939). *The measurement of adult intelligence*. Baltimore: Williams and Wilkins.

Wechsler, D. (2005). *WISC-IV. Actualización versión española*. Madrid: departamento I+D TEA ediciones.

Wechsler, D. (2012). WAIS-IV. Actualización versión española. Madrid: Pearson Educación.

White, S.H. (1965). Evidence for a hieralchical arrangement of learning processes. En Lipsitt, L.P. y Spiker, C.C. (eds.). *Advances in child development and behavior, 2*. Nueva York: Academic Press.

Whitehead A.N. y Bertrand Russell, F.R.S. (1910): *Principia Mathematica*. Vol I. Cambridge University Press.

Yela, M. (1976). La estructura diferencial de la inteligencia. *Revista de Psicología General y Aplicada, 3,* 591-605.

Yuste, C., Yuste, D., y Galve, J.L. (2011-2019). *BADyG-r, Batería de Aptitudes Diferenciales y Generales revisado* (manuales técnicos niveles *BADyG/E3-r, BADyG/M-r* y *BADyG/S-r*). Revisión 2011-2019. Madrid: CEPE. ISBN: 978-8478698523.

Yuste, C. y Yuste, D. (2023a). *Nuestra inteligencia. Entre entornos y neuronas*. DINTEST: AMAZON. ISBN: 979-8385715060.

Yuste, C. y Yuste, D. (2023b). DISLEXIA. *Del origen causal, asincronía en aprendizajes lingüísticos, a su prevención a edad temprana*. DINTEST: AMAZON. ISBN: 979-8385715060.

Yuste, C. y Yuste, D. (2024). *Midiendo conductas humanas inteligentes. BADyG. Fiabilidad, validez.... baremos representativos*. DINTEST: AMAZON. ISBN: en preparación.